青少年
心理學

王煥琛◆柯華葳　著

作者簡介

王煥琛（第一、二、三、五、九章）

曾任政治大學教育學系教授

曾任中小學教師、教導主任、輔導研究主任

曾任專科、大學講師、副教授、教授

曾與吳靜吉、曾志朗、呂俊甫合撰寫「教育心理學」（大中國圖書公司出版）

曾撰寫「青年男女」（商務印書館出版）

柯華葳（第四、六、七、八、十章）

中央大學學習與教學研究所

曾任板橋教師研習會研究員

曾參與蘇建文教授主編「發展心理學」（心理出版社）、李咏吟教授主編「學習輔導」（心理出版社）兩書中部份篇章的撰寫。

序　言

它是最好的時期，也是最壞的時期；

它是智慧的時期，也是愚蠢的時期；

它是信仰的時期，也是懷疑的時期；

它是光明的時期，也是黑暗的時期；

它是充滿希望的春天，也是令人失望的冬天；

我們前途有著一切，我們前途什麼也沒有；

我們正在直趨天堂，我們也正在直墬地獄。

————狄更士（Charles Dickens 1812－1870）雙城記————

　　狄更士這段富有哲理的史詩，拿來說明人生的青少年時期，那是無比恰當。的確，青少年時期（The Adolescent Period）是一生最寶貴的時期，也是一生最危險的時期。它之所以寶貴，是由於青少年時期之身心的逐漸成長跟發展，而奠定了一生前途的基礎。它之所以充滿危險，也是由於這個時期身心兩方面均有劇烈的變化，性格未定，近朱者赤，近墨者黑；染蒼則蒼，染黃則黃。稍有不慎則成爲行爲偏差的青年，甚至犯了滔天大罪，其結果不僅影響個人前途，且危害社會、國家及人類。職是之故，今日世界各國對青少年心理學之研究，均爲重視。

　　史蒂芬・吉伯（Steven Gibb）在《二十叮噹歲月》（Twenty － Something Floundering and off the Yuppie Track）一書中，對 Y、X 世代的青少年有著深刻的描述，指出一群大學剛畢業生，就打算一口氣實現自我，好好改變整個世界，有了這種雄心壯志是可嘉，但有沒有想一想自己關於學識、品德、能力、社會工作環境之考量。的確 Y、X 世代的青少年要打破馬斯洛（A.H. Maslow）的需求發展層次論（need hierarchy theory），由低層次的需求獲得滿足後，再追求較高一層次的

需求與滿足。即先由生理的需求→安全的需求→愛與隸屬的需求→尊重的需求→知的需求→美的需求→自我實現的需求。但在今日速食文化之下，馬斯洛這人生的七層次慾望的逐步順序實現，對今日 Y、X 世代青少年，似乎提出嚴重抗議與挑戰，不要像上一代人，將人生逐序發展：求學、就業、成家、工作升遷或創業、自我實現…等階段，而是要把各階段的需求一起速食、立刻實現。並要求眼前的花費與享受，怪不得有人形容這是「顛覆21世紀的 Y、X 世代青少年」，是值得重視與研討的問題，目前青少年竊盜、槍殺、強姦、吸毒…等犯罪行為層出不窮與日俱增，令人與社會震撼不已。事實上，今日的經濟繁榮、生活富裕，是由於五○、六○、七○年代之青少年竭盡智能，不斷勤勞奮鬥，一步一腳印，締造了「英雄出少年」、「行行出狀元」的成就。今後主導21世紀，仍是 Y、X 世代的青少年（the age of youth）。據統計，全世界與我國之 Y、X 世代青少年已佔人口之一半以上，是值得高興與省思的。今後應如何教導青少年，為當前重要之課題。

　　的確，社會、國家、人類的前途，要看看這一代青少年的所作所為。筆者二人多年在大學教授心理學課程，也擔任導師，常常遇到青少年的種種問題，很想寫本青少年心理學，從心理與教育立場來探討青少年時期身心發展的特徵，來研究那些幫助青少年成長發展過程中的適應方法，並有效解決青少年行為上困難問題。今幸得邀約撰寫本書，當盡量力求以本土化與國際化的青少年心理研究成果，來提供青少年之自知與實踐之門徑，一方面使青少年男女，因身心急劇發展而產生的困擾，而能獲得自律與調適；另一方面使青少年們能如何自知與發展：自己的求學、就業、工作及創業能力，並具有為人做事的義務責任與權利之品德，做個堂堂正正的中國人。期望本書出版能對青少年、學校教師暨家長們，或許有些微的貢獻。惟筆者二人學驗有限，時間匆促，錯誤難免，敬請不吝指教，以匡不逮是幸。

王煥琛　謹識

八十八（1999）年三月三日

目　錄

第一章

緒論

第一節　青少年時期之意義

就字義而言，青少年期英文是「Adolescence」源於拉丁字的「Adolescentia」，該名詞是由動詞「Adolescere」而來。意為「長大」「成長」（to grow up），或趨向成熟（to grow into maturity）或成長到成熟（to come to maturity）（Atwater, 1992），或成長為成年期（to grow into adulthood）（Steinbery, 1993）。由此可見青少年期的意義就是成長為成熟的成年人。

就社會學之意義而言，青少年期乃從「依賴性」的兒童進入「自立性」的成人期之過渡階段（E.B. Hurlock, 1968）。

就心理學之意義而言：青少年期乃於特定的社會環境下，從「兒童行為」轉變到「成人行為」過程中，謀求重新調適的邊界人的狀態（E.B. Hurlock, 1968）。

就年齡分配之起迄而言：大約起自12、13歲，終於20歲、21歲或25歲。惟因個人與文化差異因素之影響，年齡起迄就有不同的談論。

惟研討青少年期第一個重要問題：青少年究竟在什麼時候開始？又在什麼時候終了？是令人難於回答的問題。一般研究看來，指認少年期的開始時間，比終了時間容易認定。它約在10 – 11歲或12 – 13歲開始，它有極顯著的身體變化，如女孩第一次月經（menses）來臨；在男孩則為第一次射精或尿液化學檢驗有無肌酸（geatine），或骨骼的 X 光攝影可以客觀觀察之開始時間，而青年期的終了和成人期之開始，是受文化影響，也是文化的產品。成人期的特徵是扮演成人的角色（role），此角色和婚姻、為人父母、職業、和法律的責任等有關係。在有些原始民族的文化中，如非洲撒哈拉沙漠（Sahara）的杜列格（Tuurags）之青少年期很短，其成人期約在15歲開始，因為15歲男女都要負起他們文化中之成人的基本任務。而今日城市文化中，成人生活的任務更多變化和複雜，遂產生兩個現象：第一，青少年期延長，以使學習較多成人的任務；第二，一個人由青少年期

進入成人期時間的界定更不明晰。例如，美國21歲爲大多數州有選舉權的年齡，有時視爲一個人進入成人期之開始點，但是不少人數在此年齡之前已結婚了，負起婚姻生活的成人任務。而美國兵役年齡也有在17歲時開始，同時也有不少人仍在上學，在21歲時經濟上仍依賴其父母。以自由職業謀生的人，如律師、牙醫師和醫生，也許延長其依賴期，一直到他們他們從選擇的職業中獲得執照時爲止，可能要到30歲左右。

若從法律的觀點來看：各國對於頒發駕駛執照或享有投票選舉的年齡，以及結婚自主的法定年齡，均有明文規定。再從社會文化成熟的角度來看，如我國古時男子20歲而冠，女子15歲及笄。冠笄禮代表著一種成年儀式（rites of passage）象徵個人達到社會文化成熟的標準。一般原始社會都有這種成年禮儀式，來明確劃分成年與未成年人。反觀現代社會，由於知識暴增、科技進步，社會型態日趨複雜，受教育年限日愈延長，結婚年齡愈來愈遲。因此青少年期與成年期間的分際，也愈來愈模糊不清。目前我國兒童福利法第二條稱兒童係指未滿12歲之人；少年事件處理法第二條及少年福利法第二條的規定所稱少年係指12歲以上、未滿18歲之人；民法第十二條規定滿20歲爲成年。惟青年獎章候選人推薦則年限35歲以下。青輔會制定青年輔導發展法，則將青年界定爲18歲以上未滿40歲之人。同時其青年創業貸款對象以20歲－45歲、求職服務年限35歲以下大專畢業青年。而有些團體傑出青年選拔，40歲以下均符合青年資格——青年才俊；可見以社會文化成熟的角度來界定，青少年期遠較生理方面的意義更爲延長與寬限。

從時間年齡來看青少年期：美國總統諮詢委員青年專門研究小組報告（The report of the pant on youth of the presidents science of the advisory committee 1973）（Youth Transition to Adalthood）界定青少年是11、12歲到24、25歲左右。這相當我國的國中至大學時期。今日心理學家重視青少年之身心之發展和變化特點，把這個長達十年幾年的時期劃分幾個階段，茲加以列表如下：

表 1-1　青少年期的劃分

學者名	區分	10	11	12	13	14	15	16	17	18	19	20	21	22	23	24
科爾 (Cole,L)	男		前青少年期			青少年前期		青少年中期			青少年後期					
科爾 (Cole,L)	女	前青少年期			青少年前期		青少年中期				青少年後期					
赫爾洛克 (Hurlock,E)	男		前青少年期			青少年前期				青少年後期						
赫爾洛克 (Hurlock,E)	女	前青少年期			青少年前期				青少年後期							
學制					初中			高中			大學					
學制					前青少年期			青少年中期			青少年後期					

　　同時我們要知道，若不以人種、社會文化的差別，以及男女差異和個別差異等，而按年齡劃分青少年期，這本身就是個問題。因爲青少年期是心理內在世界深化和擴展的時期，因此需要將它了解淸楚，來劃分身心發展的標準，這是不容易的。今日不少學者充分認識到了這個問題與困難，但一般仍以共同經驗從外表客觀觀察到的身心發展和社會標準作爲劃分。

　　由上表看來，青少年前期正當所謂青春期(發身期)(puberty)是青少年期的開始，中期就是靑少年期的本質展開的，而所謂靑少年期（youth）後期則是由青少年期走向成熟的準備期，也是進入成人行列的完成時期。這樣劃分，就能進一步動態地把握青少年期身心發展過程，也能更有明確的內容。日本依田新在研討各家青年期劃分及劃分標準之後，認爲既然以生理成熟作爲靑年期開始之標準都難統一結論，而確定靑年期結束則更爲困難之事。他將青春期（思春期）開始的12－14歲定爲靑年初期，將精神生活趨於平靜、世界觀得以確立的21－24歲定爲靑年期。

　　今日各種書刊所稱之 Y 世代、X 世代之青少年：Y 世代青少年多指14歲以上到20幾歲；20幾歲到30幾歲則爲 X 世代青少年。

　　由此可見青少年期的期限不定。其年齡上限以個體性器官的成熟開始；其年齡下限則以心智發展與社會、文化成熟爲止。因之，今日心理學家多數認爲「青少年期始於生理，而終於文化」(Conger & Peterson, 1984)。同時其中仍有很大的個別差異。本世紀之初，青少年期是在13－18歲之間，而現在則是在11－24歲之間；青少年期之時限之延長，使得靑

少年期內的身心變化加大，也使得青少年期不穩定的因素增多，也是近年來青少年心理學研究很受重視的主要原因。我國行政院青輔會青少年白皮書中將10歲－24歲定位為青少年（Adolescence）（包括國小五、六年級、國中、高中、大學二年級）與韓國（青少年輔育法令）之青少年之生物年齡相同；將青年期（youth）界定為20歲－35歲或39歲，惟其中24歲相互重疊也是符合人類成長的差異性。

我國法律規定：㈠兒童：係指未滿12歲之人而言。㈡少年：係指12歲以上未滿18歲之人而言。㈢少年刑事案件：未滿14歲或犯罪後已滿18歲者不適用。㈣少年犯罪後年齡已滿18歲者，應以裁定移送有管轄權之法院檢察官。

綜合各家研究，青少年期似可以12－18歲稱為少年，18－25歲則稱為青年。的確，青少年期期限很難確定，因各人遺傳、環境、文化背景等不一而很難統一，這是今日研討青少年心理學者所共識的。

第二節　青少年心理學研究之重要性與目的

一、青少年心理學研究之重要性

現在有不少學者認為青少年期要延長，將以畢業、就業、結婚等社會文化性的標準作為青年期的終了。因之，青少年期身心的變化加大，也使青少年期不穩定的因素增多，遂致青少年心理學研究日愈受到重視。

㈠青少年心理學家之看法

美國紐約大學，歐士威古（Oswego）教育學院羅吉士（D.H. Rogers）教授在他所著的《青年心理學》（The Psychology of Adolescence）中推舉出

九項研究青少年心理學的重要理由：(蘇薌雨，1973引自 Rogers)

　1.為處理由青少年期的任務與地位所引起的問題，需了解青少年心理；

　2.為幫助青少年應付在青少年期所發生的生活特殊壓力 (Special Pressure)，需要了解青少年心理；

　3.不論什麼困擾，大都由青少年期身心發展特徵所引起，極需要了解青少年心理；

　4.青少年期的生活經驗儘管如何具有狂飆行為，但對其全人格的發展十分重要，因之極需了解青少年心理的理由；

　5.為幫助青少年在青少年期完成他的文化賦予他的幾種任務，需要了解青少年心理，這些任務是：

　(1)完成令人滿意的社會關係。

　(2)適應兩性世界包含適應性任務，解決性問題及戀愛與選擇伴侶。

　(3)獨立生活。

　(4)發展自我 (self)，確定「理想我」(ideal self)。

　6.為要發現社會力量，怎麼樣促進或是阻撓青少年完成發展中的任務，需要了解青少年心理；

　7.為幫助青少年剖析和傳播文化而使有助益於他們的安寧，需要了解青少年心理；

　8.現代青少年期的延長，更迫切需要了解青少年心理；

　9.為明瞭不能滿足上述列舉的需要之其他事項，需要了解青少年心理。

㈡國家社會需要之看法

　90年代之後，各國人口增加迅速；青少年的年齡組群也急邃的增加，帶來了青少年犯罪問題層出不窮，給社會不少困擾與不安；其解決的方法，大家共識應從青少年身心發展著手研究，是當前急務之一。其重要性有：

1.未來的資源

　青少年為國家社會未來的主人翁，也是人力資源的根基。今日青少年便是明日的經濟生產者與社會建設者。我們要想建設為一個富強康樂的國家，必先設計藍圖、培植人才；而培植人才，應先從事青少年身心的研究

使其健全發展。

2.人口變化的契機

在這人口不斷增加與技術迅速革新的時代，人口結構與產業結構不斷發生急劇的變動。我們要使國家社會的發展能配合現代化、科學化、工業化、都市化的需要，便應以成長中的青少年作爲變化的契機，盡早爲其準備，使青少年身心獲得正常的發展，以便將來能爲國家社會擔當應負的責任。

3.政府的新政

青少年的身心發展，在過去農業社會裡，可以隨著歲月的推移、家庭照料，由幼而壯、由壯而老，自然地成長與發展。但這種自然的發展，每因家庭環境而不同，若受了不良的影響，常易引起病、弱、愚昧、貧苦、失業等不幸的不斷產生。而今日科技發展中，社會、家庭制度受到都市化與工業化的衝擊，青少年身心發展更受了極大的影響，產生不少青少年問題，也極需培育優秀青少年不可。因之研究青少年心理學便成爲政府新興重要施政之一，政府也不遺餘力積極地推動了。

4.長期的投資

青少年心理之研究，從發展人力資源的觀點而言是一項長期的投資。欲使每一個青少年能夠在生理上、心理上、情緒上，以及學習與工作上都能獲得健全發展，並且能自立自強地做個好國民，這需要十幾年長時間的投資；同時從經濟觀點來看，爲了有效運用有限的資源，更需要青少年能充分發揮創造新職業之能力。因之，青少年心理學之研究，對於經濟與社會發展均具有重大意義。

二、青少年心理學研究之目的

同時，研究青少年心理學之目的有下列幾點：

1.幫助學校教師對青少年們進行輔導工作

青少年們正處於人生中從「狂飆期」、「動盪不安」走向成熟的時期，青少年在生理，心理以及社會性等方面，都進入了一個新的發展階

段。了解青少年身心發展的特徵和程序，按照這些特徵和程序對青少年進行輔導或教育，將使我們的工作更有知能性和科學性，更有助於青少年德、智、體、群、美等全面並進發展，使之成為國家建設有用的人才。

2.幫助青少年進行自我教育

一個人的健康成長，一是靠各種教育，二是靠個人在實踐中的自我教育或自我修養。隨著青少年自我意識的增強，自我教育在成長過程中越來越重要。然而要進行自我教育，首先必須正確認識自己，以及了解和掌握自己身心發展的一般特徵與過程，這就需要對青少年之身心發展、情感、意志、個性等方面的特徵及其形成過程進行研究，並使青少年認識、把握這些特徵和過程，以幫助青少年找到適合自己特性的修養途徑。

3.幫助促進青少年的身心健康

青少年正處於青春發育的高峰期，身體上的顯著變化及心理上的急劇發展，為青少年的適應帶來了很多新的問題和困難。尤其是性成熟上的變化，容易使青少年感到緊張、迷亂，甚至不知所措、無所適從。另外，升學、就業問題也使青少年面臨今後人生道路的一種重要抉擇；隨著這種抉擇而來的往往是一種興奮、緊張、擔憂、混雜在一起的矛盾心理。因此這一階段如缺乏正確輔導，很容易導致適應不良和身心疾病，影響身心的健康成長。因之，青少年心理學之研究、了解青少年心理，將關於其生理、心理健康的知識告訴教師、教育人員和青少年，使青少年順利度過這重要關頭，使其身心得以健康的發展，有著十分重要的意義。

第三節　青少年心理學之發展

青少年心理學未成立前，早已有不少詩人、小說家、歌曲家、戲劇家就開始描寫豐富的青少年心理。早在兩千年前我國詩經中的「窈窕淑女，君子好逑」，就已經揭示出青少年人的戀情。西廂記中的崔鶯鶯和張生、《紅樓夢》中的林黛玉和賈寶玉，以及《梁山伯與祝英台》等小說、戲

劇，揭示了不少青少年男女於戀愛中心靈上多愁善感的徵象，眞正表達了青少年男女內蘊的豐富感情。再如莎士比亞（Willian Shakespeare 1567－1616）的殉情記中《羅蜜歐與茱麗葉》（Remeo and Julie）、歌德（J.W.Goerhe）之《少年維特之煩惱》（The Sorrows of young Werther）、盧梭（J.J.Rousseuu）的《愛彌兒》（Emile）第四卷，均曾歌頌神秘青春期愛戀的來臨。這些作品，不愧被稱爲青少年心理學的先聲。

㈠青少年心理學之誕生

19世紀初葉，法國宗教教育杜邦路（F. Dupanloup）首先寫下《青年教育》談論青年心理，其中尤以青年智力發展爲極有價值的理論。1891年美國布爾漢（W.H.Burnham）發表《青年的研究》（The study of Adolescence）這篇論文，爲從事研究青年的科學之探索人。

1904年美國霍爾（G.Stanley Hull）發表了他的巨著《青年心理學》（Adolescence it's psychology），是一部享譽世界的文獻，也因此被稱爲青年心理學之父。霍爾是一位傑出的心理學家，他早期研究兒童心理，後來才轉而研究青年心理。他在1912年完成了教育的發生哲學（Genetic phylosopny of education），次年又發表了《老年心理》（Senecence：The last half of life），1923年寫下他的自傳──一位心理研究工作者的生活與自白。（Life and Confession of a psychologist）霍爾於1924年去世。

霍爾的青年心理學研究重點，在於青年生理變化，與由變化而帶來的各種困擾上。他很重視研究工作，也能吸收德、法民族的思想與精神之各種學說。他有一句名言：「青年期是新生命的開始」。因爲從這時期起有更爲高等、更完全的人性產生出來，並指出青年期是「人的再生」。

1908年法國閔睿士（P. Mendousse）發表了第一部《青年心理》的著作「少男之魂」（La'me de la'dolescent），不久又發表了第二部爲《少女之魂》。這兩部書是早期法國對青年心理學最完整的，也是最豐富的專著。他受了霍爾的影響，很注意青春期這一階段，尤以《少男之魂》書中之中心點，也主張青春期是《人的再生》（Secande Raissance）。而在《少女之魂》書中，則十分重視少女的感情生活。在此兩部巨著中對青年的幻想、青年期獨特的言談，青年人的勇氣等都描寫得很實際，有其獨到之

處。他的青年心理學在法國，幾乎等同於霍爾在美國所佔的地位。

奧蘇貝爾（D.P. Ausubel,）1958年出版《青年期發展理論和問題》之巨著。心理學者專家曾稱霍爾（G.S. Hull,）開創了美國的青年心理學，而奧蘇貝爾則是重建青少年人格理論之先聲。

日本方面的研究則有依田新（1973－1984）主編《現代青年心理學講座》七大卷（冊）；安倍北夫・島田一男（監修）（1978）《現代青年心理學》；藤永保他（1978）《青年心理學》；澤田慶輔、神保信一（1980）的《青年心理學》；依田新（1972）的《青年心理學》；津留宏（1976）的《青年心理學》；山本多喜司（1977）的《現代青年心理學》；岸本弘（1987）的《青年心理學》；鈴木康平等著（1993）的《現代青年心理學》。

我國青少年心理學之研究，在早期約本世紀30年代，多數是翻譯了國外的青年心理學著作。如徐金泉翻譯的美國何林偉士（H. Holling Worth）著的《青年心理》（1932）、楊賢江翻譯的美國霍爾（G.S. Hull,）著的《青年期的心理與教育》（1933）、趙演譯的何林偉士（L.S. Holling Worth,）的《發展心理學概論》（1935）、丁祖蔭、丁瓚共同翻譯的美國布雷克斯（F.G. Brooks,）的《青年期心理學》（1937），及朱智賢翻譯的日本野上俊夫著的《青年心理與教育》（1940）。

30年代以後，在中國也陸續出了由我國心理學家編撰的青年心理學著作；如沈履（1932）編的《青年心理》、姬振鋒（1934）編著的《青年期心理研究》；朱智賢（1941）著的《青年心理》、高覺敷（1942）著的《青年心理學與訓育》、張國琎（1965）著的青年心理學、胡秉正（1980）等著的《青年心理學》；呂俊甫（1982）著的《發展心理與教育》、華意蓉（1987）譯的《現代青年心理學》；吳武典（1987）著的《青少年問題與對策》、黃堅厚（1988）著的《青年的心理健康》、陳皎眉（1991）著的《少年十五、二十時》、彭駕騂（1985）著的《青少年問題研究》；楊國樞、雷霆（1994）著的《大學生價值觀的變遷》、劉安彥、陳英豪（1997）著的《青年心理學》，及李惠加著的《青少年發展》。（僅限於資料所及，尚待補充之）

第四節　青少年心理學研究方法

在青少年心理學之研究當中，沒有專用於青少年期研究的獨特方法，不過任何青少年心理的研究，都可以按照它的縱向、橫向及後續的發展等方面來研究：

一、縱向研究法（Longitudinal Study）

縱向研究法，其目的乃從發展歷程中獲得的連續性資料中，探求青少年心理發展的模式；它是對同一個體，一方面按計劃觀察其不同年齡的發展情形，一方面沿著時間的線索持續進行研究。由於它採用了測驗、觀察、調查、訪談等研究方法，長期追蹤和累積了同一個人或同一組群人的資料，因而能夠詳細研究其發展變化本身。此外，運用這種方法還能夠有效地得到有關發展速度，和成長模式的個體差異等方面之質與量的資料，並且可以闡明影響發展變化的各種條件。從這點來說，它是在青少年期發展研究中最受歡迎的妥善辦法。縱向研究法確實是一種優良的研究方法。但是需要長期追蹤和經費，並且由於在研究期間各種條件發生變化，難於得到連貫的資料。人們期待克服這些缺點，在今後的青少年心理之研究中能更廣泛地採用此種方法，更進一步具體地把握青少年心理的發展實況和趨勢。

最著名的縱向研究法，是美國加州大學心理學教授貝雷（Bayley, 1988）所創。從1929年開始，他用縱向研究法以61名初生嬰兒為對象，以36年長期連續追蹤觀察測量其智力發展之研究，是為著名的柏克萊成長研究（Berkeley Growth Study）。該研究的重要發現有：

1.智力發展有恆常性傾向，幼小較聰明者，長大也較聰明。

2.幼兒期智力發展快速者，到成年後其智力發展停止的年齡反而較遲。

3.智力發展是質與量共同改變的歷程。

二、橫向研究法（Cross－sectional Study）

橫向研究法，就是同時用一種方法調查不同年齡階段的組群青年，求出各年齡階段的代表性數值和特點，作為相互比較，並研究其發展帶來的變化。此種方法容易實施，能夠在較短時間內得到很多資料；因之，在過去的發展研究中運用最為普遍。但是由於每個青年的社會和生活史的背景不同，運用這種方法，就弄不清楚發生在過去的某一時間，和現在的某一時間的變化條件是寓於年齡，還是在於其他的因素。而且，也難於從現狀調查每位青年的未來。

過去的研究以不同年齡之個體或團體為對象，就某方面行為發展為主體；例如青年語文發展研究，用觀察測量工具，在同一時間內亦可獲得不同年齡組的同類資料。比較分析不同年齡組的青年身心發展特徵，亦可以了解身心發展隨年齡增長而改變的大概情形。

三、後續研究法（Sequential Study）

後續研究法是一種以橫向研究法開始，而後加以縱向研究法之一種綜合性研究法。其中包括兩種研究設計：1.先以橫向研究為主，採取不同年齡組為研究對象，並經觀察測量獲得不同年齡組的資料；2.經過相當時間（三年或五年）改以縱向研究法，再觀察原來的研究對象，從而獲得各年齡組自己本身在不同時間的資料（可從事數次重複觀察）並在原研究對象之外，每次重新觀察測量時，加入部分研究對象，藉以發揮比較之功能。

該研究法之目的，是企圖將縱向與橫向兩種研究法合而為一，使之兼具兩種方法之優點，從而避免單向其一之缺失。後續法為美國發展心理學

家史凱（Schaie, 1965）在20年前的設計，其後多被用來研究成年後智力是否仍在繼續發展的問題。

每一種發展心理之研究，除了它的縱向、橫向或後續研究之特性以外，可以根據其基礎設計中是否包含有實驗的、測驗的、問卷調查的、求相關的，或個案研究的方法而加以區分。雖然所有這些方法都包含某種觀察，但它們在關鍵方面是不同的，茲分述於下：

㈠觀察法（Observational Method）

在廣義上，一般把直接依靠感覺知覺的深入觀察，來把握青少年心理的研究方法稱為觀察法；透過觀察法，我們可以了解到觀察對象的最生動的情況。觀察法大致可分成自然觀察法（Natural Observation）和實驗觀察法（Experimental Observation）兩種：前者要求保持研究對象的本來狀態，不作特定加工地進行觀察；後者要求嚴密設定研究對象和情景的各種條件，經過特定的操作，查明條件與反應式行為之間的關係。

自然觀察法是了解青少年的基本方法。透過日常生活的觀察，可以最直接、最細微地瞭解青少年；從這種瞭解，可以廣泛地把握原因錯綜複雜的情況；也可以隨著時間的推移追蹤青少年的自然面貌。此外，這種方法的優點在於不受時間、地點的限制。其缺點則是在單純而偶然的觀察中，觀察對象不易明確，難於客觀地表達和處理所得到的資料。為了克服這些缺點，可採用以預定的時間和間隔反覆觀察對象的典型時間法，和選擇若干情境作為觀察的典型情境法。另外，在需要作更詳細的觀察時，可預先訂定周密的計劃，這種方法被稱為有組織的觀察法，採用這方法，可以提高觀察資料的準確性和可靠性。

再者，為了避免由於青少年意識到觀察者的存在，從而影響調查對象行為的真實性，觀察者可以青年團體中一員的身份，一邊與青年一起參加各項活動，一邊去觀察。這種方法稱為參加觀察法。

實驗觀察法也稱實驗法，是從自然科學的角度來研究心理學的最重要方法。這種方法就是組成兩個或兩個以上成員相同的團體，一方作為實驗組（experimental group），改變其所處的某些條件；也就是一般稱為實驗變項（experimental variable），又因為實驗者可以自由操作它使之發生改

變，所以又稱為自變項（independent variable）。其實驗的改變被稱為依變項（dependent variable），另一方則作為控制組（control group）不使條件產生變化，也就是實驗者為免除實驗變項之外的其他變項也會影響到實驗結果。因此於實驗設計時即設法加以控制，在這方面可能有很多變項皆須加以控制之，稱為控制變項（controlled variable）。由上述兩組實驗的進行，來比較兩組的結果，分析某種變項（條件）對於行為、態度或發展變化的作用效果。實驗觀察法常用於實驗室的研究。另外，在引起一定行為的現實社會狀況中操作所規定的變項（條件），從而觀察行為變化的實驗又稱為現場實驗（field experiment）。在青少年心理學的研究中，實驗觀察法用得不多。這一方面是因為自然實驗室裏的實驗法研究能夠嚴格控制條件，但要將其研究結果直接應用到現實的複雜情境中去考察，變項（條件）就顯得過於簡單了；另一方面則是因為青少年行為研究中所提出的研究問題，有許多是不適合於實驗性研究的。

㈡調查法（Survey Method）

「調查」的意思，就是研究被調查者的事實資料與心理資料之間的關係。所謂事實資料，包括他的性別、年齡、教育、職業、宗教信仰、經濟狀況等屬於個人的事項；心理資料則包括他對該問題的了解，意見、期望、態度、信念、知識、能力情感、行動等心理反應。如果拿前述討論過的變項來說明，事實資料而個體變項，而心理資料而反應變項。到目前為止，這種調查方法可說在青少年行為研究方面，為應用最廣的一種典型的研究方法，而其中通常多採用問卷法（Questionnaire Method）或晤（訪）談法（Interview Method）。

在設計問卷時，應注意下列幾點：

　1.要按照問題意識，明確調查的目的和對象；
　2.要精細地推敲提問項目，使之既符合調查目的，又必不可少；
　3.所提問題要能使被調查者積極回答；
　4.提問措詞盡量淺顯易懂，避免使用多義詞和特殊用語；
　5.問題的排列要從一般到特殊，以使被調查者容易回答。

問卷法的回答形式有：自由記述法、選擇法、分類法、等級法、評定

量表法、配對比較法等；而在實際上，往往根據調查目的組合而選擇使用前述各種形式。

問卷調查法的實施辦法：將調查對象集中在敎室等處，分發問卷、要求塡寫答案的團體問卷法；經郵局寄送的投遞法；經郵局或由調查人員直接分發問卷，日後去收回的留置法；利用電話提問，要求回答的電話法等，再者，就是調查者與被調查法當面交談稱爲晤（訪）談調查法。

調查問卷法的優點有：

1. 可在比較控制條件的情況下，同時從許多人處獲得資料；
2. 可就廣泛的問題和從衆多的被調查者，比較有效地得到資料；
3. 可以得到無法從觀察了解到的資料，例如青少年的人生觀和苦惱等問題。

但其另有缺點：

1. 觀察不到被調查者的應答態度；
2. 有時答非所問；
3. 不能詢問口答的意思；

根據調查的目的及其內容，用無記名的方式回答問題，能使人感到自由、沒有精神負擔。因之，要預先綜合調查目的，決定採取記名法或無記名法。研究顯示，當被調查人能夠推知或理解到自己的回答沒有個人利害時，記名與不記名都沒有什麼差別。

在調查時，選擇什麼樣的人作調查對象，是一個很重要的問題。例如要瞭解青少年某種特點的發展變化傾向，就需以不同年齡階段的青少年爲調查對象，但實際上不可能對很多人作此調查。因此，抽取能充分代表總體的樣本（sample），並推定樣本的調查結果可以代表總體的調查。作爲基礎的整個對象叫作總體（population），從總體中選擇部分樣本作爲調查的方法叫作抽樣調查（Sampling Survey），抽取樣本稱爲抽樣。抽樣方法，因研究目的和對象不同而分有：隨機抽樣法（Random Sampling）、等間隔抽樣法、多段抽樣法、分層抽樣法等。

㈢測驗法（Testing Method）

測驗法是按照一定的量表來測定個人的能力和特點，並對照適當的標

準，或常模評價測定結果的方法。現在人們根據不同的理論設計出各種心理測驗，大致可分為智力測驗、學力測驗、人格測驗、能力性向測驗、興趣測驗等；在許多情況下，測驗法要作數量化處理。在作心理測驗時，必須充分考慮它的效度和信度。並且，各種測驗分別有其固有的意義和優缺點，自然也有其適用的範圍。因此在作青年心理研究時，要充分研究各種測驗性質之基礎上，適當地加以精選運用。

㈣個案研究（Case Study）

個案研究是一個人或對一群人（一個家庭或一個學校）的問題進行研究的一種方法。這種方法是在臨床心理學上所採用最重要的研究方法，也常常用於青少年心理的研究。在教育上則用於對青少年的輔導，且皆以個別的青少年為對象。

個案研究與前述三種研究方法不同，前述三種方法可以多數人為對象，去了解一般現象；個案研究則是對已視為有困難的青少年，從他個人有關的資料中去分析原因、研判關係，企圖找出某種方向以幫助他解決困難。因此從事個案研究時，與個人有關的資料務必搜集齊全，周密有系統地調查該人的生活史、生活環境、事實的經過，並進而詳細檢查現在的智力、性格、身體等各方面的情況。而且，只有經過綜合解釋獲得的資料，把與問題的發生有關的因素作有系統的整理後，才能弄清行為問題的本質，找出心理療法式的處置辦法。此外，作了某種處置之後，還要從各種角度把握該人的變化過程，來研究問題的經過。

個案研究在於學校青少年先有問題。但青少年有問題未必求助於教師，因此學校教師必須注意兩件事：其一，平常在教學活動時，隨時注意觀察學生的行為。有的學生遲到、缺課、遲繳作業、精神不振、上課打瞌睡、發呆、做白日夢；有的學生性情孤僻、退縮、逃避；有的學生成績無端降落。像這種學生表面上雖沒有顯著過失，但都是適應困難、需要輔導的對象。其二，平常與學生多接近，師生之間保持亦師亦友的關係；這樣學生們有困難時，才會主動向教師求助。

同時，青少年書寫的作文、日記、手記，自傳等均有其真實地體現青

少年在日常生活中的心理過程，是作為青少年心理研究的寶貴資料，有助了解青少年的行為體驗，與精神生活深處的人生觀和價值觀。在了解他們的內部世界資料後，對於個案研究才能作深入探討跟有效之輔導。

㈤相關法（Correlation Method）

相關法是研究兩個或更多因素或變量之間相互的或聯合的關係。即是變量 X 和變量 Y 是否以某種方式一起出現或一起變化？這種類型的問題經常在青少年心理學中被提出，如青少年在學校裏的成績是否與他的家庭的社會經濟情況有關係？在青少年時期約會的頻數是否與後來婚姻圓滿和幸福有關係？

相關法的特徵在於所有的被試者，都是在同樣的條件下被觀察的。研究者測量業已存在的現象，而不是控制青少年側身其間的事件或經驗。在研究變量之間的相關時，研究者常常計算一個相關係數。一種常用的相關係數以符號「r」為其標誌，表示關係的方向和大小。它可以分布於從 + 1.00 到 − 1.00 的範圍內。

方向是由係數的正負號來表示的。正號的意思，是 X 的高分數傾向與 Y 的高分數有關，而 X 的低分數則傾向於伴隨著 Y 的低分數。例如，青少年的年齡和他的身高之間有規律地存在著正相關，青少年之年齡越大，他多半就越高。相反地，負號的意思是 X 的高分數傾向於伴隨 Y 的低分數，而 X 的低分數則伴隨 Y 的高分數，年齡和動作反應的敏捷性通常是負相關：人的年齡越大，他們的動作反應變得越慢。

相關研究的一個橫向研究的例子：從卡特科夫史基・克蘭代爾和古德（Katkovsky Grandoll & Good）（1967）的報告裏可以看到一個應用相關法的例子，這例子表明這種方法是具有許多優點的。這些研究者對近代青少年心理學研究中日益盛行的一種變量感到興趣。有一個被稱為「對增強（reinforcement）的內部與外部控制」的變量——別人對他們在各種生活情境中得到的獎賞負責——也能控制這些獎賞之研究。發展心理學家對「內部控制」特別感興趣，第一個研究由美國教育部科爾曼、坎普貝爾、霍布森、麥克帕特・德、穆德、溫費爾德和約克（Coleman, Campllell, Hobson, Mcpartland, Mood, Weinfelk & York）（1966）主持，未成年組中的兒童，在

學校裏的成就與內外在控制的關係，比它在同該研究中之大學變量——如兒童的態度、學校和家庭之特點、教師等等其中任何一個關係更為密切。

第二個早期的研究提出了：四部控制的信心是在兒童初期建立的，約當國民教育3-12年級，似乎都保持相當恆定（Crandall, Katkovsky Gamdall, 1965）。

在大多數心理學研究中，結果是由於未知的偶發因素，而不是由於真正的關係這種可能性，是用統計學的方法來確定。按照慣例，如果一個結果（平均數的差別，或者一種相關）憑機遇出現的機會一百次中不超過五次，那麼這個結果就被認為在統計上是顯著的，因此便可算為一種證據，這種顯著性水準叫做「0.05水準」，通常寫作「P < 0.05」，如果 P < 0.01 的結果，則表明一百次中只有一次機會，這就更不可能僅僅是憑機遇發生的。

第五節　青少年心理學的任務與趨向之研究

一、任務

美國芝加哥大學教授海維格史特（R. J. Havighurst, 1953）在該大學研究人類發展時，首先提出「發展任務」（developmental tasks）可視為「發展成就標準」。這個理論很受舉世心理學家的重視。他認為「人為了度過幸福的人生，在各個時期有在該時期必須做到的事情，絕不能錯過時機。如果能完成各時期的任務便是幸福的，並且往後的任務也將易於完成；如果沒完成，本人就會不幸福，也會遭到社會的譴責，且要完成後來的任務也將是困難的。」

也就是說，人生是一連串完成各個時期應當完成的任務的過程。這個

觀點將個人在他（她）一生中的某個時期所必須獲得的知識、技能和態度叫做發展任務。並認為前一階段任務的完成，是後一階段任務完成的條件，它具有連貫性。

這種見解，顯然不僅是青少年心理學重要的任務——把人生或人類發展中的任務解析成一個連續的過程。同時指出，每一生命階段之發展任務部分基於個體的基本需要及成熟；部分基於社會文化對個體的要求；部分則基於個人的價值體系與願望。因此，發展任務一方面包括有機體之本身，另方面則是個人生活所依附的社會團體所加之壓力與責任。由海維格史特之見解，遂扭轉過去偏重有機體之研究，轉而重視社會文化對個人的要求和教育的參與。

海維格史特之青少年發展任務之內容如下：（美國青少年期（Adolescence）之發展任務）

1. 了解自己身心的發展（相貌、體型以及性別）（Accepting one's physique and accepting a masculine or faminine role）。

2. 對兩性友伴產生友誼的新關係（New relations with age – mates of both sexes）。

3. 脫離父母及他人而有獨立的情緒（Emotional independence of parents and other adults）。

4. 獲得經濟獨立之信心（Achieving assurance of economic independence）。

5. 選擇職業及就業之準備（Selecting and preparing for an occupation）。

6. 發展行使公民權責所必需之知識、技能與觀念（Developing intellectual skills and concepts necessary for civic competence）。

7. 希望並欲獲得社會責任之行為（Desiring and achieving socially responsible behavior）。

8. 準備婚姻與家庭生活（Preparing for marriage and family life）。

9. 在和諧世界觀科學上建立良知之價值（Building conscious values in harmony with an adequate scientific world – picture）。

日本心理學界對青少年發展任務之研究，其模仿海維格史特的發展任務，歸納出十項青少年發展任務。

1.對身體的發展及其變化予以理論和適應。

2.從精神上脫離家庭或成人而自立。

3.學習並在學習過程中逐漸完成作為男性或女性之性別。

4.對新的人際關係，特別是對異性關係的適應。

5.學習如何認識自我和理解自我。

6.學習如何認識社會和對待社會。

7.學習並確立作為社會一員所必須具備的人生觀和價值觀。

8.學習並掌握作為社會一員所必須具備的知識和技能。

9.做選擇職業和工作的準備。

10.做結婚和過家庭生活的準備。

總之，由此可看出一個人的健全發展是繼續性的，並可供青少年們用以檢討自己的過去、現在以及將來發展之應負任務。過去是否達成？現在應如何完成？將來應如何去準備完成之？惟多數心理學家認為青少年至少應完成五大任務：

1.實現自己（self – realizing）、了解自己（self – understanding）、與接受自己（self – accepting）。

2.能尋獲並保有工作崗位，維持經濟獨立。

3.能贏得並保有許多朋友。

4.能選擇贏得並保有配偶，以建立快樂家庭。

5.養成健全的人格、正確人生觀；成勿驕縱，敗勿沮喪，堂堂正正走完人生旅程。

二、趨向

最後引述我國心理學家吳靜吉（1985）研究心理學的模式之比較，亦可作為今日青少年心理學之研究趨向：

1.心理生理模式：青少年心理學之研究，應以生理與心理歷程關係為重。2.心理動力模式：青少年行為應注意其內在動機的表達。3.行為主義模式：青少年行為發展只要在環境條件作適當安排之下是可以改變的。而

青少年行為主要決定因素是環境與刺激情境。4.認知模式：研究青少年的
心智歷程及語言思考，也可透過行為指標來研究其心智歷程──注意、思
考、記憶、期望、想像與意識本身。5.人本主義模式：人性非善或惡，而
是同時具有善惡的潛能。因此應著重於研究青少年的生活型態、價值或目
標，因為行為的主要因素乃潛在的自我導向，茲列表於下：

表1－2

比較項目 ＼ 模式	心理生理的模式	心理動力的模式	行為主義的模式	認知的模式	人本主義的模式
研究的重點	腦與神經系統的歷程	潛意識的趨力、衝突	明確外顯的行為	心智歷程、語言	人類的潛能
分析的層次	微小到分子	總體	分子	分子到總體	總體
主要的研究方式	研究生理與心理歷程之間的關係	把行為當做隱藏動機的表達來研究	研究行為與刺激情境的關係	透過行為指標來研究心智歷程	研究生活型態、價值和目標
人性的觀點	被動與機械性的	本能驅迫的	反應的，而且可以改變的	主動積極，而且反應的	主動積極，而且潛能無限
行為的主要決定因素	遺傳與生化歷程	遺傳與早期經驗	環境與刺激情境	刺激情境與心智歷程	潛在的自我導向

　　日本的青少年心理學研究，緊緊追隨美國的青少年心理學，並針對日
本青少年行為所出現的諸如頹廢、犯罪增多、犯上及反社會、新文化等現
象展開了研究。1953年成立了日本教育心理學協會（1959年改稱為日本教
育心理學會）；我國則於去年（1997）成立的中國心理學會中設置一個教
育心理學研究組。他們在青少年心理學研究方面出了不少研究論文。尤以
日本於1968年由依田新組織成立了青年心理學研究會，依田新擔任會長，
舉辦一系列《現代青年心理學講座》。其研究成果，由「日本金子書房」

出版七卷。

第一卷《青年心理學研究的課題和方法》，主要論述了青年心理學的研究課題、研究方法及青年心理學的系譜和銜接領域。

第二卷《青年期的比較文化之考察》，首先提出將青年期作為一種「文化現象」來看待的觀點。青年期文化考察的意義論證了：青年心理學的研究必須與社會學進行廣大的結合；並介紹對不同社會制度下的青年進行比較文化研究的具體現狀，及社會生活形態對青年期的意義。

第三卷《青年期發展的意義》，介紹青年期的一般區分，並提出了青年期的區分不能單憑成熟過程來判斷，而應該以普遍規律，即社會生活的制約性作為判斷的標準之一。並考察了青年和教師的人際關係、存在的問題及有關這些方面的研究狀況和成果。

第四卷《青年期的性格形成》，論證了作為人生一個時期的青年期的性格架構及人格的形成過程。探討了青年期自我意識的發展及自我的獨立，以及價值觀的形成。對於形成過程中所存在的一些病理現象及社會背景進行研討與說明。並提出了「個性化──社會化」模式和「依存性──獨立性」的模式，及兩者的統合理論。

第五卷《現代青年的性意識》，對現代青年的性意識和性行動進行了具體的分析；把性行動的發展、性角色觀的形成、性同一性的確立等認知階段的各問題作為研究的焦點，闡明了現代青年的性意識、戀愛觀、結婚觀及其相互關係。並從文化人類學的角度考察了文化、社會對青年性意識的影響。

第六卷《現代青年的社會參與》，將作為社會存在的青年看成為一個世代，從心理學角度對青年期的代溝問題進行考察。指出現代青年人際關係的兩個概念，即朋友集團和青年文化；對其進行了詳細的闡述，並嘗試從世代、青年的朋友集團和青年文化、政治活動、職掌選擇、都市化的影響、青年犯罪等六方面，對現代青年的社會參與進行探討。

第七卷《現代青年的生存價值》，圖解說明青年將自己疏遠於現實社會的原因，也探討了現代社會生存價值論的背景；在展望現代青年生存價值的現狀的基礎上，力圖究明作為自我實現的生存價值。並對青年的幸福觀、生活方式、價值觀、休閒生活、風俗等問題進行探討。

　　這套講座的出版，說明了日本青少年心理學研究已形成了自己的完整體系，它代表了日本青少年心理學研究的趨向，可供今日我國研討青少年心理學之借鏡。

　　同時由前述研討看來，今日社會繁榮、物資豐富、注重營養及衛生保健，使得青少年的開始年齡有下降的趨勢。再加上求學階段延長，晚就業、晚成婚的結果，使得青少年進入成年期的時間延長了。因而整個青少年期有向下延伸及向上擴展的趨勢。而青少年心理學的研究範圍也整個擴大了。心理學家艾瓦特（Atwater, 1992）認為青少年心理學研究之趨向包括了：

1. 年齡：達到青少年年齡（十幾歲）　　　→達到成年年齡（二十多歲）
2. 生物學：青春發育期開始　　　　　　　→達到身體和性成熟
3. 情緒方面：開始脫離父母而自主　　　　→達到個人認同和情緒自主
4. 認知、意志方面：出現邏輯推理、解決問題技巧→建立成人式邏輯推理
5. 人際關係：重心由父母轉移到同伴　　　→和同伴、成人都增加親密關係
6. 社會方面：進入個人的、家庭的和工作角色→獲得成人的權利和責任
7. 教育方面：進入中學或國中　　　　　　→完成高中或學院教育
8. 宗教方面：準備接受成人禮　　　　　　→在宗教團體達到成人地位
9. 法律方面：達到少年地位　　　　　　　→達到成年法定年齡
10. 文化方面：開始準備通過慶祝儀式　　　→完成考驗或祝賀儀式

　　總之，青少年心理學是以青少年期為研究對象。研究其在社會生活環境下，青少年的身心結構及其成長特徵、行為發展之程序與規律；並與其他前後各個時期結合起來，以了解青少年期心理的全貌，從而把握青少年心理的實質及其身心發展任務，進而從有關人類的發展問題進行系統的探討，在此基礎上，提出青少年期問題及輔導的解決方法。

參考資料

吳靜吉等著（1985）：心理學。台北：空中大學。

呂俊甫著（1982）：發展心理與教育。台北：商務。

李惠加（1997）：青少年發展。台北：心理出版社。

胡秉正等著（1980）：青年心理學。台北：行為科學社。

胡海國譯（1970）（Hurlock，E.B.著）：青少年心理學。台北：桂冠圖書
　　公司

高尚仁（1996）：心理學新論。台北：商務印書館。

張國琰（1969）：青年心理學。台北：維新書局。

郭靜晃、吳幸泠譯（1994）（Philip & Newman 等著）：發展心理學。台
　　北：揚智文化公司。

黃德祥（1988）：青少年發展與輔導。台北：五南出版社。

劉安彥、陳英豪（1994）：青年心理學。台北：三民書局。

魯克明譯（1990）（Liebert, R.M.等著）：發展心理學。台北：五洲出版
　　社。

羅志筠、陳秀珍譯（1992）（Morris, C.G.著）：現代心理學。台北：美
　　亞圖畫公司。

蘇冬菊譯：縱論發展心理學。台北：心理出版社。

蘇建文等著（1991）：發展心理學。台北：心理出版社。

日、依田新主編（1972－1984）：現代青年心理學講座（全7卷）。日：
　　金子書局。

日、依田新（1972）：青年心理學。日：光生館。

日蔭山公司：華意芬等：現代青年心理學。台北：五洲出版。

Atwat'er, E.（1992－1996）. *Adolesence*. New Jersey：Prentice Hall, 2nc.

Ausebl, D.P. & Montemayen, r. & Suagian, P.（1977）. *Theory and Problem of*
　　Adolescent Development. New York：Grune and Stration.

Berzonsky.M.D.（1978）. Ausudel's Satellization Theory：Application to Some re-
　　search on adolescents. *Adolescence*, 167－180.

Berzonsky, M.D.（1981）. *Abolescent Development*. New York：Mac Millan Pub-
　　lishing Co..

Brown, B.（1990）. *Peer Group － The Development*, 171－176. Cambridge：
　　Havward university press.

Cole, M. (1989) . *The Development of Children*. New York：Sciemifie American Books.

Dusek, g：B. (1987) . *Adolescent Development and Behavior*. Englwood cliffs, N.Y：Prentice – Hall.

Kealing, D. (1980) .Thinking process in adolescence. *Hand Book of Adolescent Pschology*. New York.

Kimmel. D. E. & Wiener, I. B. (1985) . *Adolescence：A Development Trancition*. Hillsdalo N. J：Erlbaum.

Kohlberg. L (1984) . *The Psychology of Moral Development：The Nature and Validity of Moral Stages*. New York：Harper So Row.

Lewis C. (1981) .How adolescents approach decisions：Changes over grades seven to twelve and poliey implications. *Child Development*, 52,538 – 552.

Miller, P. (1989) . *Theories of Evelopment Psychology*. New York：W. H. Freemm.

Santrock, G.W. (1990) . *Adolescence*. (4th ed.) Dubuquo, I. A.：WcB. Publishers.

Schuster, C.S.& Ashburn,S.S. (1988) . *The Process of Human Development*.N.Y.：Ann West of little, Brown and Com.

Selman, R.L. (1985) . *The Growth of Interpersonal Understan Clinq：Developmentol and Clinical Anaysis*.N.Y.：Academic press.

Shaffer. D.R. (1989) . *Development Psychology*. California：Brooks／Cole Publishing Com.

Skolnick, A.S. (1986) . *The Psychology of Human Development*. San Diego：Har-Court Braec Jovanorich.

Steinberg. L. (1989) . *Adolescence*.New York：Alfred A. Knvf,Inc.

Steinberg. L. & W Levine, A. (1990) . *You and Your Adolescent：A Parent's Guide for Ages*, 10 – 20. New York：Happer & Row.

Steinberg. L. (1993) . *Adolescence*.New York：McGraw – Hill, Inc.

Wantz, G.C. & Gay.g.E. (1981) . *The Aging Process*. Cambridge：MA：Winthrop.

Cole, M. et al. 1979 ? The Development of Children. New York : Scientific American.

Gibson, E. J. (1969) Principles of Perceptual and Perceptual Development. New York : Appleton.

Kail, R. (1990) The Development of Memory in Children. 3rd Ed. New York : Freeman.

Shaffer, D. R. & Kipp, L. H. (1989) ? Adolescence and Development. Belmont, CA : Wadsworth.

Thomas, R. (1991) Comparative Theories of Development. 2nd Ed. New York : Harper & Row.

Pinder, C. 2001 Individual Performance...

Miller, P. (1993) ? Theories of Development. 3rd Ed. New York : W. H. Freeman.

Overton, W. F. (1990) ? ... Reasoning. 2nd Ed. ed. Liben (Ed.) et al. Hillsdale, N. J. : ...

Piaget, J. & Inhelder, B. (1969) ? The Psychology of the Child. New York : Basic.

Fischer, K. W. (1980) ? A Theory of Cognitive Development in Skill Acquisition ... global Critical Review. B. Y. : Academic press.

Shaffer, D. (1989) Developmental Psychology. California : Brooks/Cole Pub. Co.

Robinson, L. (1989) The Psychology of Human Learning. Cambridge : Cambridge Univ. Press.

Smith, M. & ... Addison-Wesley Pub. Co. Menlo Park, CA : Inc.

Stringer, T. & ... Bernard, R. (1990) ... and ... Allyn and Bacon.

Stern, L. (1985) Comprehensive ... New York : Harper & Row.

Wadell, C. & ... Rowe, C. (1981) ? The Mind. Reading, Addison-Wesley, MA : Wesley.

第二章

青少年生理、性別與發展（上）

第一節　成長發展與成熟之意義

　　青少年期的身體成長與發展，產生了劇烈的變化。而這「成長」、「發展」與「成熟」的關鍵名詞，其涵義是必須首先研討的。

一、成長（growth）又稱生長

　　1.指因個體之身體方面，隨年齡增加而改變的歷程。 2.指個體心理功能隨年齡增加，且更開展提升的歷程。 3.成長與發展（development）意義是相同的。（張氏心理學辭典，1989）

二、發展（development）日文譯為發達

　　1.廣義而言　發展指自出生到死亡的期間，在個體遺傳的限度內，其身心狀況因年齡與學得經驗的增加，所產生順序性改變的歷程。其含義有四：(1)發展包括個體的身體與心理兩方面的變化；(2)發展的歷程包括個體的一生；(3)影響個體身心發展者，有遺傳、年齡、學習經驗等因素；(4)個體身心發展是順序性的。

　　2.狹義而言　發展指自出生到青少年期（或到成年期、晚年期）的一段期間，個體在遺傳的限度內，其身心狀況因年齡與學得經驗的增加，所產生順序性改變的歷程（張氏心理學辭典，1989）。

　　因之，心理學上成長與發展的意義，也與 mental development、psychological development 涵義相同。而其所指的改變，包括順序性的「質」與「量」兩方面，「量」是指身高、體重、體態、字彙、數量等的增加。

「質」是指智能增加、情緒控制（修養）、人格內涵、邏輯推理、自我觀念等的成熟。在質與量上的改變，是繼續受到遺傳×環境×時間之相乘積的交互作用影響的過程。而改變是持續一生的，不但身體的增長，各種心理特質也產生質與量的變化，使人類逐漸具有複雜的行為模式，以適應社會環境的複雜生活。

三、成熟（maturation）

遺傳的決定作用，是通過成熟（maturation）表現生長。成熟指的是相對地獨立於外部環境，先天決定的生長或身體變化的順序性。所以說「相對地」是因為這些變化，是在大範圍的環境條件下發生的，然而如果環境在某些方面明顯地不正常或不完善，也會影響成熟過程。雖然成熟過程在兒童期表現得最明顯，如身高、體重與語彙等等，但它一直延續到往後的一生。如發生在青春期的性成熟變化和老年期白髮蒼蒼的出現，都是由遺傳因素所決定的時間表所控制的。

總之，成長、發展與成熟，就是繼續不斷的演變。人們從出生以至死亡，在整個生命歷程中，不但大小、比例、形態……等常常在「變」，觀念、興趣、態度、信仰等行為也時時在「變」。誠然，各人的發展可能彼此不同，但其基本的次序（順序）、方式、或因果，往往大致相同。因之青少年心理學著重運用科學客觀的方法，以研究並了解青少年期間的行為發展，猶如治史者之有通史與斷代史。心理學與青少年心理學，應可並存而不悖。它並不孤立於心理學的其他分支，乃彼此相輔相成的學科。

第二節　青少年身體成長、成熟與發展

一、身體成長的比例

　　青少年身體成長的比例，在其身體各部份的發展並非齊頭並進，而是快慢不一的。譬如頭部在出生後生長得很快，到了三歲時，頭部的成長已經達到接近成熟大小的85％。而身體四肢長骨的發展卻剛剛相反，出生時非常短小，在兒童時期並沒有特殊快速的生長，到了青春期卻驟然快速成長。這樣的結果使得身體的比例起了重大的改變。以頭部為例，見圖2－1，可以發現兩個月的胎兒頭部大小比例占身高的1／2；新生的嬰兒只占全身的1／4；最後到了成人期頭部與身高之比，只有1／8而已。進入青春期的男女生，如果發現身體比例上發生顯著的變化，只要不是病態的發展，實在不必過分關心，更不必憂慮和煩惱。

　　在美學上認為一個人的身材發展以8個頭高為正常的身材美，頭長為身高的1／8。單手上舉的高度須等於肚臍高度的兩倍，肚臍上部與下部之比必須等於1：1.618——即符合美學的黃金律（黃金分割率）：胸圍、腰圍、臀圍之比為3：2：3，也就是今日世界之選美標準。臉部美則要符合「三停五看」之說：易言之，凡是「太」就不美，「太」就不好。眼睛太大、鼻子太高、太扁、皮膚太白、身體太胖、太瘦皆非美的代表。中庸、適度、配稱適當方為美的典型。美並非天生，人體除骨骼外，肌肉、皮膚、脂肪、精神、氣質，皆可改造。E.Q.情緒之修養、營養、運動等足以令人體完美，是勿庸置疑的事實。唯有健壯結實之美的身體——健康美，才是一切美的根源；天下無不存在之美，亦無不美之存在，吾人愛美只因它存在。

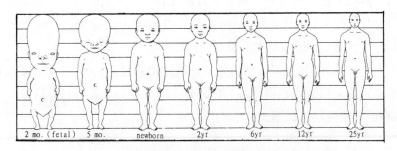

圖2－1：生長時期，頭部與身體的比例

2mo.＝胎中兩個月

5mo.＝胎中五個月

newborn＝初生嬰兒

2yr＝兩歲

6yr＝六歲

12yr＝12 歲

25yr＝25 歲

二、身高、體重與胸圍之成長

人的身高、體重與胸圍，不僅是一個人成長與發展的標竿，也是其健康的指標。人類從出生到老死之健康檢查，都列為第一個簡單重要的項目。

兒童期之身高、體重與胸圍的成長速度頗為穩定，雖然個別之間仍有差異，但大致均呈現連續上升的現象。至青春期開始後則大不相同，在身高方面出現成長陡增（ growth spurt ）的現象，突然快速成長。對於少男少女的身高迅速增加，然而頭部的面積並沒有顯著的增加，因而看起來頭小身長，似乎很不相稱的情形，心理學家（ G.Godin ）曾戲稱為：「小腦袋的青少年人」。其實這是正常的現象，青少年人的頭並非太小，而是因為以前看慣了兒童的大頭哩！

一個人進入青春期後，身高和體重增加很多，同時也持續地增長。見表2－1、2－2。在身高方面，男生：11歲比10歲長高6.01公分；12歲比11歲長高7.11公分；13歲比12歲長高6.6公分；14歲則比13歲長高5.58公分。

男生從10歲至14歲平均共長高16.93公分。

女生：10歲比9歲長高6.55公分；11歲比10歲長高6.6公分；12歲比11歲長5.32公分；13歲比12歲長高3.16公分；14歲比13歲長高1.95公分。女生從9歲至14歲平均共長高20.47公分。

表2－1　與20年前兒童、青少年（男生）之身高、體重、胸圍（18年前）調查之統計比較

性別	項目 學年度 年齡	身高（cm）			體重（kg）			胸圍（cm）		
		81學年度 （1992）	61學年度 （1972）	增加	81學年度 （1992）	61學年度 （1972）	增加	81學年度 （1992）	63學年度 （1974）	增加
男 生	6歲	119.84	113.15	6.69	23.52	18.70	4.8	59.50	56.31	3.19
	7	123.50	117.90	5.6	25.28	20.47	4.81	60.86	57.56	3.3
	8	128.75	123.05	5.7	28.24	22.62	5.62	63.10	59.13	3.97
	9	133.78	128.00	5.78	31.57	24.70	6.87	65.67	60.52	5.15
	10	138.95	132.60	6.35	35.39	26.97	8.42	68.47	62.88	5.59
	11	144.96	137.57	7.39	39.42	29.79	9.63	71.11	65.10	6.01
	12	152.07	143.30	8.77	44.71	34.07	10.64	74.28	67.76	6.52
	13	158.67	149.90	8.77	49.97	38.76	11.21	77.60	72.51	5.09
	14	164.25	156.42	7.83	55.00	43.84	11.16	80.83	76.30	4.53
	15	168.01	161.37	6.7	58.62	48.34	10.28	83.54	76.60	7.24
	16	169.94	165.27	4.67	60.91	53.19	7.72	85.77	82.56	3.21
	17	170.61	167.01	3.6	61.80	54.48	7.32	86.87	84.13	2.74
	18	170.86	167.24	3.62	62.51	55.39	7.12	87.33	85.16	2.17

資料來源：教育部體育司82（1993）年測量、84年（1995）編印：台閩地區學生身高、體重、胸圍測量（61、62年無測量）報告書第29期。──製表者王煥琛。

表2－2　與20年前兒童、青少年（女生）身高、體重、胸圍（18年前）調查之統計比較

性別	年齡	身高（cm）			體重（kg）			胸圍（cm）		
		81學年度（1992）	61學年度（1972）	增加	81學年度（1992）	61學年度（1972）	增加	81學年度（1992）	63學年度（1974）	增加
女生	6歲	118.75	112.38	6.37	22.15	18.18	3.97	57.37	54.49	2.88
	7	122.52	117.13	5.39	24.01	19.81	4.2	58.72	55.84	2.88
	8	127.98	122.44	5.54	26.78	21.95	4.83	60.87	57.50	3.37
	9	133.79	127.58	6.21	30.27	24.19	6.08	63.51	59.22	4.29
	10	140.34	133.17	7.17	34.94	29.10	5.84	67.45	61.58	5.87
	11	146.94	139.38	7.56	39.57	30.75	8.82	71.26	64.98	6.28
	12	152.26	145.86	6.4	44.19	35.83	8.36	75.13	68.78	6.35
	13	155.42	150.46	4.96	47.30	40.01	7.29	77.61	71.65	5.96
	14	157.37	153.28	4.09	49.82	43.26	6.56	79.43	73.98	5.45
	15	158.21	154.99	3.22	50.87	45.68	5.19	80.46	77.15	3.31
	16	158.96	156.71	2.25	51.28	47.38	3.9	81.36	77.06	4.3
	17	159.15	156.99	2.16	51.25	47.69	3.56	81.61	77.39	4.22
	18	159.06	157.02	2.04	51.07	47.87	3.2	81.65	77.88	3.77

資料來源：教育部體育司82年（1993）測量、84年（1995）編印：台閩地區學生身高、體重、胸圍測量（61、62年無測量）報告書第29期。──製表者王煥琛。

　　在體重方面，男生：11歲比10歲增加4.03公斤；12歲比11歲增加5.29公斤；13歲比12歲增加5.26公斤；14歲比13歲增加5.03公斤；而從10歲至14歲男生平均增加19.61公斤。女生10歲比9歲增加4.67公斤；11歲比10歲增加4.83公斤；12歲比11歲增加4.52公斤；13歲比12歲增加3.11公斤；14歲比13歲增加2.52公斤；而從9歲至14歲女生共平均增加19.55公斤。

　　在胸圍方面，也持續成長，見上兩表。

　　近20年來，由於政治民主、經濟繁榮、人民所得已達1萬3千多美元，人民營養增加。由見上表2－1、2－2之統計比較，可看出81學年度（1992）和71學年度（1982）青少年的身高、體重、胸圍，無論男生、女生，在所有的年齡階段體格都有明顯地改善。尤其是身高、體重的增加更爲顯著。二十年前成年人（18歲）的平均身高，男生爲167.24公分，女生則爲157.02公分。根據81學年度的統計，男女生就比20年前的成年人高，

男生增加了3.62公分，女生增加了2.04公分。而體重方面男生增加了7.12
公斤，女生增加了3.2公斤，胸圍方面增加了3.77公分。今日雙腿修長、
身材豐滿、身姿優美的青少年男女已經多起來了。

　　最近教育部體育司發表86年度（1997）台閩地區男女生體能檢測研
究，茲將青少年身高與體重發展之常模列表於下：

表2－3　86年（1997）台閩地區男女生身高、體重發展（檢測）之常
　　　　模

性別	男　生				女　生			
年齡（歲）	人數	身高（公分）		體重（公斤）		人數	身高（公分）		體重（公斤）	
		平均值	標準差	平均值	標準差		平均值	標準差	平均值	標準差
7	124862	122.1	5.8	24.9	4.9	113552	121.0	5.3	23.7	4.3
8	123079	127.6	5.6	28.1	6.1	113211	126.8	5.6	26.8	5.4
9	123320	132.7	6.2	31.5	7.4	113321	132.4	6.6	30.2	6.7
10	118218	137.9	6.2	35.3	8.5	110590	138.7	6.9	34.4	7.8
11	119795	143.6	7.0	39.3	9.8	111855	145.5	7.1	39.4	8.9
12	134106	150.2	7.9	44.3	10.7	126276	151.4	6.4	44.2	9.2
13	126011	157.5	8.3	50.1	11.5	119439	155.1	5.8	47.7	9.2
14	128140	163.7	7.5	54.9	11.4	121690	157.2	5.5	50.2	8.9
15	127448	167.6	6.5	58.8	10.7	121457	158.2	5.5	51.6	8.7
16	69897	169.9	6.0	61.5	10.4	72962	159.4	5.4	52.1	8.2
17	64118	170.9	5.9	62.9	10.0	69064	159.3	5.3	52.3	8.0
18	53947	171.4	5.8	64.1	9.8	54427	159.5	5.3	52.5	7.8

資料來源：教育部體育司（86年）報告。

三、骨骼的增長

　　與身高有關的是骨骼變化：四肢的骨骼加長加厚，也更加地堅實，其
次骨盤的寬厚與長度也逐漸產生顯著的變化。特別是許多軟骨組織和纖維
組織，由於鈣化的結果，增加了骨骼的硬度和骨骼結構的密度，所以要注
意牛奶與鈣質的攝取。此外骨骼的大小也有明顯的變化，據傅里門

（F. N. Freeman）和卡特爾（T. M. Cater）1945年之研究報告，青春期開始之初，骨骼的骨化作用（Ossification）很快地進行著，有的在20歲時大致即可完成。女生從5歲到17歲間的骨骼骨化作用，比男生超前了一年至兩年。X光照像顯示：約在19歲至20歲時兩性骨盤的骨化作用，在比例上是相等的。一般而言，骨骼增長的年齡女生為12－14歲，男生為14－16歲，決定身高的主要因素為遺傳上所謂的「種瓜得瓜，種豆得豆」，但後天的營養及良好的環境有助於身高的發展。

青少年的骨骼成長，因過於急速而有失全體的調和，故乍看之下有不協調之感覺。在初中至高中之末期，動作上每易感到不靈活，尤其是女生，因骨盆的增寬使臀部變大，以及筋肉或皮下脂肪的發達，形成所謂女人之體態，致影響到行動的不便，使原來較靈活的運動倍感笨拙。再以臉部來說：因顎骨的增厚使下顎擴大、鼻骨的成長，以及鼻與口的加寬，使孩子式的圓臉逐漸拉長，而終於形成了大人的臉。這一切變化若能漸次引起，或可同時保持全體調和之美貌，但實際卻難如此。在小學時長相甚可愛的人，一變中學生則喪失從前的魅力，成了貌不驚人的一副平凡相貌，令人見了也啞然失笑。有不少的女生常為了臀部變大而憂慮，為下顎的擴大而自覺為容貌醜陋，不知其所以然。而這些煩惱乃源於正遭遇變化的中學時代。然而其「怪模樣」和不復可愛為時甚短，至17歲18歲之交又可回復到端莊之貌，同時個性顯出，就益增其美了。

四、肌肉成長

青少年體重的增加，是較為顯著的形態變化；體重的增加除了與骨骼和內臟有關外，肌肉和脂肪組織的增加佔有很大的比例。男女學生在這個時期由於組成身體的肌肉和脂肪組織的增加水準不同，而顯現出不同的性別特徵。

肌肉的增加可用肌肉佔有重量的百分比來衡量，增加情況可見下表2－4：

表2－4　兒童和青少年的肌肉之成長

年齡	新生兒	8歲	12歲	15歲	18歲	成年
肌肉占體重%	25.0	27.2	29.4	32.6	44.2	44－45

資料來源：楊汀南，1981

　　由上表可看出，15－18歲這一階段是肌肉增長最快的時期，此階段的增長量佔整個肌肉增長期的58.5%，這一階段肌肉組織的增長值，差不多是青春急驟發育的四倍。肌肉組織的增長，在青春發育初期，主要是肌纖隨身高的急劇增加而拉長，使肌肉組織變得較為堅定有力。這是肌肉力量迅速增加的時期，人體運動的速度（14－16歲）、力量（13－17歲）、耐力（16－18歲）均在這個時期發展最快，因此，想要肌肉組織以至整個運動系統之良好發展，這個階段的體育鍛鍊和勞動訓練是十分重要的。

　　男生肌肉組織的發育從青春期開始，無論增長量、增長度、增長速度、增長潛力以及佔有總體重比例方面，都遠比女生佔優勢。脂肪的積累則恰好相反。從進入青春期開始，女生的皮下脂肪積累持續增加；而男生則在青春發育期中皮下脂肪發育停滯和減少。到了18歲女生發育成熟時，皮下脂肪厚度已相當於同年齡男生的二倍，成為男女不同體態的重要特徵。此時的女生體態豐滿，而男生則更顯出粗壯。

　　檢查普通肌肉的生長，包括握力、背筋力和腳力等三項。同一人的握力，其左右手也不同。而男女的握力差異在中學時突然增加，女生到17歲時達其頂點，但男生則過了18歲仍有進展。又有人將握力與肩部的推力和拉力互相關連起來，男生的推力和拉力是循同一步調而發達，但在女生則推力預先發達，而後拉力和推力同時並進。女生在國中二、三年級時，早達到成人標準。

　　同時，男女生在11－13歲之肌肉發育得很快，好動是自然的現象，但姿勢常欠雅、動作拙劣。到了14－16歲，動作笨拙的時期過去了，且各肌肉的協調顯有進展。而男生的肌肉變得很結實，女生的肌肉則仍較鬆軟。姿勢已有改進、體態穩定良好，凡參加韻律活動，如舞蹈、游泳、競技、等尤其進步良好。

五、牙齒

牙齒在國中以前由乳齒而換的新齒有20顆，加上六歲左右長出來的臼齒上下左右各一顆，計有24顆。國中前後，左右臼齒之上下又各長一顆，共28顆，成年後，又在後面再長出4顆，共計32顆。但據調查，實際上最後的4顆，有的人有、有的人卻沒有，而且長出的時間也不一致，有的20歲就開始長出了，有的卻要等到30歲才會長出，所以不能說一定要等待最後4顆長出了才算完成，祇要28顆長齊便算完成了。

在8－10歲時，牙齒很容易被疏忽了。在某種情況下，牙齒的整形是必要的，這種需要可能在9歲時就很明顯，但要到12歲以後才能開始處理。到了13－14歲時，28顆永久齒已完全長出了，如果牙齒經過矯正後，不僅增加美觀，並能預防敗壞。接受整形的兒童要指導他忍耐裝齒套，以獲得永久的整齊牙齒。14－16歲時，少數青少年長出第三臼齒（智齒），但通常要延長幾年。要注意牙齒的矯正之青少年重要事項，不可坐失良機。

六、神經系統和腦的成長

神經系統在嬰兒出生後迅速生長，並一直處於領先地位，在出生後第5－6年保持最快的發展速度。6歲左右，大腦半球的所有傳達通路都髓鞘化，這等於在裸露的導線外包上了一層絕緣體，從而保證了信息傳導的暢通和不受干擾。這時期乃兒童神經系統發展的重要階段，有人認為這階段的教育可以影響往後的智力發展。腦的生長到12歲時基本的完成。以後，腦的重量和容積雖增加甚少，但皮層細胞的機能則迅速成長。腦電波的研究顯示，13－14歲時腦電波出現第二個「飛躍」現象（第一個飛躍現象出現在6歲左右），這代表腦皮層細胞在機能上的成熟。解剖學指出，到20歲左右，腦細胞內部結構和機能不斷地進行複雜的分化，腦溝通增多、加

深，而神經的聯絡纖維在數量上也大為增加。腦和神經系統的完全成人化則要等到20－25歲以後。

腦和神經系統的基本成熟，為青少年17、18歲走向更複雜學習、生活和工作環境提供了可能性。高中學習階段畢竟是處於從不成熟朝向成熟的過渡階段，極須良好的教育，這對他們身心健康的成長與成熟非常重要。

七、循環系統發展

我們的心臟從12歲起增大很多，到17歲為止，心臟的大小大概增加了兩倍；惟動脈血管與心臟的不均衡發展，為青少年期循環系統的主要特徵。在兒童期內，心臟與動脈血管的寬度為5：4；但到了青少年期，因為心臟的加速生長，二者的寬度比遂變為5：1。這時心臟要將血液輸入寬度僅達其本身1／5的血管頗為費力，故血壓增高；十一歲平均血壓為109，十五歲為124，至十八歲時即達132。青少年男女都不免有頭痛、頭暈、心跳、脈搏加速，以及坐立不安等現象發生。如果我們了解心臟發展情形，便可放心。太劇烈運動往往會造成心臟瓣膜的損傷，因此最好盡量避免。當然參加一些適度的體育活動，特別是籃球、排球、田徑、游泳等，對心臟不但無損害，而且還可以鍛鍊我們的身體。千萬記住一句話：不可濫用心臟，適可而止才是健康之道。

八、呼吸系統發展

在青少年期，隨著胸圍（胸腔）的擴大和肺活量（ vital capacity ）的增加，呼吸器的活動亦大大地增加，據日本吉田章信（ 1972 ）所測得男女生之肺活量，其結果如下：

表2-5

年齡	肺活量（cc）	
	男生	女生
9 - 10	1684	1484
10 - 11	1810	1568
11 - 12	1990	1811
12 - 13	2127	2083
13 - 14	2479	2108
14 - 15	2750	2250
15 - 16	3106	2505
16 - 17	3605	2591
17 - 18	3705	2590

由上表可看出青少年肺活量在15歲以後有急速的增加。

從14、15歲以後，男女肺部的容量就有了不同，通常男生的肺部容量比女生要大些。這是因為男生具有較大的胸腔，以及喜好激烈運動的緣故。青少年的肺容量雖然與成人相差很遠，但卻具有優越的活力。在運動時，所需要的氧氣大概要比沒有運動時增加5倍，青少年在運動後只要20分即可恢復平常狀態，但是成人卻需要將近2-3小時。

同時與呼吸器官有關的另一現象，即為青少年聲音的變化。在這個時期，男女生的聲音都有很顯著的改變。主要原因就是發音部分肌肉成長的結果。此時喉頭骨突起、聲帶的長度增加一倍，因此男生聲音變低，女生音調雖無甚變化，卻往往變得更圓潤更柔和了。

九、消化系統發展

青春期的胃成長得很快，而且食道、胃壁的肌肉、腸子的長度都有顯著的發展。同時消化器官為供給青少年時期成長所需的精力，當然也會有些改變。此時期胃的容量加大，不再如兒童時期之直形與管狀、胃部肌肉蠕動力加強，胃液分泌亦略有改變；腸之長度與容量也都有增加。基於這些消化系統器官的迅速增長，所需要的營養成分也增加，於是食慾大增、

飯量加多；青少年人的食量過人，往往日食三餐不飽，便是這個緣故。英國人稱這個時期的青少年為漏斗（hollow leg），不無原因。反觀今日「便當」文化，便當是否衛生？是否營養？甚至有人把父母的午餐錢拿來當零用錢，捨不得買吃的，一直餓到晚上才狼吞虎嚥地飽餐一頓。日子久了，便導致消化不良，鬧起胃病。由於消化不良和大便秘結的影響，使得臉上長滿面皰、粉刺，更令人深感煩惱。因之，隨時注意飲食、定時定量，不暴飲暴食，不但可免除胃病的痛苦，還可以使皮膚光潔。這樣總比買化妝品、藥膏來得省錢省事。

十、內分泌腺的成長

造成青少年時期身心巨大變化的原因是什麼？為什麼人的身心不循序漸進，而忽然於青少年這時期突現大躍進呢？心理學家多年研究結果指出：掌握這成長的鑰匙者，是人體內的腺體的分泌作用。人體內的腺體分做兩種：一種是有管腺，一種是無管腺。有管腺如汗腺、脂肪腺、淚腺等，在青春期作用比較活躍，汗腺分泌增加，並含有汗臭的氣味，因此開始有體臭。有些人在出汗時容易自腋下發出惡臭，通常稱之為「狐臭」。由於脂肪腺分泌增加，使頭髮油穢、身體易髒。淚腺的活躍，使女生在情緒激動時易於流淚，就是男生有時也會涕泗滂沱、淚流不止。

有管腺作用簡單而易於明瞭，而無管腺則不然。它不僅至為奧秘，而且還相當複雜，甚至醫學昌明的今天，對於人體內無管腺的作用有些仍然不甚清楚。無管腺能分泌出一種名為內分泌，又稱荷爾蒙（hormone）的化學液體。它能回答由體內各處神經傳來的信號，並將自己的荷爾蒙輸送到血液中。於是荷爾蒙在作用於其他腺體或受同類荷爾蒙之情況下相互刺激，或將對方抑制，從而完成身體的調節和促進。人體內的荷爾蒙為數不多，但作用甚大，其對人體的生長發育、細胞的新陳代謝、消化系統的各種功能、生殖器官的發育等都有極大影響，同時對人類的生活或生長皆極為重要。

內分泌不僅與青少年的身體成長與發展息息相關，對於我們的情緒、

個性也有重大的影響。因此研究青少年身心的成長與發展，對人體的內分泌必須要有充分的認識，人體重要內分泌腺體如下圖2－2所示：

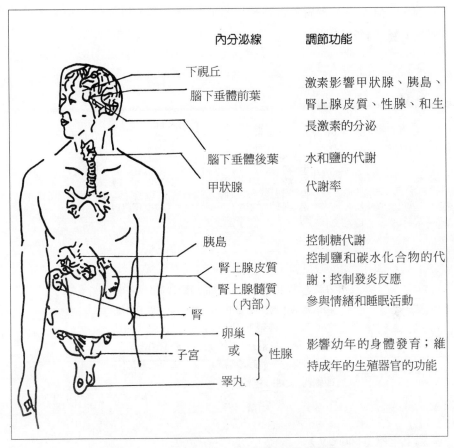

內分泌線	調節功能
下視丘	激素影響甲狀腺、胰島、腎上腺皮質、性腺、和生長激素的分泌
腦下垂體前葉	
腦下垂體後葉	水和鹽的代謝
甲狀腺	代謝率
胰島	控制糖代謝
腎上腺皮質	控制鹽和碳水化合物的代謝；控制發炎反應
腎上腺髓質（內部）	參與情緒和睡眠活動
腎	
卵巢 或 子宮 睪丸 ｝性腺	影響幼年的身體發育；維持成年的生殖器官的功能

圖2－2　人類重要內分泌腺與調整功能

以下對上述各種內分泌腺再作簡單扼要的說明：

㈠下視丘（hypthalamus）

為間腦的主要構造之一，它形成了第三腦室的底部和下側壁。下視丘是由許多神經核和散佈的細胞所構成，它負責維持生命的基本系統，如饑餓、口渴和體溫調節等，同時也控制神經內分泌系統和自律神經系統。為

高級神經的自律中樞位於下視丘神經核內的神經元所發出的軸突，連接腦幹及脊髓的交感神經中，副交感神經中樞。下視丘成自律活動的高級調節，也爲大腦皮質與脊髓神經間神經衝動的主要轉遞站。同時由下視丘分泌激素（荷爾蒙）經腦垂腺系統送到腦垂腺前葉，以控制各種激素的分泌。（見下表2－3）

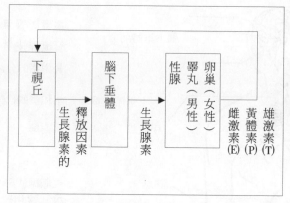

圖2－3

在青春期時由下視丘（GRP）釋放的化學傳導物或激素，會引起腦下垂體釋放其他的生長腺素（G.），最後會引起性激素（E,P 或 T）由性腺（卵巢或睪丸）中釋放。它們會引起第二性徵的發展，並回饋給下視丘，因而改變其化學物質（GRP）的釋放。

㈡腦下垂腺（ pituitary ）

　　腦下垂腺或稱腦垂體腺，在頭的中央部分，爲一切內分泌腺之母（ Master Gland ）。它是由前葉和後葉兩大部份所組成，它能分泌十種以上的荷爾蒙，而且每種荷爾蒙都有不同的作用與功能。前葉能分泌出一種生長荷爾蒙，專門控制生長、調節生長，以及促進骨骼發育的現象，分泌過多會造成巨人症，分泌不足則會造成侏儒症（矮人）。後葉也能分泌出荷爾蒙，對於肌肉光滑、膀胱、子宮都有影響。腦下垂腺的作用到了青春期會變得比較急促些。

㈢甲狀腺（thyroid）

位於頸部氣管的兩邊，它控制身體的新陳代謝作用。如果女性荷爾蒙分泌過多，會加速身體的活動。例如脈搏速度加快、血壓增高、精神亢奮、緊張、敏感、神經質等。如果分泌不足，則會令人精神萎靡、無精打采及心理遲鈍等現象。惟先天性分泌不足，則會使兒童或青少年罹患幼稚病（Cretinism）。

㈣副甲狀腺（parathyroid）

它控制人體中鈣質的新陳代謝作用。如其分泌太少，便會影響到肌肉中的鈣質，使肌肉呈現出過度興奮的狀態導致肌肉顫動、抽搐和痙攣。

㈤胰島腺（pancress）

胰島腺分泌的荷爾蒙，就是因素林（Insulin）。 它的主要作用在促進肌肉動物澱粉之儲藏，刺激肌肉蛋白之合成等。人體內如缺少其荷爾蒙，容易發生糖尿病。但在青少年期，這種現象是很少發生的。

㈥腎上腺（adrenals）

腎上腺分兩條，在每一個腎臟的頂上都有一根。腎上腺分內外兩部，內部叫髓質，外部叫皮質。每一部份都能分泌不同的荷爾蒙。腎上腺的作用主要與性機能有關。在青少年時如果分泌不正常，就男生來說，會造成「男生女性化」的現象，即外表是個男生，但所做所爲卻又像女人；就女生來說，也會造成「女生男性化」的現象，抑制女子性機能的發育，使她具有男人的特質。

㈦性腺（ovaries or tes – tes）

主要功能除了製造生殖細胞（男生精子，女生卵子）外，還可以促進體毛的生長。此外由於性腺的作用，會使男生的聲音變得低沈沙啞，女生則變得柔和悅耳，而且富於表情。此兩種男女性腺荷爾蒙在人的生活中極爲重要。

㈧松果腺（pincal）和胸腺（thymus）

這兩種腺體所分泌的荷爾蒙與性發展有關，其作用似乎在於稽延性的成熟，但其真正的生理功能迄今尚未能完全明瞭，不少生物化學家尚在研究之中。

以上各內分泌腺的成長可分為三種型式：第一種是到青少年期為止，其成長快速者如胸腺、松果體，反而退化了。第二種是誕生後，自幼兒期、兒童期以至青少年期，其成長無大差別，且相當有規則者如腦下垂腺，甲狀腺等是，第三種是兒童期幾乎不成長，但一接近青少年期，其生長即轉急速者，如性腺的睪丸和卵巢等是。

約24歲左右，腎上腺的一副腎皮質開始顯示出特異的發育趨勢，其在誕生後減少重量，隨後逐漸恢復其重要性，直到16歲左右才恢復原來的重量，其後則更急速地成長。

青少年期最重要是性腺的開始活動。一般女生約從12－15歲開始，而男生則稍遲至13－16歲之間。但其中也有個別性的差異，有10歲左右開始，也有人晚到了17歲左右才開始。同時腦下垂腺所產生的荷爾蒙也會刺激性腺。受到其刺激的男生的睪丸或女生的卵巢，便開始製造自己的荷爾蒙，而這種荷爾蒙復又作用於腦下垂腺，使由它所產生出來的身高成長荷爾蒙大為減少。因此，在性方面達到成熟、性荷爾蒙分泌十分完全的人，其身體成長的速度也逐漸變為緩慢，隨後完全地停止。

由此看來，內分泌腺各有其不同的成長方式和不同的功能。它們之間或互相加減其份量，或彼此調節其作用，幫助我們的身體獲得健全的成長與發展。

第三章

青少年生理、性別與發展（下）

第三節　青少年身體成長、成熟與發展

㈨性成熟與發展

Ⅰ性的成熟

青少年時期的最大特徵，是性的覺醒。性徵的出現乃由於生理的成熟，促使青少年人對異性產生強烈的興趣，但也帶來不少煩惱。因為性生理的成熟，導致身體上重大的改變，使原屬於兒童的個體，成長為能生育小孩的父母。這種改變，有兩種主要特徵與性成熟：

　　1.屬於生殖器官的成長與成熟者稱為主性特徵（primary sex characteristic），又稱為第一性徵。

　　2.生殖器官以外之兩性身體的差異稱為副性特徵（secondary sex charecteristics），又稱為第二性徵。茲分述於下：

　1.主性特徵──第一性徵

　　⑴男生之主性徵：位於體外陰囊內的睪丸，就是男性的性腺。在14歲時，其重量只有成熟時的1／10。14歲以後的一、二年內，睪丸發育很快，以後逐漸減慢，到20、21歲時達到成熟時的大小。睪丸產生兩種功能：①產生精子──生殖細胞。②分泌幾種荷爾蒙（hormone）以控制生殖所必須的生理與心理適應。這個時候的陰莖也開始快速的增長。陰莖的急速成長期發生在身高急速成長期的4個月內，在身高的增加尚未結束以前，陰莖就已經停止生長了。最初，陰莖的生長是長度的增加，以後，周圍才開始增加。

　　一旦男性的生殖器官成熟了，就開始有夜間遺精的現象。夜間遺精通常是由於性興奮的夢遺、或由於膀胱漲尿、衣被等刺激所引起的。其構造圖示如下：（見下頁圖3－1）

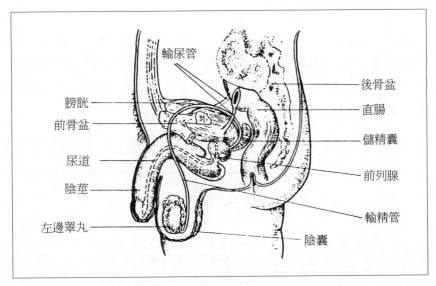

輸尿管

後骨盆

膀胱
前骨盆

直腸

儲精囊

尿道

前列腺

陰莖

左邊睪丸

輸精管

陰囊

圖3－1

(2)女生之主性徵：在青春期時，女性的每個生殖器官都在生長，但生長速率則各異。例如11歲、12歲時子宮的平均重量爲5.3公克，16歲時則增爲43公克。輸卵管和陰道也在這時候快速地生長著。12歲的女生，卵巢的重量是成熟時的40％。直到16歲或17歲時，開始不斷地加速生長，一直要到20歲或21歲才能達到成熟時的大小與重量，但其功能在青春期中段時就成熟了。也就是能夠產生卵子——生殖細胞。此外還產生卵泡激素（theelin）、黃體脂酮（progestin）、促使懷孕和維持懷孕的荷爾蒙（regulatory hormone）；卵泡素（follicular hormone）與黃體荷爾蒙（corpus luteum），這些女性荷爾蒙，主司女性生殖器官的功能與構造的發展，並促發月經循環，以及女性次性徵的發展。

女生生殖機能何時成熟，依月經初潮而定。月經初潮是子宮開始週期性的排出血液黏液、以及一些破壞的組織細胞。其週期通常是21天－45天不等，每次經期約2天－8天。但都很規則，大約要到40多歲－50歲之間才停止。這就是更年期的停經（menopause）。惟第一次月經後，有一段期間月經並不很規則，時間不一定、無法預知。這種情形大約持續6個月－12個月之久，這段期間稱爲「青春不孕期」（adolescent sterility）。卵巢並未排出成熟的卵細胞，所以不能懷孕。惟有一些證據，說明性成熟較晚的女

性，其青春不孕期比成熟早的人要短。

當月經來臨時，往往會頭痛、背痛、抽筋、肚痛、頭暈、嘔吐、皮膚發癢、甚至小腿與足踝發腫。所以這個時期的少女顯得疲倦，沒有精神、情緒激動。當月經的功能開始正常，就很少有不規則的現象，身心方面的困擾也隨之減輕。其構造如下圖3－2：

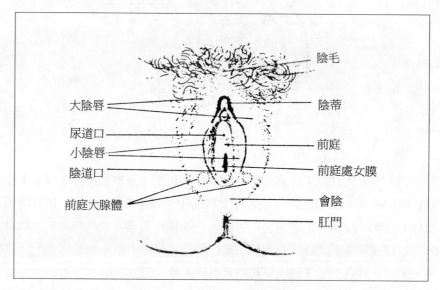

圖3－2

2.副性特徵——第二性徵

(1)男生的副性徵：其中最顯著者為體毛，聲音與乳粒之變化。體毛生長在陰部、腋下及四肢等各部位。白種人之體毛且佈及胸部。男生在睪丸與陰莖發育成熟之後，陰毛即開始生長。生長的區域初現在陰莖根部，而後逐漸向臍部蔓延。初期之陰毛較為稀直，約一年後漸向四周擴延，其形較曲。少數男生之陰毛如女生者，在肚臍數吋之處呈倒轉之等邊三角形。據調查美國70％之男人具有此種倒三角形的形狀。

腋毛至青年晚期仍然持續生長。男生臉部之汗毛於青年早期初現於上唇，繼現於下顎而漸蔓延至兩頰，手之背面及下肢亦有體毛生長。

男生的肩膀變寬，前額及側面的髮線由方型變為楔形。其聲音多在陰毛生長之後開始轉變，大約13或14歲，在此時期逐漸宏亮低沉；也就是失

掉童聲，變爲較粗的男人音調了。

(2)女生副性徵：胸部發展，由初期的平坦胸部漸漸地乳頭變大突出且乳暈擴大。乳房先呈圓錐形，爾後呈圓形，這些通常於初經之前完成。陰毛和腋毛的生長，在初經之後仍然繼續發展。陰毛的生長，由開始的色澤淡而少、分佈在陰唇兩側成倒三角形，其後顏色變深而粗捲，成人時期向上生長至陰部上部呈一條水平線。腋毛通常在初經之後才出現。開始細直色淡，至成人時捲曲濃密。

骨盆發育和皮下脂肪增加，臀部變得渾圓寬大。聲音也變得渾厚優美。

男女生皮膚變得較粗較厚、膚色較黃。皮脂腺擴大、功能增強是長青春痘的原因。同時腋窩汗腺功能增強，常因出汗而發出奇特氣味。

(3)男女生性成熟之生理變化順序

據研究男女生之性成熟帶來了生理上的變化，茲將其生理變化順序表列於下：

女生	男性
	成熟身高
成熟身高	成熟的第一和第二性徵
陰毛長全	
乳房成熟	捲曲的陰毛
初次月經	第一次射精
初步的乳房	最初的陰毛
少量的捲曲陰毛	睪丸和身高開始加速生長
乳房發育的中間狀態	
最初的陰毛	
乳房開始發育	

圖3－3

資料來源：Bourne, L E. gr, Bruce & Ekstand, 1987

Ⅱ性意識之發展

　　由前述性器官的成熟帶來了性的覺醒，也引起青少年性意識之發展，根據美國心理學家赫洛克（Hurlock H.1987）的研究，把青少年的性意識發展分為四個時期：

　　⑴性的反感期——當自己面臨青春發育期的生理變化時，發現了人類的性奧秘。因此產生了對性的不安、害羞和反感，認為戀愛是不純潔的表現。對異性採取迴避、冷淡和粗暴的態度。

　　⑵嚮往年長異性的牛犢戀期——在這一階段裡，青春初期的青少年像小牛眷戀母牛般地傾倒於所嚮往的年長異性的一舉一動。對所嚮往的年長異性想入非非，很想討他（她）的喜歡。

　　⑶接近異性的狂熱期——在這個階段中，一般只把年齡相當的異性視為嚮往的對象。在各種團體活動中，青少年男女都努力設法引起異性對自己的注意。他們盡量製造機會與自己喜歡的異性接近，但由於雙方都從理想主義出發，自我意識太強，所以衝突也多，接近的對象常常變換。

　　⑷浪漫的戀愛期——浪漫戀愛的顯著標誌是愛情集中於一個異性，對其他異性的關心明顯遞減了不少。人們喜歡與自己所選擇的對象單獨在一起，而不願意參加團體性的社會活動，經常陷入結婚的幻想之中。

　　我們認為，赫洛克的性意識發展理論有其部分道理。進入青春發育期的青少年在正常情況下，大都會經歷這幾個階段，只是各個階段時間長短有所不同。

　　在我國，青少年性意識的表現和發展，據研究大致可分為三個階段：

　　第一階段：疏遠期。這個階段從兒童末期開始，直到少年中期結束。其中女生在兒童末期表現得最明顯和強烈，並且持續到少年初期；男生在少年初期表現得最為明顯和強烈，並且持續到少年中期。

　　第二階段：愛慕期。這個階段一般從少年的初、中期開始，直到青少年期中、後階段結束。這是青少年異性意識表現和發展的一個重要階段，也是青少年在整個中學時代，異性意識表現和發展時間最長的一個階段。

　　第三階段：戀愛期。這個階段一般從青少年期的中、後階段開始，是青春期性意識表現和發展的相對成熟階段，戀愛期是青春發育期和性意識發展的必然結果，是在愛慕期的基礎上發展出來的，但又與愛慕期有著本

質上的區別。嚴格地說，只有從這個階段起，才可能產生和形成眞正的愛情。

㈩早熟與晚熟

成熟早晚（比普通人早一年或晚一年），會影響青少年對自己的外表及身體形象（或身體意象）（ body image ）的滿意程度。發育成熟較早的女生通常比發育較慢的同學，更不滿意自己的外貌及體重。早熟女生因爲自己體型比班上其他女生更像成年女子，而感到難爲情，特別是由於女性魅力的現代標準，就像各種媒介所提倡的那樣強調苗條。

男生情況正相反。發育更成熟的男生往往比不很成熟的男生，對自己的體重和外表更爲滿意。由於身強力壯，和身體勇猛的關係，在與同伴的活動中具有相當的重要性，所以早熟的男生比晚熟的男生更具有優勢。

國中處於青春期的男生比青春前期的男同學更經常地表示情緒良好。而在此研究中，女生的青春期情況與情緒的關係不如男生明顯。但另一些研究表明：早熟的女生比發育較遲的同學則體驗更多的煩惱與焦慮。（ Brooks – Gunn & Ruble, 1983 ）因而自尊心較弱（ Simmon & Blyth, 1988 ）。

據研究體型較早成熟的男生，其臀部比晚成熟的要寬些，但女生則相反。臀部窄、肩部寬是成熟較晚的男生特徵。而晚熟女生的肩部則寬於早熟的女生。一般標準的情形是：男生的肩膀比臀部寬，女生則相反。

在青春期稍前的一段時期裏，身體的比例是腿部比軀幹長，而這現象一直保持到15歲。晚熟的青少年腿部的成長期較長，所以長大後是屬於長腿的體型；而較早熟的人，則是短腿的體型。早熟的人，腿部往往是粗短的；而晚熟的人則經常是修長的。手臂的生長與腿的生長一樣，都受到成熟年齡的影響。早熟的人手臂與腿一樣，一般都比晚熟的人爲短。手與腳在青春前期已達到成熟的大小。腳的急速成長期比長骨與身高要早到6 – 18個月。在生長速率最快的時期過後三年，腳部的成長就完全了，而身高的增加則延續了四年半之久。

在過去的30年中，大多數西方國家在對性活動的態度上，都發生了革命性的變化。今天對婚前性行爲、同性戀、外遇和特殊性行爲的看法，比

起近代史上的任何時期都開放和自由。年輕人從電視、電影和雜誌上所接觸到的性刺激比以前多得多;有效的節制生育方法和墮胎的可能性,更減輕了人們對懷孕的恐懼感。今天的所有變化都給與剛剛成熟的個體更多的自由。然而這種變化也造成了更多的衝突,因為「正當行為」的準則不如從前那樣明確了。在美國一般的家庭中,青少年和父母在性道德標準上的分歧就很大。

放任的性態度是否同時伴隨著實際行為的改變呢?這個問題頗值得研討,早期,有的專家主張現在的青少年只是把他們前輩秘密進行的活動變得更公開而已。但許多資料明示,年輕人的性行為確實發生了變化。1973年,對13－19歲青少年所進行的全國性調查發現,59%男孩和45%女孩進行性交,其中大多數發生在16歲以前(Sorensen, 1973)。1976年的調查發現,受訪的19歲女性中,55%有過性經驗(Zelinik & Kanter, 1977)。最近估計結果與1976年的結果一樣:半數以上的青少年男女到19歲時,都已有性交經驗(Brook－Gunn & Furstemberg, 1989)。

儘管現在得不到早期嚴格可比的資料,但金賽(Alfred C. Kinsey, 1894－1956)在20世紀30年代後期和40年代的研究表明,只有不到20%的女性和大約40%的男性表示他們到20歲時就已有過性交經驗。今日的青少年比他們的父母更早就進行性活動,而這種變化在女孩身上最為顯著。現在當她們還只有十幾歲時,即可能和男孩一樣進行過性交,茲列舉如下:

研究及日期	有性交經驗
金賽(A.C.Kinsy)1938-1949 年研究	18%
蔡瑞生(Sorensen)1973 年研究	45%
柴尼克和肯特納(Zelink & Kanter)1976 年研究	55%

同時青少年成熟速度上的變化,也給學校教師造成許多問題,特別是在國民中學期間。一般的正常女生,大約在正常男生兩年以前到達青春期;但是同性別內,到達青春期的年齡上的差異,卻可以延續達四年之久。因此,一個擁有七個年級的中學,可以含有一兩個已經到達青春期的男生和一兩個再過四年也不會到達青春期的男生。下圖(圖3－4)可指出男女生成熟時間的差異。雖然他們在身體成熟中有巨大的差異,但是我們應忘記這些差異的存在,每天都以同樣的態度看待青少年們。而且更重要

的，我們往往忘記了在身體成熟中的變化是與社會性的、情緒性的、和智力的成熟變化相關和相伴隨的。所以對於一個身材矮小瘦弱的13歲男生，和對一個同樣年齡操著童高音嗓子說話的女生，我們可能把她視爲18歲的女生，而給予同樣的期望，這是不合理的。

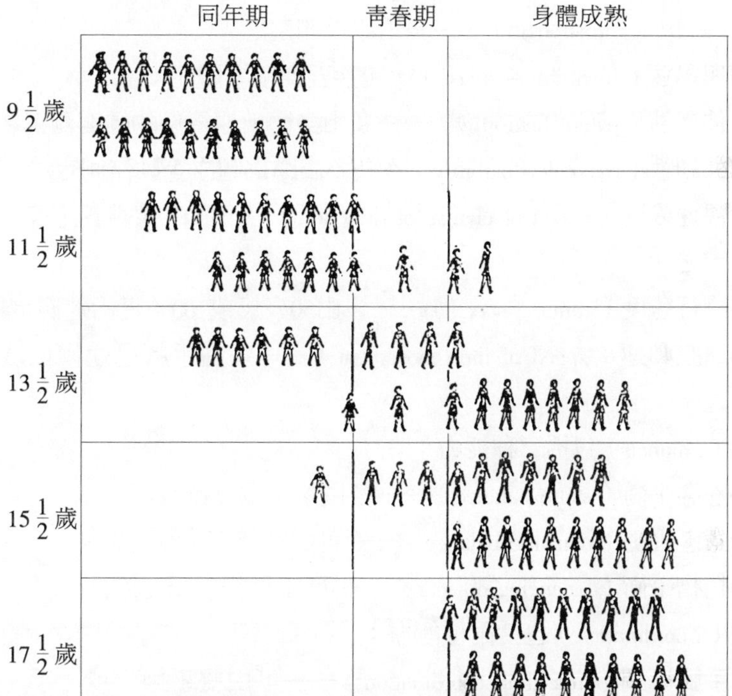

每一個男孩和女孩代表所有特定年齡參加測量的男孩和女孩的 10%

圖3－4　男女生成熟時間

凱利赫 Keliher. 1938：美國公共衛生服務處1973

㈡體能（運動能力）之發展

隨著青少年身體內外特徵的急劇發展，作爲身體機能的運動能力也出現了非常顯著的發展，對於這種發展的表現，有不少研究報告。

近年來對青少年──未成年學生之體能研究貢獻最大者，當推美國學者傅利世門（Fleishman, 1964）氏的研究。該研究以60種體能測驗14－18

歲青少年，經分析統計歸類後，14種體能又被歸納五大類，可作今後教育青少年體能發展的依據。

1.氣力（strength）包括三種基本體能：

 (1)彈力（explosive strength）——多由立定跳高與跳遠測定。

 (2)動力（dynamic strength）——多由單槓引體向上與攀桿等動作測定。

 (3)靜力（static strength）——多由舉重測定之。

2.靈活與迅速（flexibility – speed），包括五種基本體能：

 (4)伸展性（extent flexibility）——多由身體前屈後仰的幅度測定之。

 (5)柔韌性（dynamic flexibility）——多由蹲踞起立等動作測定之。

 (6)快速變向（speed of change of direction）——多由躲避賽跑等動作測定之。

 (7)跑行速度（running speed）——多由50公尺或100公尺衝進測定之。

 (8)四肢動速（speed of limb movement）——多由手腳迅速換位法測定之。

3.平衡（balance）包括三種能力：

 (9)靜態平衡（static balance）——多由單足獨立測定之。

 (10)動態平衡（dynamic balance）——可由踩球定位測定之。

 (11)托物平衡（balancing objects）——可由手背托球測定之。

4.協調（coordination）包括兩種能力：

 (12)手腳協調（multilimb coordination）——可由雙手操作或一手一腳配合運動測定之。

 (13)全身協調（gross body coordination）——可由跳繩動作測定之。

5.耐力（endurance）衹包括一種能力：

 (14)耐力（endurance）——可由伏地挺身等動作測定。

 總之，體能（physical fittness）是指一個人以旺盛的精力，執行每天的事物而沒有過度的疲勞；以充足的活力去享受閒暇時間的各種休閒活動，並能適應突發的各種緊急狀況。它是人體從事各種活動的基礎，也是健康的根基。簡言之，體能是一個人的健康、體力、活力的能量。而關於青少年體能的發展，先進國家都有體能檢測的常模作為體育或運動之目標，茲摘同在亞洲地區之台閩、大陸地區與日本之青少年體能發展之常模，不僅

作體育教學之指標，也可作各年齡體能之比較。

1.台閩地區

表3-1　86年(1997)度臺閩地區7~18歲男生體能檢測(基本資料)常模

年齡(歲)	人數	仰臥起坐				坐姿體前彎(公分)		立定跳遠(公分)		800／1600公尺(秒)			BMI(指數)	
		30秒		60秒										
		平均值	標準差	平均值	標準差	平均值	標準差	平均值	標準差	平均值	標準差	實測人數	平均值	標準差
7	124862	10.9	4.4	18.9	7.9	26.2	8.1	108.8	21.5	0	0	0	16.6	2.4
8	123079	12.4	4.4	21.5	8.2	26.1	8.4	120.0	22.3	0	0	0	17.1	2.8
9	123320	14.9	4.8	24.8	8.6	26.4	8.4	134.5	22.8	312.1	66.3	123320	17.7	3.1
10	118218	15.8	4.7	26.8	8.7	26.2	8.5	145.3	22.9	294.4	60.1	118218	18.4	3.4
11	119795	17.2	4.7	29.1	8.8	26.2	8.5	156.3	23.5	275.8	55.8	119795	19.0	3.6
12	134106	18.7	4.7	32.0	8.8	26.5	8.4	168.6	25.5	259.2	55.8	134106	19.4	3.6
13	126011	20.0	4.5	34.3	8.4	26.0	8.9	183.7	27.4	560.1	111.4	126011	20.0	3.6
14	128140	20.7	4.5	36.0	8.4	27.5	9.1	197.4	28.7	531.5	105.1	128140	20.4	3.5
15	127448	21.1	4.5	36.9	8.3	28.5	9.6	208.7	28.9	512.3	101.5	127448	20.9	3.4
16	69897	21.8	4.2	38.0	7.6	29.6	9.6	218.1	26.6	484.9	80.9	69897	21.3	3.3
17	64118	22.1	4.2	38.5	7.7	30.3	10.0	224.7	25.6	480.0	75.9	64118	21.5	3.1
18	53947	21.9	4.2	38.2	7.5	30.8	9.8	227.4	25.7	482.9	72.2	53947	21.8	3.1

表3-2　86年(1997)度臺閩地區7~18歲女生體能檢測(基本資料)常模

年齡(歲)	人數	仰臥起坐				坐姿體前彎(公分)		立定跳遠(公分)		800／1600公尺(秒)			BMI(指數)	
		30秒		60秒										
		平均值	標準差	平均值	標準差	平均值	標準差	平均值	標準差	平均值	標準差	實測人數	平均值	標準差
7	113552	10.3	4.1	18.0	7.7	27.9	7.9	96.8	19.4	0	0	0	16.1	2.1
8	113211	11.7	4.2	20.2	7.9	27.8	8.3	106.7	20.1	0	0	0	15.6	2.4
9	113321	13.6	4.5	23.2	8.3	28.4	8.5	121.4	21.6	324.6	61.1	113321	17.1	2.7
10	110590	14.7	4.3	25.1	8.1	28.4	8.7	131.5	22.5	308.9	56.2	110590	17.7	3.0
11	111855	15.8	4.2	27.1	8.0	29.0	8.6	141.1	22.4	291.4	50.0	111855	18.4	3.2
12	126276	16.5	4.1	28.5	7.8	29.6	8.8	147.2	23.3	283.5	49.1	126276	19.2	3.3
13	119439	16.4	3.9	28.0	7.4	28.2	9.6	149.0	23.5	286.5	56.4	119439	19.8	3.3
14	121690	16.1	3.8	27.8	7.5	29.8	9.6	150.6	24.1	290.4	59.6	121690	20.3	3.3
15	121457	16.0	3.8	27.6	7.3	30.4	9.8	152.0	24.3	294.4	58.7	121457	20.6	3.2
16	72962	16.0	3.7	27.6	7.3	31.8	9.7	158.0	22.4	277.3	51.3	72962	20.6	3.0
17	69064	16.3	3.7	28.1	7.3	33.2	9.8	160.8	9.8	275.3	42.5	69064	20.6	2.9
18	54427	16.4	3.7	28.3	7.2	33.6	9.9	162.5	21.3	279.1	44.7	54427	20.6	2.8

2.大陸地區

表3－3　大陸城市男女不同年齡階段各項素質發展情況表（體能發展之常模）

指標	增長情況\階段	男子 快速增長階段	緩慢增長階段	穩定階段	女子 快速增長階段	停滯或下降階段	緩慢增長階段	穩定階段
一分鐘仰臥起坐	年齡段	7－13歲	14－18歲	19歲後	7－11歲	12－16歲		
	增長量	11.8次	2.6次		6.3次	下降4次		
	占總增量%	82	18		100			
	年均增長	1.7次	0.4次		1.3次			
60米跑	年齡段	7－14歲	15－18歲	19歲後	7－12歲	13－16歲	17－20歲	21歲後
	增長量	3.4秒	0.6秒		2.3秒	下降0.2秒	0.2秒	
	占總增量%	85	15		96		4	
	年均增長	0.4秒	0.12秒		0.4秒		0.05秒	
屈臂懸垂	年齡段	7－6歲	17－21歲	22歲後	7－10歲	11－17歲	18－21歲	21歲後
	增長量	36.2秒	3.5秒		2.9秒	下降3次	3.6秒	
	占總增量%	91	9		44.6		55.4	
	年均增長	3.6秒	0.6秒		0.7次		0.9秒	
立定跳遠	年齡段	7－15歲	16－21歲	22歲後	7－13歲	14－16歲	17－18歲	19歲後
	增長量	84厘米	18.3厘米		44.1厘米	下降0.2厘米	3.5厘米	
	占總增量%	82	18		92		8	
	年均增長	9.3厘米	2.6厘米		6.3厘米		0.9厘米	
400米跑	年齡段	7－14歲	15－20歲	21歲後	7－11歲	12－16歲	17－20歲	21歲後
	增長量	29.9秒	4.8秒		18.4秒	下降3.6秒	3.8秒	
	占總增量%	86	14		99		1	
	年均增長	3.7秒	0.7秒		3.7秒		0.95秒	

註：400米為50米×8往返跑（下同）

資料來源：中國青少年兒童體育研究組《關於中國青少年兒童身體狀態、機能、素質研究的概述》1981，吳鳳崗，1991引用

3.日本

表3－4　日本青少年體力測試成績的平均值表（1984年度）

		反覆橫向跑跳 (次)		立定跳高 (cm)		拉力 (kg)		握力 (kg)		伏臥上體 (cm)		立位體前屈 (cm)		踏台升降運動 (指數)		體力測試合計 得分(分)	
		男	女	男	女	男	女	男	女	男	女	男	女	男	女	男	女
①	10歲	38.86	37.44	34.01	32.00	56.28	46.46	18.56	17.02	45.08	46.45	7.86	10.75	70.92	66.23	21.07	21.55
	11	41.89	40.16	38.30	35.61	68.73	56.66	21.40	20.26	47.69	49.71	8.57	11.76	71.63	67.20	23.80	24.11
②	12	38.92	36.39	43.10	38.53	79.92	63.03	25.78	22.81	49.44	50.92	8.73	12.24	68.46	63.72	17.30	21.20
	13	40.71	37.96	49.01	41.83	94.76	69.91	31.42	25.38	51.03	53.60	9.59	13.36	69.91	67.76	19.55	23.15
	14	42.32	38.09	54.48	42.34	109.51	74.30	37.49	26.76	53.80	54.88	10.86	14.39	71.04	66.13	21.94	26.05
③	15	44.11	38.79	58.44	42.77	125.01	77.23	41.79	27.87	56.72	55.61	12.61	14.91	68.49	62.42	23.66	24.13
	16	45.87	39.23	58.71	43.69	132.61	80.88	43.95	28.69	58.10	57.50	13.70	15.62	68.27	63.18	24.87	24.96
	17	46.64	40.33	62.70	43.79	140.61	84.43	46.07	29.35	59.74	58.49	14.31	16.41	67.16	64.19	25.72	25.57
	18	43.86	36.50	58.71	43.33	122.29	81.22	41.14	28.24	61.71	59.56	14.86	15.82	57.82	65.99	24.75	25.60
④	15	40.11	34.84	53.44	39.44	119.56	70.26	41.68	25.71	54.30	52.55	11.88	13.55	63.74	61.35	21.66	21.71
	16	40.04	24.02	54.11	39.25	128.88	75.94	44.30	28.02	54.21	53.08	12.69	13.10	64.54	62.11	22.62	22.26
	17	40.85	35.11	56.11	40.00	134.49	77.73	46.37	28.48	56.50	53.93	12.91	13.59	63.82	63.29	23.31	22.84
	18	41.88	34.34	57.63	38.83	138.94	75.33	47.92	27.77	56.24	54.82	12.56	13.31	63.76	60.88	23.68	22.35
⑤	18	48.85	0.0	62.31	0.0	142.81	0.0	47.13	0.0	58.43	0.0	14.98	0.0	66.01	0.0	26.13	0.0
	19	48.57	0.0	62.10	0.0	144.74	0.0	48.08	0.0	58.77	0.0	14.41	0.0	64.03	0.0	26.09	0.0
⑥	18	0.0	41.16	0.0	43.92	0.0	86.53	0.0	29.50	0.0	58.34	0.0	17.33	0.0	59.22	0.0	25.76
	19	0.0	41.74	0.0	43.91	0.0	90.42	0.0	29.42	0.0	58.95	0.0	17.92	0.0	60.05	0.0	25.76
⑦	18	47.98	41.54	61.30	43.18	138.49	87.04	45.86	29.25	57.42	57.05	14.63	17.53	61.57	58.92	25.55	25.62
	19	47.69	41.14	60.63	42.88	140.01	88.35	46.07	29.52	56.72	55.85	14.03	17.18	60.75	59.73	25.29	25.51
	20	47.27	40.48	61.61	42.99	145.74	90.73	47.93	29.64	57.40	57.30	13.80	17.41	59.29	60.58	25.34	25.59
⑧	18	46.94	39.36	59.39	40.91	143.49	85.12	48.33	30.08	56.21	55.85	14.17	15.67	63.33	59.33	25.26	24.31
	19	46.41	39.11	60.39	41.26	145.20	83.68	48.50	30.37	56.42	55.52	14.30	16.64	62.34	58.63	25.49	24.50
	20	45.62	39.40	60.56	41.43	145.76	85.28	49.45	30.54	55.96	56.33	13.93	16.31	61.17	58.09	24.96	24.67
	21－24	45.39	38.93	59.04	40.41	146.18	84.52	49.81	30.80	54.90	55.04	13.93	16.00	60.63	58.51	24.93	24.52
	25－29	44.50	37.64	57.21	38.07	145.62	85.07	49.34	30.52	53.05	53.40	13.29	15.48	59.37	57.04	24.14	23.57

（註）測試：①小學②中學③高中（全日制）④高中（定時制）⑤專科學校⑥短期大學⑦
大學⑧社會青年
資料來源：文部省體育局《1984年度體力運動能力調查報告》《國民衛生的動向》1986

表3-5　日本青少年運動能力測試成績的平均值表(1984年度)

		50米跑(秒)		跳遠(cm)		擲球(手球)(小學生為皮球)(m)		單槓垂腕(小學生及女子為斜式)(次)		長跑(男子1500m,女子1000m)(秒)		運動能力測試合計得分(分)	
		男	女	男	女	男	女	男	女	男	女	男	女
①	10歲	9.10	9.41	304.62	272.41	29.85	17.04	28.83	23.54	0.0	0.0	48.94	46.74
	11	8.80	9.03	323.82	294.53	34.40	20.29	30.97	24.22	0.0	0.0	60.30	59.43
②	12	8.55	8.96	343.39	301.76	19.84	14.44	3.64	29.39	395.05	281.03	15.26	38.28
	13	8.13	8.81	373.44	314.59	22.39	15.42	4.80	27.23	376.65	277.91	23.44	40.86
	14	7.75	8.80	403.11	315.62	24.62.	15.77	6.30	28.91	369.40	288.47	32.03	40.75
③	15	7.49	8.83	425.74	315.96	27.29	16.40	6.77	27.88	364.69	289.46	37.26	39.77
	16	7.37	8.79	440.30	320.12	28.16	16.74	8.00	28.65	358.43	288.07	42.05	41.95
	17	7.23	8.78	450.94	321.09	29.37	17.42	9.33	29.20	360.01	290.78	45.69	42.33
	18	7.42	8.53	429.29	324.61	26.29	20.28	11.86	22.33	352.86	283.05	42.00	46.73
④	15	7.73	9.26	403.86	293.43	25.09	16.00	6.68	30.92	395.31	321.51	30.44	32.75
	16	7.78	9.24	403.84	298.27	25.76	16.41	6.18	30.43	392.49	320.33	30.76	33.69
	17	7.75	9.34	407.03	295.99	26.71	16.49	6.95	31.36	396.73	321.83	32.32	33.74
	18	7.59	9.50	420.79	291.27	27.64	15.66	7.76	29.30	397.81	330.38	35.44	32.60
⑤	18	7.22	0.0	455.04	0.0	29.29	0.0	9.41	0.0	365.63	0.0	45.52	0.0
	19	7.29	0.0	450.53	0.0	28.86	0.0	9.36	0.0	370.91	0.0	43.69	0.0
⑥	18	0.0	8.74	0.0	324.77	0.0	16.42	0.0	31.29	0.0	293.96	0.0	42.41
	19	0.0	8.81	0.0	323.78	0.0	16.68	0.0	30.87	0.0	291.19	0.0	42.44
⑦	18	7.35	8.89	448.69	322.14	27.55	15.94	8.03	25.28	363.09	285.23	14.38	38.60
	19	7.39	8.87	449.10	319.51	27.31	16.02	8.01	25.74	365.01	286.60	41.16	37.67
	20	7.35	8.92	447.28	313.96	27.29	16.26	7.78	27.35	368.57	291.07	40.37	38.00
⑧	18	7.26	8.68	467.35	335.30	29.18	18.79	9.45	28.16	356.86	310.93	47.03	42.40
	19	7.25	8.71	470.58	334.65	29.81	18.30	9.78	28.27	361.74	315.35	47.90	41.71
	20	7.22	8.76	469.66	337.18	30.29	18.30	10.66	28.14	358.17	314.16	49.65	41.82
	21-24	7.31	8.77	469.63	341.13	30.01	18.72	10.38	28.03	360.51	310.91	48.69	42.44
	25-29	7.41	8.96	460.67	325.63	29.32	17.65	9.55	26.30	370.29	323.96	44.23	36.64

註： 小學的反覆橫向跑跳，中間線與兩邊線的距離為100cm，中學、高中則為120cm，反覆橫向跑跳是由中間的線開始兩邊跑跳的運動。踏台升降運動，男子10、11歲和所有女子踏台的高度為35cm。其他為40cm。體力測試成績合計得分、運動能力測試成績的合計得分，10、11歲的得分標準不同、男女也不同。

資料來源：同表3-4

㈤總結──青少年身體發展之重要特徵

為了更進一步完整地了解青少年身體的成長與發展，及其特徵與需要，特摘述美國教育署（衛生、教育、福利部）所研究，藉供研討參考：

表3－6

時　　期	生　　理　　發　　展			
	骨　　骼	牙　　齒	肌　　肉	器　　官
十一歲、十二歲和十三歲的階段	①這是一個過渡的時期。 ②在春情發動期生長的速率是特別迅速的。 ③十一歲的時候，女孩的高度與重量通常是超過男孩，男孩的手和腳顯得特別大。	①到十三歲或十四歲的時候，廿八個永久齒已完全地長出了。 ②牙齒經過矯正後不僅增加美觀並為預防敗壞。整形的兒童要指導他忍耐裝齒套，以獲得永久的整齊牙齒。	①肌肉發育得很快，好動是自然的現象。 ②假使骨骼發育的速率不能相稱，則對於身體平衡之控制較難。 ③姿勢常欠雅，動作拙劣。	①心臟的發育沒有軀幹快。 ②血壓可能降低，競爭性的遊戲很容易使他感覺疲憊，較多的休息是需要的。 ③有短期的小病。 ④春情發動期在進行中，生殖器官在迅速成熟，第二性徵頓露，許多女孩因為乳房和臀部的發育覺得難為情。男孩由於聲音的變化和各部份毛髮的生長亦會有驚奇之感。
十四歲、十五歲和十六歲的階段	①女孩在此時期骨骼的發育比起同年齡的男孩大約要超過二年。 ②有些女孩的高度約在十四歲左右便已達於成人階段，另有些女孩仍繼續增高幾年，有些男孩大約在十六歲左右便不再增高，但有些則長到二十歲以後。 ③骨骼長成時候即為性成熟的時候。 ④面部和身體在本期內已漸有成人模樣。	①少數兒童在本期長出第三臼齒（智齒），但通常要延幾年。 ②牙齒的繼續矯正是兒童時期的重要事項。	①動作笨拙的時期過去了。現在各肌肉的協調顯有進步。 ②男孩的肌肉變得很結實，女孩的肌肉則仍較鬆軟。 ③姿勢有改進，體態穩定良好，凡曾參與韻律活動，如舞蹈、游泳、競技等尤見進步。	①心臟急速增大，男孩與女孩應避免緊張的競爭性的運動，因為心臟與各動脈管的發育情形可能太不相稱。 ②一般情形性的發育已成熟了。 ③也許有一段由於腺體分泌不穩定的時期，其精力或強或弱變化不定，在此時期可能有些小病，如頭痛、鼻出血、神經過敏、心悸和面皰等。 ④在此年齡活動性肺結核病頗為流行。

第四節　青少年生理、性別與發展的困擾問題

　　青少年的身體和性的發展迅速、變化劇烈，在發展過程中潛藏著適應上的困難，也產生不少的困擾問題。我們應能事先注意各方面發展上可能遭致之適應問題，並加以指導，防範不良適應情形的發生。進而使青少年獲得身心健全發展。

一、營養

　　青少年時期應該注意食物營養。營養素（vitamin）是促進身體成長與發展所必需，如鈣質有助骨骼之成長並維持心臟之功能；蛋白質則是細胞成長所不可或缺。女生在12－15歲、男生在14－17歲之間，對熱量的需求達到顛峰時期，每日女生應攝取2400卡、男生應攝取2800－3000卡的熱量，以供其生長所需（Katchadorian, 1977 Schuster, 1980）。青少年的飲食模式傾向於流行、偏愛速食、以點心代替正餐，常省略早餐或午餐這種現象在一般家庭中更普遍。美國田納西大學曾於1979年進行的一項學生飲食習慣調查研究指出：青少年的飲食並無過量，但吃了身體上不需要的東西。那些專門吃速食的學生往往攝取了足夠的熱量，卻造成了維他命A和C的缺乏；也就是說，他們攝取了過量的肉類和過少的水果和蔬菜。不當的飲食影響青少年體格、成熟、精力、健康和疾病的抵抗力，可能導致下列各種問題：

1.營養不良

　　貧窮和不正常飲食的習慣會造成營養不良。在青春前期和青春期中的營養不良，對於一個人體格大小及成長速率影響很大，往往遠超於體型的影響（Tanner, 1978）。若屬於短時間的營養不良，及時的補充營養可以

趕上被遲滯的成長速率；而長期的營養不良將減緩成長的速度、影響成長的年齡，甚至導致永久的成長缺陷。

  2.肥胖：肥胖症青少年也是營養不良所致的

　台灣自光復以來，由於農產增產、經濟繁榮、社會富足、科技精進、國民所得增加，去年（1998）已達1萬3千美元，不僅個人購買力增高；各種食品便宜，加以各式琳瑯滿目的零食，又有大眾傳播的電視廣告引誘刺激，以致今日的「吃」不再是填飽肚子，而往往是藉「吃」來滿足自我或情緒發洩，不知不覺中就攝取了過多的熱量而轉變為體脂肪，造成肥胖症（obesity）。肥胖症患者有日益增加的趨勢。黃伯超、姜安娜，1987研究調查國民中學學生11,170人（男生7,227人，女生3,943人）體位發生率結果如下：

表3-7　台北市國中學生各級體位發生率

	國一學生		國二學生		國三學生	
	男	女	男	女	男	女
體重						
超重20%以上	17.4%	14.8%	18.0%	13.8%	16.5%	11.1%
超重10%-20%	7.0%	9.2%	7.1%	6.6%	5.4%	5.8%
過輕10%-20%	6.1%	9.4%	6.2%	9.6%	9.2%	14.2%
過輕20%以上	1.0%	2.1%	1.5%	2.0%	0.7%	1.7%

資料來源：黃伯超、黃安娜（民76）台北市小學體格調查及肥胖學生團體治療

　由上表顯示：①超重10-20%的平均發生在5.5-7.8%之間，超重20%以上的發生率在14.7-16.5%之間，男女生超重20%以上的發生率均較超重10-20%為高。超重20%以上發生率男生比女生多，但超重10-20%之發生率男女差異不大。

　②體重過輕的發生率，在各年齡層均是女生比男生高。過輕10-20%的發生率在7.2-10.9%之間，隨著年齡的增加而有遞增之趨勢。而過輕20%以上的發生率與年齡間之關係不甚顯著，其發生範圍在1.1-1.7%之間。

　黃伯超等（1993）又作高中學生14,908人（男生8,214人，女生6,667人）調查研究其體位發生率之結果如下：

表3-8　台北市高中男生各級體位發生率

	高一男生		高二男生		高三男生	
	明星學校	非明星學校	明星學校	非明星學校	明星學校	非明星學校
體重						
超重20%以上	11.6%	9.5%	4.6%	6.1%	3.3%	3.9%
超重10%–20%	12.6%	16.4%	10.4%	17.7%	10.3%	18.2%
過輕10%–20%	12.8%	35.7%	10.5%	36.6%	14.3%	37.7%
過輕20%以上	0.2%	7.5%	0.4%	7.7%	0.3%	8.4%

表3-9　台北市高中女生各級體位發生率

	高一女生		高二女生		高三女生	
	明星學校	非明星學校	明星學校	非明星學校	明星學校	非明星學校
體重						
超重20%以上	5.4%	6.7%	4.6%	6.1%	3.3%	3.9%
超重10–20%	12.6%	16.4%	10.4%	17.7%	10.3%	18.2%
過輕10–20%	12.8%	35.7%	10.5%	36.6%	14.3%	37.7%
過輕20%以上	0.2%	7.5%	0.4%	7.7%	0.3%	8.4%

資料來源：黃伯超等「台北市中、小學生體格調查及肥胖學生團體治療」

　　由上兩表顯示：①超重20%以上的發生率為6.5%，且各年級之發生率隨著年齡的增加而有減少之趨勢。體位過重發生率多是非明星高中女生較明星高中女生偏高，尤以超重10–20%時二者之差異非常顯著。

　　②體重過輕的發生率，在各年齡層均是非明星高中女生較明星高中女生顯著為高。由統計結果顯示非明星高中女生過輕發生率相當嚴重。過輕10–20%發生率為19.32，其中非明星高中女生之發生率高達36.6%。過輕20%以上之總發生率為20.4%，亦是非明星高中女生之發生率較明星高中女生為高。

　　③針對超重20%以上肥胖者問卷調查之結果，顯示大部分肥胖學生並非自年幼肥胖，尤以國中生有82.3%男生，及85.7%女生均認為進入國中

後才發胖。肥胖者家族成員之調查顯示，大部分肥胖者家屬中也有肥胖者，可能是遺傳因素或生活習慣所構成。另外資料顯示，大部份女生肥胖者有嗜吃零食的偏好，飲食多不均衡，雖正餐飯量不大，卻常因吃零食或食物的選擇不當而攝取過多的熱量，累積在體內成體脂肪。

④青少年肥胖症（ guvenile onset obesity ）幼兒期肥胖，其體脂肪數目較正常兒童顯著增多。在人的一生中，有兩個時期脂肪細胞會增殖（數目增加），一是在4歲以內，一是在10－14歲間。若在此時期內肥胖，會造成脂肪數目的增加，又稱為增殖型肥胖症（ hypercellular obesity ）。根據統計，在這時期肥胖的兒童有70－80％名到成人時仍然肥胖，而且很不好控制。若在青春期結束前不嚴格控制體重，則成為肥胖成人的比率高達28：1。

教育部體育司（ 1998，12 ）指出，根據學者調查，國中、國小階段青少年超過體重標準約佔20％。以國中、國小學生人數共計300萬人，推估有60萬青少年患肥胖症。並提出「 提升學生體能中程 」計畫，預定 1999 年起在全國三千多所國中、國小全面推動，經費將近三億元（ 1998年12月31日，民生報 ）。

所謂簡易標準體重＝（ 身高－100 ）×0.9。超過標準體重後每增1公斤壽命減少一年，腰圍每增1英吋壽命減少一年；超過標準體重15－25％者死亡率比常人高1.4倍；超過25％以上者死亡率比常人高1.7倍。腰圍與壽命成反比，肥胖（ 大肚 ）是疾病的象徵。

青少年肥胖者，可能為日後種下心臟血管疾病、糖尿病、高血脂、高血壓等病症之禍根，而成為危害國民健康之嚴重問題。因之，如何及早防範並治療日漸嚴重的青少年肥胖症問題，誠為目前學校與衛生當局的當務之急。

二、近視

近視是我國台灣地區學生健康的重大問題之一，青少年近視比率隨年齡增加而增加，而近視人口也有逐年增加趨勢。根據教育部79－83年

（1990－1994）針對全國高中以下學校學生所作的九次大規模抽樣調查顯示，中小學生視力不良的比率四年來成長四分之一，從32.7%升到40.38%。總計全國有近128萬的中小學生成為眼鏡族，青少年的視力可說愈來愈糟了。

表3－10　八十五學年本省各級學校學生視力不良的比率

學校	視力不良	增加率＊	備註＊＊
國小	32.13%	＋1.79%	男生29.72%
			女生34.72%
國中	60.14%	1.80%	男生54.45%
			女生66.19%
高職	63.18%	＋1.11%	
高中	88.04%	＋1.07%	

＊係與84學年相比

＊＊以台中市的高中高達95.39%最嚴重。又台北市某市區明星國中調查，視力不良情形，國一新生即佔72.26%

資料來源：台灣省教育廳86年（1997）11月公佈最新的調查結果

三、牙病

　　國人的口腔衛生健康狀況不佳，以齲齒及牙周病最為嚴重。民61年（1972）台大牙醫學系與世界衛生組織合作作一次全國性調查研究發現，國人於17歲時每人有2.9個齲蝕、拔除或填補的恆牙（DMF），20－24歲人則平均有4.1個。

　　最近蕭裕原（1991）針對台灣地區7－20歲左右之中小學生其中15－24歲者3,238人調查研究發現，以恆牙的齲蝕、拔除或填補（DMF）來看，齲齒數目隨年齡而增至男生13歲及女生14歲時為高峰，此時男生有4.06個，女生為4.9個，此後則維持高原期或稍減。至20歲左右，齲齒數有3－4個。以罹患率（即恆牙的齲蝕、拔除或填補）而言，男生17歲已86.2%及女生15歲之91.4%，為最高罹患率年齡。（見下表）

表3-11　台灣地區15歲－22歲恆牙齲蝕（D）、拔除（M）及塡補（F）齒數及罹患率

年齡	性別	人數	齲蝕	%	拔除	%	塡補	%	DMET	%
15歲	男	310	4.06	84.5	0.19	11.6	0.69	26.1	4.94	88.1
	女	350	4.83	91.4	0.27	18.3	0.96	34.6	6.06	94.6
16歲	男	328	3.77	84.2	0.20	14.9	1.15	35.7	5.12	90.2
	女	322	4.30	89.8	0.34	19.3	1.73	44.4	6.38	96.0
17歲	男	407	3.50	86.2	0.34	22.6	1.28	42.8	5.12	93.4
	女	391	4.35	90.3	0.38	23.0	1.75	51.2	6.48	95.9
18歲	男	345	3.81	87.5	0.29	20.3	1.49	45.5	5.69	95.7
	女	411	3.86	87.4	0.42	24.6	2.10	55.5	6.38	96.4
19歲	男	148	3.80	83.7	0.41	25.0	1.54	48.0	5.75	90.5
	女	167	4.10	88.6	0.38	24.6	2.02	50.9	6.50	95.8
20歲－	男	35	3.60	80.0	0.29	20.0	1.46	48.6	5.34	88.6
22歲	女	24	3.38	87.5	0.46	20.8	2.21	50.0	6.04	91.7

台北市教育局85學年度（1996－1997）調查
國小一年級齲齒　58.9%
國小四年級齲齒　51.8%
資料來源：蕭裕源撰「台灣地區青少年齲齒及牙周狀況之調查」

　　由研究顯示我國青少年之齲齒罹患率有逐年增高趨勢，該研究報告指出，此現象與先進國家如歐美相比，正好相反。而導致此現象的最重要原因，可能是國人生活日漸富裕而飲食習慣改變，如精製食品、甜食比例之增加有關；且飲水氟化或一般用氟化物控制牙齒齲化之努力，並未彰顯其效果。因之學校應多舉辦口腔衛生保健教育與治療矯正之工作不可。

四、自慰

　　自慰（Masturbation）或稱手淫，是自古以來相當常見的行為，是有意地刺激身體而產生性激動和性滿足（快感）。因青春期性荷爾蒙分泌增強，對於性的活動很感興趣，手淫是大多數年輕人最初的性經驗。然而，由於社會中多數的成人對自慰一事，比討論其他方面的性事物更感焦慮

（E.G.Roberts, Kline, & Gagnon, 1978），因之有關這方面的研究相當少。

　　就目前所有的研究顯示，自1960年早期開始，表示有自慰行為的年輕人人數已有所增加（Dreyer, 1982）。洪特（Hunt, 1974）報告男女自慰行為的比例各為94％及63％，塞瑞爾和塞瑞爾（Sarrel & Sarrel, 1984）則調查指出有80％的大專男女生有自慰行為。洪特發現已婚成人中約70％有自慰行為（男性平均一週兩次，女性一週一次），最近的研究（Grosskopt, 1983）也指出，已婚女性有相近比率的自慰行為。

　　雖然自慰是一個普遍的行為，但大部分人並不喜歡它。調查中有1／3的人相信自慰是錯誤的（Hunt, 1974），有很多人由於宗教信仰而反對自慰。也有很多人相信它是有害的（Ambramson & Mosher, 1975）。羞恥、焦慮及罪惡感，常伴隨著自慰行為而產生。

　　不過，自慰並不會導致任何身體或心理疾病，它也不須引起羞恥、焦慮、及罪惡感等感受。事實上某些案例上，它還帶來了正向的效果：女性常可以藉著自慰來達到高潮，自慰可使那些性伴侶不在或不想性交的人獲得滿足；在某些性治療中，自慰是很有幫助的技巧，另外自慰亦可降低「婚外性行為」發生的可能性（Knoz, 1985）。

　　然而，要不要進行自慰行為的最終決定，與個人的態度及價值觀有密切的關連。雖然過去幾十年對自慰的態度改變得不算太大，但對其他性行為態度則有相當大的改變。偶然一兩次的手淫並不犯法，也不傷他人，更不傷害自己，還可以滿足自己的性慾。但如果發展自戀方式，只以自我為中心，便會導致精神和社會關係的衝突，將導致精神生活的不平衡，說不一定會引起各種的精神疾病。

　　為了充實生活，應該找尋更多的精神寄託，青少年們最好參加各種課外活動，如文教、音樂、運動、旅行、戲劇……等等。應培養一種或多種嗜好，人生經驗愈多，性需要的抑制和行為的自我控制就會更加隨心所欲了。

五、初經與月經

對女生來說，初經（ first menstruation ）的確是一種很大的變化。昨日之我與今日之我在感覺上固無差異，但在身體上有了初經即非小孩之身了。因之，初經不僅是一個生理現象，它也是「女孩轉變爲婦人的一個具體象徵」（ Ruble & Brook – Gunn, 1982, P.1557 ）。

初經年齡，似乎受人種、氣候、文化、環境、體育、營養、健康等各因素之影響而有遲早之不同。根據美國方面的研究，初經介於10.5 – 15.8歲之間，平均年齡爲12.79歲（ Faust, 1977 ）；英國研究相近（ Marshall Tanner, 1969, Tanner, 1966 ）。而我國初經年齡則介於12 – 14歲之間，女生性成熟平均年齡爲13.46歲，變化最顯著的年齡在13 – 14歲之間。有60.87％之13歲受調查之女生尚未成熟，而至14歲已有75.46％趨於成熟（邱維城、蘇建文，民61年）。開始來經的女生似乎比尚未來經的同齡女生，更意識到自己身爲女性的一大事，她們對男女關係較感興趣、較愛慕自己的身體，當她們畫女性人像時，胸部線條更較爲明顯，而且某些人格特徵上也較成熟（ Grief & Ulman, 1982 ）。

遺憾的是，過去太多強調初經的負面，例如經期帶來的不適以及伴隨而來的尷尬情事等。文化的禁忌也增強了負面態度的影響，阻止了歡迎女生成爲婦女等有關儀式的發展（ Grief & Ulman, 1982 ）。有些人員研究認爲，美國的文化並未把初經視爲一種過渡的成長過程，反而視之爲衛生方面的危難，引起女孩對保持潔淨、芳香的焦慮，卻未對本身成爲婦女——成人引以爲榮（ Whisnant & Zegans, 1975 ）。

如何使月經（ menstruation ）成爲較正面的經驗？年輕女孩需要有良好的性教育資訊，不必鉅細靡遺，也不必過於一板一眼，她們只須瞭解身體各部分及其運作以及該作何種預期。她們需要明瞭月經是女性共有的特徵與經驗，它不是受傷，也不是疾病，——它是人類傳宗接代神聖使命的訊號，因它使女生在與男生的性關係中產生懷孕的現象，孕育出下一代神聖的使命。

六、體型之煩惱

絕大多數的青少年對身體外貌的關切，遠甚於對其他方面的關心，而且許多人並不滿意自己的模樣（Siegel, 1982）。男生希望更高、更壯，女生希望苗條又發育良好。任何使男生覺得像女生（如身體纖弱或缺少鬍鬚，或使女生覺得自己男性化、大骨架或臉毛）的事情，都會使他們深感悲慘。男女生都擔心自己的體重、膚色、臉部特點（Tohin – Richards, Bozer, & Petersen, 1983）。

少女比少男較容易沮喪，主要來自對自己外貌的憂慮。她們自覺「很醜」，覺得自己太胖，太矮、太高，或討厭自己頭髮或皮膚。青春前期，男女生的抑鬱比率一樣；但大約從12歲開始，女生抑鬱比率提高，到了14歲時大約是男生的兩倍（Lewinsohn, in Goleman, 1990b）（Rierdan, Koff, & Stubbs, 1988, 1989）。

成人們常忽視年輕人過度在意外貌、體態之一事。但由於今天大眾傳播的宣揚，造成整個社會以貌取人的現象（Dion, Berscheid, & Walster, 1972）。自我映像對年輕人的自我觀感有長遠的影響。在青少年期自覺有吸引力的成年人，比不覺得自己有吸引的人較為快樂，並擁有較高的自尊。直到40歲中期，這種差異才會消失（Berscheid, Walster & Bohrnstedt, 1973）。

筆者多年教授「美學」課程，一個人的美包括外在（外觀）之美與內在之美。青春期的年輕人，不論任何男生或女生都很美，不必煩惱。俗話說十八姑娘一朵花，的確，青春男女生的髮色、眼色和膚色都是一生中最美的時期，若能注意營養，再加以修飾，個個都是美人。但外在美會隨著年齡的增長而逐漸消失，內在美才是永恆的美；也就是你的才德涵養是否充實？IQ與EQ是否俱優？不必為體型的外觀煩惱。希望青少年於此時多努力於自己的學問與品德修養，才是你真正的美所發出的光與亮。一個人的人格要比體態外觀來得重要。

七、少女懷孕

美國年輕男女的性行為一向自由開放、放浪不羈，為社會、家庭帶來不少問題。美國未成年懷孕的比例居全球之冠，1984年有一百萬少女——佔全國青少年期女生之10%——懷孕。半數生下了孩子，13%流產，40%墮胎（National Research Council, NRC, 1987）。而且其中來自少數團體和劣勢團體的少女佔了超乎尋常的比例（G. Adams, Adams－Taylor；& pittman, 1989）。

我國近年來性自由開放的步調加快，未成年少女懷孕日愈增加，造成社會上少女懷孕的悲劇不斷上演，尤以少女墮胎為嚴重問題。據李慶安女士與中華民國醫師公會聯合所作未成年少女懷孕墮胎問題之調查研究報告：從85年（1996）10月至86年（1997）9月查受訪103位婦產科醫師之報告，計有1775名未成年少女懷孕施行墮胎手術，其中4名是12歲以下的國小學童。15歲至18歲的高中女生有1500人，佔了80.4%。問卷調查又顯示：未成年懷孕少女有29%是由男朋友或性伴侶，有28.83%是由父母等陪同來接受墮胎手術，最少的是懷孕少女獨自前來，佔有20.9%，其餘則由同學或其他朋友陪同接受墮胎手術佔了第三位。同時亦指出35%的少女不只一次去就診接受墮胎，甚至有些青少女認為墮胎沒有什麼關係。據估計每年拿掉的胎兒至少有32萬人，而未成年少女墮胎約佔1／15，亦即有兩萬人之多了。（中央日報、聯合報、中國時報、自由時報，86.12.29）。85年1,300多件報案的性受害者中，12－18歲占46%，12歲以下占22%（中華日報86.11.7）。

由上述研究的數據看來，的確令人怵目驚心，可見今日社會上青少年問題之重要。性受害者中的這些年輕母親，本身只是個孩子，如何照顧嬰孩，對她們來說是個沈重的負擔。同時懷孕對青少年男女、子女和社會，都會產生許多不同的問題。例如少女較容易產生貧血、分娩延遲、毒血症等懷孕時的併發症（Mckenry, Walters & Johnson, 1979）；產生體重不足嬰兒的可能性為年齡大的女生的兩倍；產下的嬰兒在第一年死亡的可能性是

三倍，子女有神經系統缺陷的可能性是兩倍（Mckenty, et al, 1979）。同時未成年母親和其子女的健康問題，常來自社會因素而非醫學因素。許多年輕母親都很窮困，沒有適當的飲食、產前照顧不足或根本沒有（S.S. Brown, 1985），曾有個研究認為：「如果能為懷孕的少女提供及早、定時高品質的醫療照顧，那麼在此年齡層的懷孕和分娩之風險，並不會高於20多歲的婦女」（Mednick, Baker & SuHon – Smith, 1979）。未成年父母的子女可能比其他孩子智商 IQ 低、在校表現差（Baldwin & Cain, 1980）。尤以不負責任的年輕男生拋棄懷孕女友的不幸問題，造成不少不幸的悲劇。

未成年（少女）懷孕，為今日全世界父母們所反對的青少年男女性關係；也因此社會人士極力呼籲性教育，以及如何避孕的方法。據研究結果，延後性行為是最有效，也是最美滿的避孕方法，同時也是我國維持傳統美德及圓滿婚姻的方式。父母從早期便與孩子談論「性」的健康態度，並回答孩子的種種問題，則子女可從而認知，並且學習如何延後性行為──性活動（Conger, 1988, Gaslow, 1982）。此外，社會機構也可幫助青少年對抗同儕壓力，不必違反自己的意願而過早地性活動（Howark, 1983）。但同儕也可影響青少年延後性活動。在美國，少女對於來自年齡相近女孩的輔導，反應尤其良好（Jay, DuRant, Shoffitt, Linder, & Litt, 1984）。當同伴說沒有避孕的性行為是愚蠢而非浪漫的，其會比年長者的勸誡更有效力。青少年覺得延後性行為最有力的兩個理由是：傳染性病的危險，以及不慎懷孕可能毀掉人的一生（Louis Harris & Associates, 1986）。

不久前，我國某國中女生在學校廁所生下嬰兒，而她卻還不知道自己已經懷孕，此事頗值得注意，懷孕初期的少女因體內荷爾蒙（hormone）之變化，會產生身體和心理的變化，月經不來、乳房脹痛通常是懷孕的第一個身體訊號。在懷孕開始後的一至二週之內，乳房便有了反應，乳房會變得更豐滿、更敏感，並伴隨著乳頭的刺痛感，這種現象會持續進行，但在最初感受到的敏銳疼痛會慢慢消失。到了懷孕的後半期，乳房會排出幾滴清澈或乳狀液體，甚至排放一、二滴血。這些都是正常現象，表示乳房已因為小嬰兒的出生，做好了泌乳之準備工作。

八、傳染性病

　　傳染性病中最常見及最麻煩的性病有：淋病（ gonorrhea ）、梅毒
（ syphilis ）、生殖器疱疹（ genital herpes ）、非特殊性尿道炎（ Norsecific
Urethritis, NSU ）、陰蝨（ pubiclice ）和愛滋病（ AIDS ）等六種中，其中以
愛滋病（ AIDS ）為最高危險群，是後天免疫不全（ Acquired Immune defi-
ciency Syndrome ）。該病自從1981年首次被診斷出以來，成千上萬的案例被
篩檢出來。估計有一兩百萬的美國人曾暴露於 AIDS 的病毒下，而其中約
有20％的人曾感染此病。目前，AIDS 無藥可治且會導致死亡。到1991年為
止，估計共有十萬人死於此症，而有二十五萬人曾感染此症（ Bridge,
1988a, 1988b ）。我國台灣地區自1984年發現第一個愛滋病病患之後，人
數逐年增加，尤其1988年以來更是明顯。危險群與感染途徑複雜化，原本
的血友病患與同性戀及靜脈藥癮者有逐漸增多的趨勢。1991年7月4日，愛
滋病防治義工祈××發佈了國內有六名學生感染愛滋病病毒的消息，存在
於青少年年齡層間的「愛滋病」問題才被廣泛注意到。事實上，以目前國
內愛滋病罹患者來看，以20－29歲間為最多，但由於無從得知國內的愛滋
病帶原者到底有多少，故無法真切計算各年齡層的盛行率，因此僅從發現
的個案中了解青少年患者是數量最多的，其中更有一些是在校學生。見下
表：

表3－12　臺灣地區免疫缺乏病毒抗體陽性（ AIDS ）者依年齡別之統計

年齡	帶原者數*（％）	發病數（％）	死亡數（％）
0－9歲	7（1.61）	0（0.00）	0（0.00）
10－19歲	26（5.96）	2（2.78）	0（0.00）
20－29歲	187（42.88）	15（20.83）	14（22.58）
30－39歲	130（29.82）	27（37.50）	24（38.71）
40－49歲	35（8.03）	11（15.28）	11（17.74）
50－59歲	20（4.59）	7（9.72）	6（9.68）
60－69歲	16（3.67）	9（12.50）	7（11.29）

70歲以上	2（0.46）	0（0.00）	0（0.00）
資料不詳	13（2.98）	1（1.39）	0（0.00）

資料來源：行政院衛生署民國82年4月10日統計

　　衛生署於86年（1997）12月12日公布統計指出，目前國內18歲以下青少年感染愛滋病毒（AIDS）有33人。其中12歲以下有12個病歷，12－18歲則有21個感染之。13個病歷中，大約10人是同性戀或雙性戀之感染；更值得注意的是，最近三年來分析13－18歲被感染的病歷，約有80％是由透過性行為所感染的。

　　由青少年感染 AIDS 的情況看來，極應盡早給予青少年正確和完整的性教育及愛滋病防治知識，提早預防青少年感染 AIDS 的發生。

九、抽菸、喝酒、嚼檳榔

　　抽菸、喝酒、嚼檳榔成為今日青少年次級文化的表徵。根據行政院主計處「中華民國台灣地區國民生活型態與倫理調查報告」顯示，青少年15－24歲中抽菸比率為10.56％，即每10個人中有一個人有抽菸的嗜好。喝酒的比率7.27％，嚼檳榔的比率3.5％。而這三種嗜好在20－24歲年齡層比率增高，分別為：抽菸22.25％、喝酒17.09％、嚼檳榔6.51％，有逐漸增高趨勢。請見下表：

表3－13　臺灣地區15－24歲民間人口最近一個月內之抽菸、喝酒、
　　　　　嚼檳榔情形（％）

α	抽菸		喝酒		嚼檳榔	
	15－19歲	20－24歲	15－19歲	20－24歲	15－19歲	20－24歲
有	10.56	22.25	7.27	17.09	3.50	6.51
沒有	89.44	77.25	92.73	82.91	96.50	93.49

註：1.資料來源：中華民國台灣地區國民生活型態與倫理調查報告，行政院主計處編印，民
　　　國八十一年二月，第8、12、13頁
　　2.調查時期：民國八十年三月

　　抽菸、喝酒、嚼檳榔等嗜好行為有害於身體健康，這在醫學已是非常確定之事實。就吸菸而言，會導致肺癌、喉癌、心臟血管疾病、肺氣腫等多種疾病；而孕婦吸菸更會造成早產或智能不足的新生兒。以過量飲酒而言，將會引起肝臟、胃臟的疾病，如肝硬化、肝癌、胃潰瘍……等病變，而嚼檳榔則會導致口腔癌的發生。何以今日有相當比例的青少年有抽菸、喝酒、嚼檳榔等嗜好行為，其中當然受到許多因素的影響，就青少年個人而言，因缺乏功課學習壓力之調適方法，及辨別抗拒外在引誘、陷阱、同儕壓力……等能力；就家庭因素而言，青少年的成長環境很可能誘使青少年抽菸、喝酒、嚼檳榔等行為；例如父母親本身抽菸、喝酒、嚼檳榔，或是家長不反對其青少年子女有該等行為。同時在今日複雜的社會環境中，充斥著使青少年學習、模仿的機會：例如大眾傳播電視節目、休閒娛樂場所如舞廳、酒店……等。就政府而言，少年福利法中有關禁止販賣菸、酒、檳榔給青少年……等多項規定執行得不徹底，以及洋菸、洋酒等進口、農政單位未能規範檳榔的生產……等都直接影響青少年之抽菸、喝酒、嚼檳榔的行為。今後，學校極應輔導青少年走向適當休閒活動與學習壓力調適的方法，並且由供銷面的規範與管理菸、酒、檳榔的產銷系統。將可有效禁止青少年吸菸、喝酒、嚼檳榔等不良嗜好行為。教育部即在最近實施抽菸、喝酒、嚼檳榔之「戒除教育」。

　　我國於86（1997）年9月19日起實施菸害防制法，對青少年吸菸有種種防制與處罰，茲列表於下：

表3－14　菸害防制法

規　　範	處　　罰	建　議　做　法
年齡限制 ·未滿十八歲的青少年不得吸菸。父母及監護人也應禁止十八歲以下青少年吸菸。 ·菸品販售者不得賣菸給十八歲以下之青少年。	·違者應接受戒菸教育。 ·販售菸品者給十八歲以下青少年者，處三千元至一萬五千元罰鍰。	·販賣菸品負責人或從業人員，對顧客年齡有疑慮時，應請其出示身分證明，無證明或不出示證明，應拒絕供應菸品。 ·販賣場所明顯處標示「法律禁止供應菸予未滿十八歲者」文字圖示。 ·家長不要託未成年子女代購菸品。

販售限制	·菸品不能以自動販賣機、郵購、電子購物或其他無法辨識購買者年齡的方式販售。	·違者處一萬元至三萬元罰鍰，並得按日處罰。	
促銷廣告限制	·菸品除了維持目前在雜誌每年一百廿則廣告許可外，並可以菸品公司名義贊助活動，但不得以菸品名稱贊助或舉辦活動。 ·雜誌以外的廣告、促銷方式，幾乎都在禁止之列，包括：廣播、電視、電影、錄影、報紙、網路、看板、海報、單張、樣品、招貼、展示、折扣、贈品、獎品等，都明定不得作為菸品的促銷方式及管道。	·菸品業違者處十萬至三十萬元罰鍰。經三次處罰者，還可停止其製造、輸入或販售六個月至一年。 ·廣告業或媒體業違反規定者，處五萬至十五萬元罰鍰。	·可刊登於以年滿十八歲成年人為主的雜誌。 ·菸商可以公司名義贊助或舉辦各項活動。 ·於銷售場所內可展示菸品、招貼海報、圖畫標示或說明（銷售場所指陳列菸品供銷售的處所）。
場所限制	·不得吸菸之場所： 圖書室、教室、實驗室、表演廳、禮堂、展覽室、會議廳、室內體育館及游泳池、民用航空器、客運汽車、纜車、計程車、渡船、電梯間、密閉式之鐵路列車、捷運車站、車廂、托兒所、幼稚園、醫療機構、金融機構、郵局、電信局、製造、儲存或販賣易燃易爆物之場所。	·違者經勸阻無效後，處一千元至三千元罰鍰。	·在禁菸場所吸菸者，政府機關、公民營事業、各場所負責人或從業人員及在場人士皆可對其進行勸阻。 ·禁菸場所應設置明顯禁菸標示，以明顯圖案或文字標示。
	·可設吸菸區之場所（除吸菸區外，不得吸菸）： 學校、社教館、圖書館、博物館、美術館、文化中心、歌劇院、電影院、觀光旅館、百貨公司、超市、購物中心、二百平方公尺以上（約六十坪）以上之餐廳、非密閉式之鐵路列車及輪船、車站、港口、機場、政府機關及公營事業社會福利機構等。		·吸菸區（室）應有明顯區隔及標示，需為通風良好、獨立排風或空調系統的場所。 ·稽查人員於禁菸區聞到菸味，視同區隔不當。

資料來源：衛生署，董氏基金會：菸害防制法86年9月19日

十、藥物濫用

　　所謂藥物濫用（substance abuse）是指使用精神活化藥物已達干擾適應或到危險程度。在美國，1960年前大部分人使用酒精；1960年後藥物的使用廣泛擴及迷幻藥（psychadetic drugs）、大麻、安非他命、海洛英、古柯

齡及其他各種「街頭禁藥」。這些都是精神活化藥物，即使用這些藥物來因應生活壓力、解除疼痛及增強快感。在我國早期，青少年使用迷幻藥（如紅中、白板、青發等）、速賜康、強力膠、嗎啡，繼而安非他命、大麻、海洛英……等等。青少年使用這些藥物，開始於菸酒的使用。在好奇心的驅使下嘗試這些禁藥，以達到興奮、刺激的快感，據「青少年用藥盛行率與危險因子之說明」研究中，在「用藥」與「未用禁藥」兩組分析結果顯示：「用禁藥」學生中83.4%有抽菸的嗜好，而「未用禁藥」學生中僅有13.1%抽菸嗜好。因之，菸、酒被認為是「吸毒的入門」。例如國內學生的吸食安非他命，據教育部軍訓處於1992年9月－10月作第五次安非他命尿液抽檢結果如下：

表3－15　「安非他命」尿液抽驗結果

	抽驗校數	抽驗人數	驗出人數	比率（％）
國小	21	2,000	0	0.00
國中	82	7,243	11	0.15
高中	39	3,489	9	0.26
高職	41	3,530	14	0.40
補校	18	900	4	0.44
大專	0	0	0	0.00
合計	201	17,162	38	0.22

1.資料來源：教育部軍訓處調查時間：民國81年9月29日至81年10月16日
2.教育部軍訓處抽驗200所學校，但因某校國小部與國中部在相同校區內，故於統計校數時予以分開計算，以致總抽驗校數為201所。

由上表看來，檢驗結果比率：國小為0、國中為0.15%、高中為0.26%、高職為0.4%、補校為0.44%。

最近陽明大學公共衛生所教授周碧瑟等統計（86,5），在校青少年用禁藥比率為1.4%，較85年之1.1%為高，其中國中生、高中生之比率均較去年為多。他們所用的藥物是安非他命，其次為海洛英、大麻和強力膠，每一百個青少年中就有一人吸毒，值得注意。

這些禁藥如果被濫用，會逐漸成為藥物依賴（substance dependence），產生明顯的藥物耐受性（需求越來越多的藥量，以達到相同的

效果)。當停止使用這些精神活化藥物時,則會產生戒斷症狀(Withdrawal Symptoms)──全身不舒服、非常難過的效應。若想脫離這種苦海,惟有堅強的意志才能戒斷。惟有從教育上著手,否則死灰易燃,容易故態復萌。

法務部1992年藥物濫用研究指出,青少年濫用藥物之原因:第一,好奇模仿;第二,朋友引誘;第三,喜好使用後快感;第四,逃離挫折。在戒藥癮的相關研究中(張珏等人,1989)發現,青少年常因健康理由想改變自己行為,及害怕犯法等因素而戒藥。而戒藥後又繼續使用之原因有:心情不好、找刺激、受人慫恿及好奇等。

據研究,要有效防治青少年濫用藥物,一定要讓他們充分了解濫用藥物(毒品)對人體的危害程度。尤其當青少年開始吸菸、喝酒時的行為,就要拉起警報,警告避免青少年進入下一階段藥物濫用的發展,否則無法有效遏止青少年濫用藥物的風氣。

台灣較常見青少年濫用的藥物共可分成四大類,分別是(1)大麻,(2)強力膠及有機溶劑,(3)安非他命與快樂丸或快克,(4)速賜康及海洛英與嗎啡〔林杰樑醫師1994,4(長庚醫院腎臟科醫師)〕並指出各種症狀:

在大麻類方面,它會引起慢性肺部阻塞性疾病;致癌率較香煙為高,並且會降低免疫力、減少男子精子、男性女乳症、胎兒畸形及無動機症候群。

在強力膠與有機溶劑方面,它的急性期會造成使用者心律不整而死亡;長期使用會有癡呆性腦病變、小腦退化、四肢麻痺及無力、視神經萎縮、腎小管傷害、酸中毒、慢性腎炎及腎結石、精子異常、肺功能異常、心肌無力等病變。

在安非他命、快克及快樂丸方面:它會造成心臟血管疾病,以及中樞神經傷害導致的中風、急性精神病發作、肺部纖維化、慢性精神病、慢性尿毒症,以及心悸、高血壓、躁動、意識混亂、幻覺。

在速賜康、海洛因、嗎啡方面,除引發安非他命及快樂丸使用後的症狀外,還容易感染肝炎及愛滋病。

上述藥物毒品均能使人們獲得短暫的快感與陶醉感、性慾增強、好鬥誇大等。但樂極生悲,它們也都能毒害致命,導致身敗名裂之慘境,但每

年仍有不少的青少年「飛蛾撲火」。告誡青少年們千萬不可拿自己生命開玩笑。否則，下一代青少年會是什麼樣子，的確令人憂心不已。茲為免於毒品吸食災害，茲列表於下，給予青少年有所警惕：

表3－16　吸食毒品對身心影響的比較

毒品		攝取方法	中樞作用	精神依賴性	身體依賴性	藥理作用	攝取多量時	禁斷症狀
止痛藥	鴉片 嗎啡	口服 吸煙 注射	抑制	很強	很強	幸福感、睏眠、呼吸困難、瞳孔縮小、嘔吐	呼吸困難、體溫降低、痙攣、昏迷、死亡	流淚、鼻涕、汗、打呃、痙攣、惡寒、過敏、呆滯
興奮劑	古柯檢 安非他命	口服 吸入 注射	興奮	很強	較低	機敏性提高、興奮、幸福感、陶醉感、散瞳、脈博增加、血壓上升、不眠症、食慾減退	幻覺、妄想、體溫上昇、疑心症、攻擊症、意識不清、痙攣、死亡	禁斷症狀低
迷幻藥	LSD	口服 吸入	幻覺	強	較低	幻覺、失去時間、空間觀念	體驗迷幻世界、失去時空觀念、精神異常、死亡	無氣力、長期昏眠、昏迷、過敏
	大麻	吸煙	幻覺抑制興奮	強	較低	幸福感、爽快、增加食慾	疲勞、不起勁、精神異常易產生意外	不眠症、食慾降低
強力膠	甲苯 丙酮 已烷 環已烷 乙酸乙脂	吸入	抑制 幻覺	強	較低	幸福感、酩醉	無力感、不安、幻覺、呼吸困難、食慾降低、減輕體重、腦部受傷、影響正常成長、死亡	禁斷症狀低

　　總之，青少年身體的成長與發展帶來了生理上的劇變，也帶來生活上的種種衝突。心理學家魯賓與傅斯特（Robin & Foster, 1988）研究指出，青少年期首先帶來了家庭衝突，茲列圖表於下，如果解決得好，青少年身心將可獲得健全的發展，也是本書以下各章青少年心理之發展分別研討的。

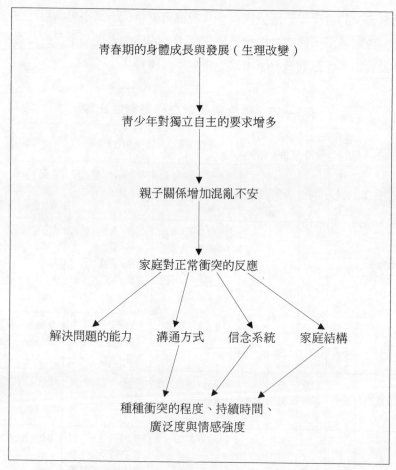

圖3-5　Robiin 與 Foster 之父母與青少年的衝突模型

資料來源：Foster 與 Robin, 1988

參考書目：

王瑞琪譯〈瓊・雷妮絲著〉：新金賽性學報告。張老師出版社。

王瑋等譯（1990）：人類發展學。華杏出版公司。

余德慧著：情話色語。張老師出版社。

林克明譯〈Freud S.著〉：性學三論——愛情心理學。志文出版社。

林秋蘭譯〈Steven Naten 著〉：男人為什麼不開放。遠流出版社。

邵郊（1993）：生理心理學。五南圖書出版公司。

邱維城、蘇建文、黃堅厚（1968）：台灣省女性青年身心發展調查研究。
　　　　師大教育心理學報第二期。

張定崎譯〈山姆基恩著〉：《新男人——21世紀男人的定位與角色》。時
　　　　報文化出版公司。

莊慧秋著：中國人的同性戀。張老師出版社。

陳堯彰（1970）：人類的生理學。正文書局。

彭駕騂著：青少年問題探究。巨流圖書公司

黃慧鷥譯〈潘蜜拉・巴勒著〉：女性自我肯定。希代出版社。

劉華茂（1979）：生理學（7版）。大學圖書出版社。

鄭瑞玲譯〈喬治・歐尼爾著〉：開放的婚姻。遠流出版社。

鄭瑞堂著：藥物的濫用問題。教育部訓委會。

鄧繼強著：青少年的輔導。香港：金楓出版社。

謝瀛華醫師著：性心理手冊。遠流出版社。

魏怡梅譯〈Ellen Bass 等著〉：勇氣可嘉的女人。生命潛能文化公司。

行政院青年輔導委員會（1993）：青少年白皮書，自刊。

教育部體育司（1995）：台閩地區學生身高體重胸圍測量報告書，自刊。

榮總精神科主編：青少年的激盪。張老師出版社。

Beanett, T.L.（1982）. *Introduction to Physiological Psychology*. Brook／cole pub-
　　lishing company.

Brown, T.S. & Wollace, P.M.（1980）. *Physiological Psychology*. Academic Press, Inc.

Brown.B.（1990）. Peer groups. In Feldman, s & Elliott, G. *At − the thresh-old：The developing adolescent*, 171 − 196.Canbridge：Harvard University Press.

Carlson, N.R.（1986）. *Physiology of Behavior*. Allyn and Barcon, Inc.

Cotman.C.W. & McGaugh, J.L.（1980）. *Behavioral Newroscience*. Academic press.

Croves, P. & Schlesinger, K.（1979）. *Introduction to Biologycal Psychology*. W.M.C. Brown Company publishers.

Dusek, J.B.（1987）. *Adolescent Development and Behavior*. Englwood Cliffs, N.J.：Prentice − Hall.

Newman, B.M.& Newman, P.R.（1986）. *Adolescent Development*. Colowmbus Merill Publishing Com.

Rogers, D.（1985）, *Adolescents and Youth*. Prentice − Hall, Inc. New Jersey：Englwood Giffs.

Rosenzweig, M.R. & Leiman, A.L.（1982）. *Physiological Psychology*. D.C.Heath and Company.

Steingberg, L.（1993）. *Adolescence*. New York：McGraw − Hill, Inc.

第四章

青少年認知發展

生理變化是我們在青少年身上可看到最明顯的變化。除了生理的變化外，青少年時期心理上的變化與生理變化一樣，是不容我們忽視的一項事實。只是它的改變不似生理變化那樣容易被指認出來。但在生活中，我們會聽到父母親說：「這孩子怎麼變了，都不像過去那麼聽話了。」父母所體會到的「怎麼變了」多數是指看不見的心理變化所引起的外在行為如好爭論、易感情用事等。在心理變化中最重要的當屬思考邏輯上的變化。由於思考邏輯的轉變，帶出了不同於過去的情緒反應，道德判斷、人際關係處理方式等。也因此，外界看青少年有時覺得他們很成熟，有時又覺得他們的判斷欠思考。到底青少年在想什麼？

　　爸媽常告訴我說：「書唸了為自己，不是唸給爸媽的。」其實，我也知道。有時，我也告訴媽：「讀書真是苦極了，唸得好難受。」可是，媽一點安慰我的話都沒有，我好失望。

　　爸爸說：「女兒啊！書是一定要讀的，不然會被人瞧不起的，何況，你老爸是大學教授，總不能有不會讀書的女兒！」我聽了，又自卑又難過。難道世上唯有讀書好？不能往自己興趣發展嗎？──

　　　　　　摘自張春興主編（民71年）心聲愛意傳親情 P135－136

　　這兩位女學生都感到矛盾與難過，因為他們聽得懂，也明白父母對他們的期望，但他們有不同於父母的想法。青少年不同於兒童的地方就是他們能夠由自己與第二者以外的第三者觀點來看自己、他人及各種事情。他們思考的角度較多，思考的層面也較廣。因此他對自己及周遭人事物的看法也就不同於過去了。

第一節　思考上的轉變

已故的瑞士認知發展科學家皮亞傑（Jean Piaget, 1896－1980）提出的

認識發展階段論（stages of genetic epistemology）在解釋思考結構的發展上有其獨到之處，是後來認知發展研究的基礎。

皮亞傑以為人的智慧（intelligence）是一種適應（a form of adaptation）。知識不是直接影印外界的現象而成，也不是生來就俱有的，而是人與外在環境互動的認知適應結果。在這適應的過程中，經由同化（assimilation）和調適（accommodation）的過程，使認知結構愈趨成熟。同化是將來自環境中的各種刺激以已有的知識加以解釋。調適是個體在同化外界事物時，受外界影響，知識上產生變化。例如一個小孩看到有四個輪子的東西就稱之為「車」，因他有汽車的概念，這是同化。他的母親更正他的說法為垃圾車。慢慢地，他對「車」的知識有了修正，對車的認識也多了一層，這是調適。而同化與調適會開始運作，促進認知結構的成熟乃由於個體認知結構與外界刺激間產生不平衡狀態（disequilibrium）。也就是說，當外界物體對個體來說是新鮮的，同化與調適兩活動即開始，直到個體覺得認識此外界刺激了，此時，認知結構達平衡狀態。換句話說，不平衡狀態是學習的開始。

皮亞傑認為智慧的發展或各種認知能力的成熟有其階段性。每一階段整合前一階段之特質，也就是說前一階段的特質是下一階段發展的基礎，並為下一階段統整合併。各階段的不同在於質而非量上的不同。下面將大略介紹由出生至青少年前的認知發展階段。使讀者更清楚看到青少年在認知上有什麼不同於過去的變化。

一、感覺運動期（sensorimotor period）

嬰兒時期的認知活動是靠動作、感官為基礎。例如他看到眼前的東西就「抓」，或往嘴裡送以「吸吮」。透過這些管道，他學到外界的事物是方、是圓、是甜或是鹹。他也因同化與調適作用學到不同的食物有不同的甜度。這個時期最重要的成就是發展出物體恆存概念（object permanence）。有此概念表示嬰兒能區分主客體，不再以為自己看不見的東西就「沒有了」、是不存在的。另外一個重要的發展是因果關係概念。感覺

運動末期，嬰兒能觀察結果、推斷原因，也能觀察原因預知結果，例如他把球由桌子的一邊滾出去，他預期球由另一邊滾出來，因此他人會跑到另一邊去等球。

二、前運思期（ pre – operational stage ）

　　這時期的孩子開始說話，表示他開始運用語言符號。但他卻不太清楚符號間的關係。例如他知道自己的左手和右手。一旦換成左邊和右邊，他就不明白左右關係是相對的。有一個實驗是這樣的：成人與小孩面對面坐著。兩人中間有三樣玩具，小汽車、小樹和積木。成人請小孩舉起右手以確定他知道自己的右手在哪一邊。然後成人問：「你最右邊的東西是那一個？」小孩會不假以思索的指出在右手邊的小汽車。而後成人與小孩互換座位，再問：「現在你最右邊的東西是那一個？」多數前運思期的孩子此時會感到困擾，因為剛才指的是小汽車，現在似乎在右邊的不是小汽車，但他們仍然指小汽車而不顧自己的右手在那一邊，也不管自己是否有疑惑。

　　此外，前運思期的孩子以現在（ now ）及此地（ here ） 所見的現象來判斷事物。例如他以外表來判斷兩個物體何者較重、較多（見下頁圖4－1）。事實上物體的外型改變了，其本質並未改變，這是前運思期兒童所無法理解的。基於此，此時的小孩對因果關係的看法也是直接的。當他做錯事後不小心摔了一跤，他會想是因做錯事才摔跤的。

　　第三個特徵是此時的小孩無法分開自己與他人的觀點。皮亞傑稱之為自我中心觀點（ egocentrism ）。皮亞傑有一個標準的實驗是讓兒童由一個角度看三座山的相對位置，而後問他，別人從另一角度看到的三座山前後位置是怎樣的（見86頁圖4－2）。通常前運思的小孩會以自己所看到的為別人所看到。這個實驗常被引為小孩沒有角色取替（ role taking ）的能力。因為他不能由別人的觀點看人所看。

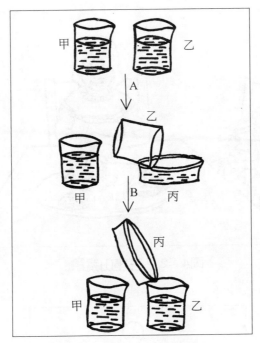

圖4-1　變多變少變變變

當甲、乙兩個一模一樣的杯子中有一樣多的水
呈現在前運思期小孩面前後，將乙杯的水倒入
不一樣形狀的丙杯中，小孩子就會以為水的多
寡也改變了，若再將丙杯的水倒回乙杯，孩子
會認為甲、乙兩杯仍有一樣多的水，此時對水
多寡的判斷受杯形的影響。

圖4－2　三座山實驗

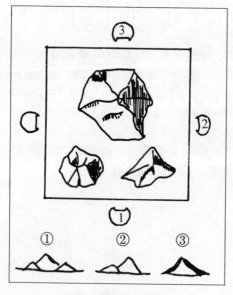

三山實驗示意圖

三、具體運思期（concrete operational stage）

在具體運思期的孩子，注意力不再集中在現在與此地，他對發生過的事可做可逆思考（reversibility），因而他知道事物外表發生變化不一定會影響其內涵（見圖4－1）。皮亞傑稱之為有保留概念（concept of conservation）。此外，在前運思期有困難的思考操作（operation）如關係、非自我中心等在這時候都不再困難了。

四、形式運思期（formal operational stage）

按皮亞傑的觀察，兒童進入12、13歲時，思考運作上進入一新境界，他們能思考各種可能性（possibilities），不但想實際的也想想像的如理想（見方塊4－1中所舉的例子）。皮亞傑稱之為形式運思，因此期思考運作更符合邏輯思考規則，且不必再借助具體事物。例如此時數學的運算可只用符號來思考而不必有實物為依據。下面將就此期特色分別加以說明。

㈠可以處理同時存在的因素，並且邏輯地將他們組合在一起。

例如紅、黃、藍、綠四個積木的可能組合有紅、黃、藍、綠、紅黃……、紅藍黃……、紅黃藍綠及零組合等十六種。在形式運思期的青少年能考慮一切邏輯上的可能性作出這十六種組合。但對具體運思期的兒童來說，他們講究經驗上的真實性（empirical reality），對無法找到的真實，他們沒法想像。例如他們想不到有零組合。因此 Flavell（1985）認為他們還不能算是可作理論的人（theorist）。但有形式運思能力的人則不同了。當青少年能思考所有的可能性，在人際互動上，也就造成一些困擾。例如當父母要他做甲種選擇時，他會爭執為什麼不選乙種、丙種甚至丁種，只選甲種。這表示他知道這件事有這麼多種可能性，因此他不明白為什麼父母只提供他一種答案。這種思考能力很可能就是促成青少年常顯出不信任成

人的原因之一。

㇏使用第二種符號

我們使用的第一種符號是語言符號。第二種符號指可代替第一種符號的符號，如代數，以 X、Y 或 a、b 來替代雞或兔以解雞兔同籠的問題。用符號代替符號後，思考就更抽象了，而思考的廣度也增加了，因個體不再受限於具體事象。此外，他們使用假設演繹的思考（hypothetica ldeductive reasoning）。形式運思的青少年會思考各種可能性和做抽象思考，因而這些「可能性」會是超越真實的。換句話說，他能針對未發生的事，先作預想，也就是假設。皮亞傑與其同事曾設計一實驗來說明形式運思期的推理方式。他們提供受試者四瓶化學藥品：(1)稀硫酸，(2)氧化氫水，(3)硫化硫酸鹽，(4)碘化鉀及一瓶清水（俞筱鈞，民71年）。受試的工作是把各種液體組合以製造出黃色的液體來。當前運思期的兒童進行此項工作時多數是每次兩兩組合，結果他找不到黃色液體，而且他們沒有遵循任何有系統的程序。具體運思期的兒童藉著機遇或實驗者的提示可能會碰對，卻不記得是如何達成的。約至青少年，開始以有系統的方式，考慮 n×n 的一切可能組合。換句話說，他假設化學藥品1＋化學藥品2，1＋3，……1＋3＋4……等都有可能。他很可能將所有組合先列一張表，然後一一驗証，刪除不會產生黃色液體的組合而找到正確的組合。由於他們能假設各種可能性，因此實驗過程中，他預見每瓶液體要有保留的使用，使每種可能性都能被試驗到。因預見所需，而有系統、有計劃的行事是前兩階段兒童不容易做到的事。我們常覺得學前兒童衝動，做事欠思考，學齡兒童雖較好些，但仍不週全，到形式運思期時，青少年的思考雖不是面面俱到，但大致有三思了。

方塊4－1　青少年看自己與他人

「心聲愛意傳親情」是一本透過問卷調查國中學生及家長對家庭管教、讀書考試、零用錢與家務事、休閒活動、未來計劃及意見溝通的看法的書。裡面有許多活生生的例子可以用來說明青少年如何看自己與他周遭的人事物。

自己：1.「希望你不要和你的朋友說我是一個奇才，事實上我很平凡，我沒有你們想像的那麼好。」（P.287）。

　　　2.「請不要說我是笨蛋，我覺得我已經很好了。」（P.288）

父母的褒或貶顯然都不符合青少年對自己的認識。不像兒童時期還接受父母對他的評價。

父母：1.「不要認爲青少年心目中也如兒童時期那麼有尊嚴了，主要是他們對父母有理想。」

　　　2.「請不要一味的罵我，因爲你（指父母）也這樣做。」（P.97）

父母在青少年心目中也不如兒童時期那麼有尊嚴了，主要是他們對父母有些理想。

　　1.「爸爸，我眞希望您是一位明理的父親。」（P.86）

　　2.「爸媽！請多以民主的方式教育我們，不要獨斷獨行。」（P.97）

自然他對自己也有反省：

　　1.「雖然聯考快到了，可是每次往椅子上一坐，不是削鉛筆，就是做白日夢，沒法靜下來。」（P.119）

　　2.「媽媽！對不起，我不是故意要和您頂嘴，因爲今天在學校我和同學吵了架，媽媽希望你能原諒我，對不起，對不起！」（P.86）

這時他能聽出別人話中有話：

　　1.「希望母親罵人不要指桑罵槐，使我受不了。」（P.63）

　　2.「媽常對我說：『我可沒對你施什麼壓力，你得好自爲之。』其實這句話就是壓力，請不要這麼說。」（P.152）

當然他知道自己的情緒是別人不容易了解的：

1.「當我們哭泣時，不要對我們說：『給你們這麼好的生活過，還有什麼好傷心的。』」（P.74）

2.「請你不要將我對您傾訴的心事，做為日後責備的把柄，否則我還敢對你說些什麼？」（P.63）

青少年思考的改變，自然也引起關心他的人不知如何是好。父母親的反應是：「小姐！你究竟是什麼事不高興？不要悶聲不響，你不講出來，我們怎能知道呢？」（P.8）

摘自張春興（民71年）心聲愛意傳親情

由於會作假設性思考，也就表示他們能去猜測別人所想。而且因想太多，常脫離真實。例如男老師在女學生班上多看某女學生一眼，這位女學生就可能假設的想：「老師對我有意思。」或是「老師對我有偏見。」，而這些都可能不是老師所想的。老師只是希望他上課時不要和旁人說話。對具體運思的學生來說，當他看到老師的「衛生眼」時，他就安靜下來，因他知道老師「看一眼」的意思。形式運思的女學生就假設性的多想了。其實能做假設─演繹的思考在學業上很重要，因這是科學推理（scientific reasoning），是學習或作學問必須具備的。但在人際關係上可能會引起一些困擾。張春興（民69年）的一個研究就指出了這個現象。張氏主要調查我國社會中的代間差距（generation gap）。他設計十項價值主題，分別是教育、家庭、婚姻、職業、服裝、交友、宗教、錢財、法律及戰爭，每項主題下有5個題目如父母有權干涉子女宗教等問題。他請青少年（國中生到大學生）和40歲以上的中年人，其中半數為部分上述學生的家長來回答這些問題。回答方法是請當事人按自己的意見選是否同意價值題目的敘述，而後猜（假設）對方對同一題目的看法。成人猜青少年、青少年猜成人的看法。結果發現兩代自判（成人自己的看法和青少年自己的看法）的差距只有千分之二十三。而互猜的差距是百分之十六。換句話說，雙方以為自己了解對方的看法，事實並非如此。而這個因猜測而造成的差距是可以靠溝通來彌補的。也就是說有了假設性的思考後，需要靠溝通來驗証自

己的假設對不對。

當青少年做假設思考時，也會對父母、老師、學校、社會所扮演的角色做一些思考。他期望父母、老師有些不同的表現，也就是說，他心目中有理想的父母、老師、學校、社會的形象。方塊中的例子說明了他們希望父母是明理的且用民主方式來管教他們。當青少年心目中有理想的父母、老師或學校形象後，因與實際的形象有差距，自然造成他們心中的不滿，特別是在雙方有衝突後，青少年臉上表現出「不屑」的表情，大概都是因他覺得成人的表現太不符合他的理想所致。

(三)內省的能力

形式運思期的孩子將自己和別人的「思考」拿來思考，同時也能將自己當作一個分離的個體，由別人的角度來衡量自己的人格、智力、及外表。這是內省的表現。當青少年看到別人時就會想到自己，由別人的角度來反省自己，因而也會激起對自己的不滿。

皮亞傑以形式運思爲認知發展的最後一個階段。換句話說，當青少年有了形式運思後就與成人的思考邏輯是一樣的。但很多成人覺得青少年很自我中心，不是很成熟。艾爾肯（Elkind, D., 1967）曾就此議題深入討論。艾氏以爲青少年是能將自己的、他人的思考都概念化，但他無法區辨他人思考的對象與自己關心的對象可能不同，因而產生了青少年期的自我中心。例如青少年由於生理上的變化，使他特別注意自己。自己的外表成爲自己最專注的對象，因而使他以爲別人也和他一樣注意自己的行爲與外表。由思考能力來說，他有想別人所想的形式，但他放置了自己所預期的內容，認爲別人在想他。

艾氏稱此現象爲青少年的想像觀衆（imaginary audience）。這裡所謂的「觀衆」是指青少年認爲自己是焦點，別人一定都在看他。「想像」是指，這不是眞實的情況，而是青少年想別人都在看他，只是這很難讓青少年理解。因著「想像的觀衆」使得青少年出門前無法決定要穿什麼衣服，或是在正式的公共場所彆彆扭扭、手足無措。他們在想像觀衆的壓力下，可能變得很順服，以確定別人對他的評語是肯定的，如他所期望的一樣。

但青少年不都是順服的，甚至根據成人的看法有更多是反叛的。這也

與他們的思考有關,前面提到青少年想得到成人所說所做的都不是唯一的
說法與作法,而且成人所說的與他們所做的不盡相同,更與青少年的理想
不同。而這理想常使青少年有一套對自己、對他人、對團體獨一無二的看
法。他們常覺得成人不明白他這一套看法。艾爾肯稱之為個人神話(per-
sonal fable)。個人神話的例子在青少年日記上常出現。在日記上他記錄了
他對戀愛、挫折、人生的獨特看法。因此當青少年犯錯而他自己並不覺得
有錯時,他常有「為義受苦」的表情,因他覺得自己有正當的理由,只是
成人不理解,他寧願受處罰都不認錯。由成人來看,這就是叛逆。

第二節　國內青少年形式運思能力研究

　　根據皮亞傑的理論,個體在十一歲至十五歲左右就進入了形式運思期
(兪筱鈞,民71年)。國內有許多學者引進皮氏相關的實驗來測國內青少
年的認知發展(林邦傑,民69年;湯清二,民69年;黃曼麗,民69年)。
他們的發展情形如何呢?
　　林邦傑修訂司漢(Sheehan)修訂的皮亞傑式團體紙筆測驗及勞生
(Lawson)的皮亞傑團體實物測驗來測國中一年級至高中三年級學生。結
果如表4-1和表4-2。黃曼麗也曾使用勞生的皮亞傑實物測驗測國二和國
三學生,結果見表4-3。這兩個研究都指出國內多數國中學生未進入形式
運思期。要到高中才有較多的人進入形式運思期。事實上,根據湯清二的
研究(民69年),多數高中學生是在過渡期。所謂過渡期是表示受試者答
對題數未達研究者所定義的題數,如勞生有15個題目要答對10題以上才算
有形式運思期能力,答對5至9題者為過渡期者,五題以下的則為具體運思
者(林邦傑,民69年)。根據上述研究,我們整理了國內青少年認知發展
的一個狀況(見下頁表4-4)。

表4-1 我國國中、高中生在皮氏團體紙筆測驗上的表現

人數及百分比 年級 認知 階段		國一	國二	國三	高一	高二	高三
具體運思期	N	117	109	85	4	4	3
	%	50.4	36.0	21.7	2.3	1.3	1.0
過渡期	N	34	48	22	12	18	10
	%	14.7	15.8	5.6	6.9	5.7	3.4
形式運思期	N	81	146	285	159	295	281
	%	34.9	48.2	72.7	90.9	93.1	95.6

資料來源：林邦傑，民69年

表4-2 我國國中、高中生在皮氏團體實物測驗上的表現

人數及百分比 年級 認知 階段		國一	國二	國三	高一	高二	高三
具體運思期	N	140	150	141	10	9	12
	%	60.3	49.5	36.0	5.7	2.8	4.1
過渡期	N	83	129	160	52	110	84
	%	35.8	42.3	40.8	29.7	34.7	28.6
形式運思期	N	9	24	91	113	198	198
	%	3.9	7.3	23.2	64.6	62.5	67.4

資料來源：（林邦傑，民69年）

表4－3　我國國二、國三學生在皮式測驗的表現

人數及百分比　年級 認知　階段		國　二		國　三	
		男	女	男	女
具體運思期	N	47	66	40	52
	%	31.55	38.35	20.31	35.37
過渡期	N	99	106	146	91
	%	66.44	61.37	74.12	61.90
形式運思期	N	3	1	11	4
	%	2.01	0.06	5.50	2.72

資料來源：黃曼麗，民69年

表4－4　國內青少年認知發展狀況

階段 年級	具體運思期	形式運思期
國　一	50～60%	3.9～34.9%
國　二	31～49%	0.06～48%
國　三	20～35%	2.72～72.7%
高　一	2.3～5.7%	64.6～90.9%
高　二	1.3～2.8%	62.5～93.1%
高　二	1.0～4.1%	67.4～95.6%

　　由表4－4看來，國內學子就是到十五歲（國三），仍有不少人未進入形式運思期。雖然由於不同的研究者而有相當的差別，但每個年級都仍有人在具體運思期，特別是國一、國二的學生，幾乎有一半是在具體運思期。換句話說，國中班上至少有兩群在思考形式上很不同的學生，老師如何教導他們是個問題。更值得我們關心的是國內使用統一教材，至少對其

中一半的學生來說是不適合的。如何幫助不同思考層次的學生學習，是國中教育工作者要多思考的（請參考方塊4－2）。

方塊4－2　人人都進入皮亞傑所謂的形式運思期？

　　是否每個人最終都會達到皮亞傑所謂的形式運思？若用皮式的測驗來測，答案是否定的。在許多地區的研究者使用皮氏的測驗，發現就是成人也不見得都能達到皮氏的形式運思期。皮氏提出三種可能的解釋：(1)多數人有形式運思的潛能，但因社會環境的影響使他達到形式運思的時間較慢。(2)形式運思是一種特別的能力，不是每個人都有的。(3)每個人最終都有形式運思能力，但不一定能用來解決所有的問題。也就是說不是每個人在每種情況下都使用形式運思來解題（Piaget, 1972）。除第二個解釋外，一、三兩者較能為研究者接受。因此有人將形式運思依潛能及表現又分成三個層次。

　　1.潛能未全然發展，但依工作性質可以有些表現。

　　2.潛能全然發展，但受工作的影響而沒有表現。

　　3.潛能與表現皆發展完全。（Moshman, 1977）

　　但拿和戴（Danner and Day, 1977）為証實青少年是有形式運思的潛能，乃在工作中提醒他們運思的方式，在提醒三次後，85％十三歲及95％十七歲青少年就都使用形式運思來處理工作。換句話說，在研究者三次提醒下，青少年的形式運思潛能是被激發了，但年齡仍是一關鍵。十七歲比十三歲青少年容易被激發。肯（Kuhn）等人（1979）也曾訓練大學生與國中生作需要形式運思的工作。這兩組學生原先都沒有形式運思能力。三個月後，大學生都顯出有形式運思能力，而國中生進展卻很慢，因此我們似乎可以結論，絕大多數的青少年有形式運思能力，它不是全有或全無地出現在青少年身上，但什麼時候使用它，則與工作要求及領域知識的多寡有關。

第三節　皮亞傑之後的青少年認知發展研究

　　在討論認知發展時，有一理論目前頗受注意。就是俄國心理學家韋哥斯基（Vygotsky, 1978）所提出的情境論（contextualism）。韋氏以為情境對認知發展影響，特別是社會互動對認知結構與歷程的發展之影響力。韋氏的主要論點在於，他認為認知發展上的差異可歸因於認知環境中可以辨識出的因素。不過目前在研究上，多數的重點都擺在個體間的互動如親子、師生、同學間的互動等，而不是大環境對個體認知發展的影響。例如研究指出小組討論可以促進高層次的思考活動（Brown and Campione, 1993）。如果社會環境是影響一個人認知發展的重要因素，則學校的文化，社會的動態如何支持或抑制認知發展應是值得我們注意的。

　　在皮亞傑之後，有許多研究指出他所出的階段對認知發展有解釋不全的地方。例如有些地區的青少年無法解答皮氏關於形式操作的作業，根據皮氏的階段論，這些青少年都不在形式操作期內（請見方塊4－2）。但是皮氏以後的研究指出，個體對每個領域知識的熟悉程度是解題的一個關鍵（請見方塊4－5），而不是僅是個體是否在形式操作期。與兒童比較，青少年在思考上是抽象而非具體的，多面向而非單面向的，是相對而非絕對的，而且表現出思緒上的自覺與自省。這很符合形式操作期的特色。但是例如肯（Kuhn 等人，1979）的研究則指出在科學推理上——產生因果假設，試驗並評鑑此假設的能力是漸漸發展出來的。例如在分辨理論與證據上，當研究者要受試青少年提出理論說明某一因果關係時，受試青少年會以證據而不是理論來說。而在選擇證據時，青少年常因自己錯誤的理論（misconception）而忽略或改釋出現在他面前的證據。青少年初期，似乎知道要考慮眼前的證據，但力不從心，不能清楚分辨什麼是證據什麼是理論。更長一些的青少年雖能分辨證據與理論，但容易受自己既有理論的影響。有研究甚至指出，大學生在推理上也有此方面的缺失（Koslowski and

Okagaki, 1986)。肯等人（1979）以其研究資料提出，青少年在十一歲至十四歲間，由只有少數幾位推理成功，漸漸變得有更多人可以推理成功。而轉變的關鍵是科學的增加。對學科內容的認識程度及對問題的熟悉度會影響推理的科學性。

一有趣的現象是，青少年似乎知道思考要科學，因此即使面對可接受的答案，他可能都因此信念而一概拒絕。這本是相對的思考，但在此反映的反而是對的答案的不確定及他的知識不足，已有不少研究指出青少年在不同學科上有的錯誤概念（如 Carey, 1985；diSessa, 1993），如何幫助他們改變錯誤概念，形成正確的學科理論是目前心理學者與教育學者共同努力的方向。

方塊4-3　青少年是否有能力作重要的決定

當青少年有形式操作運思時，他們是否能作一些重要的決定，如是否要結婚、是否接受更高一層的教育、或是否參加某種社會運動？

魏松和康寶（L. Weithorn and S. Campbell, 1982）曾以四個假設的病歷來訪問九、十四、十八和二十一歲的學生，看他們對是否接受某種治療的反應。在呈現每個病歷時，研究者都指出病情，可能的治療法，每種治療法的優點、缺點、副作用及可能有的危險；以及不接受治療的後果。此外，研究者也確定受試了解假設病歷中的用詞，不會因此而妨礙他們作答。結果發現十四歲青少年與十八歲和二十一歲青年的理解一樣好。九歲的兒童就比其他三組受試在作決定時顯得較少考慮相關因素。魏松和康寶的結論是十四歲青少年在認知上有能力作周密的醫療方法取捨判斷。

這個研究雖以假設的情境：是否接受某種特別的治療來研究青少年的思考與判斷，但他們指出青少年熟悉所面對的問題，是有能力考慮各種相關因素而判斷。這是成人要接受的事實，並多給青少年作決定的機會。這算是對青少年的尊重。

第四節　認知與情緒

　　情緒是個人表達自己、理解他人的一個根據。因此，它是人有意溝通的出發點。它決定人際關係的本質（Zahn - Waxler, Cumming, and Copperman, 1984）。但情緒是複雜的，不但感受複雜如悲喜交加，在表達方面亦不單純，如喜怒哀樂不形於色。換句話說，雖然嬰兒已有喜惡、驚訝的表達（Bower, 1982），但他要慢慢學習適當地描述別人的情緒與表達自己的情緒。因著要學習，就與認知能力有關。這裡我們將由認知的角度來談情緒的發展。但因國內在情緒方面的研究資料有限，且多數是針對兒童的研究，因此對青少年的狀況，我們只是推論。

　　首先先談情緒詞彙的使用。使用恰到好處的詞彙來描述別人與自己的情緒在人際溝通上很重要。

　　在情緒詞彙使用方面，年齡愈大使用愈多情緒詞彙，學前兒童多數只有高興、快樂、不高興、不快樂、生氣、害怕等用詞。至小學高年級，他們就多了愉快、興奮、神氣、悲傷、失望、可惜等用詞。由發展上看，愈大愈能分辨，雖同樣是高興，但卻可區分為愉快、興奮、驕傲等不同程度的描述。而在負面情緒描述上也不止於只加上「不」的否定字，而有傷心、難過、失望等（柯華葳、李昭玲，民77年）。

　　至於兒童或青少年用哪些管道來辨認情緒？哈里斯和奧塞夫（Harris & Olthof, 1982）曾訪談6歲、11歲和15歲的兒童及青少年，問他們怎麼知道自己的情緒。受訪者的答案可分為四類：1.因情境而知道，如「生日的時候，我很快樂。」2.因行為上的表現而知道，如「生氣的時候，我會踢桌子。」3.因生理的反應而知道，如「害怕的時候，我會頭痛。」4.因心理狀態而知道的，如「你快樂的時候，你覺得一切都很順利。」哈氏和奧氏發現多數6歲兒童以情境因素為辨認情緒的依據，而11歲和15歲的青少年則多引用心理因素為辨認情緒的依據。換句話說，隨著年齡的成長，對

情緒的辨認由具體而抽象，這與認知的發展是有關的（Carrol & Stewaed, 1984）。雖然卡洛和史都華（Carrol & Steward, 1984）只研究了學前、學齡的兒童。由形式運思的特徵來看，當一個人思考上變得抽象，且能考慮各種可能性以後，情緒的反應就不再是直接對外界刺激的反應了。同樣的，他對別人情緒的描述也不只是考慮別人外在的表現。他將訊息接收後，會想一想才表達出來。這想一想所表達出來的，就可能是「百感交集」、「喜極而泣」或是「愁雲慘霧」，甚至於「裡外不一」或是隱藏而不表現了。這些現象對兒童來說是不容易理解的。例如沙尼（Saarni, 1979）問6至10歲的兒童：「一個小孩收到一份不是他內心想要的禮物，他臉上應該有什麼表情？」這牽涉到個人喜好與禮節的問題。年紀小的兒童只針對個人喜好作反應。年紀大的兒童則能理解情緒表達可以是內外不一致的，且他們解釋內外不一致的理由也愈複雜。國內的研究指出五年級多數兒童理解情緒可以隱藏，但因情緒不同而有不同。多數五年級學童認為生氣、厭惡、高興、嫉妒等情緒可以隱藏，但害怕、緊張的情緒，相對之下有較多人認為不易隱藏（柯華葳、李昭玲，民77年）。這可能與文化及發展有關。例如，柏克（Borke, 1973）曾比較台灣地區與美國3至5歲幼兒的情緒反應，發現台灣中層社經地位兒童較早發展出害怕的情緒。因此很可能我們從小養成對害怕的反應，就不去隱藏它了。

除了隱藏，或說是內外不一致的表達外，能體驗一個刺激會引發一種以上情緒反應也因年齡的增加而產生。例如過生日時，親朋好友餽贈禮物與美麗的蛋糕都讓兒童很高興，但對中年人來說可能又喜又憂：喜的是朋友還記得他的生日，憂的是又老了一歲。哈特（Harter, 1982）問3到12歲的兒童什麼情況下會感受兩種不同的情緒同時存在。他發現九歲以前的兒童或是認為兩種情緒不能同時存在，或是以先後次序存在。九歲以後開始接受兩種情緒可以並存的事實。國內研究指出（柯華葳、李昭玲，民77年）五年級開始，半數以上兒童能理解兩種以上情緒可以並存的事實。這更說明了情緒的反應隨著年齡的增加，不再受具體刺激的影響。至於如何的反應是看個人如何去思考這刺激。因此青少年在情緒反應上不按牌理出牌是可理解的。例如，父母隨手丟棄眼中的廢物如小石頭、小卡片，沒想到引起其青少年子女一發不可收拾的憤怒。這當中也許是青少年對這些小東西

所寄予的感情。更多的是可能因此事勾起許多新愁舊恨，如他平時就覺得父母不尊重他的隱私，不了解他的價值觀等等。這些反應是認知運作後產生的。而叫成人最擔憂及困擾的是青少年沒有表達出來的或說是隱藏起來的情緒。方塊4－1中父母親說：「小姐！你究竟是什麼事不高興？不要悶聲不響，你不講出來，我們怎能知道呢？」青少年不說出來的感受透過思考可能會變得更複雜。例如他們看了小說後為書中主角悲傷，也可能將自己投射進去，悲傷到茶飯不思、做事情精神不能集中的地步。因著思考情緒，使得悲上加悲，有時更鑽進牛角尖，一下子走不出來自己所營造的情緒世界裡。這就是青少年。其實這現象在成人身上也看得到，只因成人經歷多，較能透過思考讓自己「想開一些」，不陷在情緒泥沼中。

至於哪些情境較容易引起青少年的情緒反應。根據蘇建文（民70年）的調查，學生的情緒受學業的影響最大。而且年級愈高所受的影響也愈大。學業成績教他快樂、憤怒、甚至懼怕。這現象將在第十章青少年問題與適應中詳談。由表4－5可以看到年紀愈大所教他產生情緒的事也就愈抽象。小時候假日慶典教孩子感到快樂；大了，成就教他快樂。小時候，動物教他害怕；大了，前途教他煩惱。這就是我們前面所說的，隨著年齡增長，個體辨認情緒的線索由具體的到抽象的。

隨著年齡增長，個體愈能理解情緒的表達是裡外不一定一致的。而他自己也「口非心是」地表達或隱藏自己的感受。而能引起他情緒反應的也不只是具體的事項。

當我們輔導青少年時，對其情緒反應亦不應只看其表面的喜怒哀樂，如此可能會誤解他，畢竟他已能思考自己及別人的情緒，成人應由他的思考去思考他的感受才是。

表4－5　引起學童各種情緒的情境

年級學制 情緒		快　樂	憤　　　怒	懼　　怕	悲　傷	煩　惱
小	低年級	假日慶典	同學行為 被懲罰	動物	個人行為	健康
	中年級	運動 人際關係 娛樂消遣	物品損壞或遺失 他人行為 家庭關係 受限制、束縛或侵犯	安全 健康 孤獨黑暗 不愉快事件 自然現象	疾病喪亡	學校生活 被處罰 健康
	高年級	個人成就 學校生活 得到禮物	課業和學校活動	學校生活	朋友關係	政治 前途 學校生活 家庭關係
學 中 學	一年級	運動 人際關係	課業和學校活動	學校生活 孤獨黑暗 不愉快事件 大眾傳播		學校生活
	三年級	得到禮物 學校生活 個人成就 人際關係	他人行為 家庭關係 被懲罰 與人衝突 受限制束縛或侵犯 物品損壞或遺失	安全	朋友關係 物品損壞 疾病喪亡 個人行為	前途 家庭關係 政治

註：男女生的反應合併

資料來源：自蘇建文，民70

第五節　角色取替能力的改變

　　當青少年認知上能做多層面、多角度與假設性的思考時，他對情緒的表達與對別人情緒的觀察不再以可見的外觀爲基礎，而是內隱與複雜化了。這在上一節已詳述。這個改變進一步帶出來的是青少年在角色取替（ role taking ）能力上的進展。角色取替指的是一個人能了解別人的意向（ Shantz, 1980 ），有人又稱之爲觀點取替（ perspective taking, Selman, 1980 ）。

　　塞爾門（ Selman, 1980 ）採用郭爾堡式（ Kohlberg，見第六章）的兩難問題及訪談方式，研究兒童至青少年觀點取替能力的發展。塞氏使用的故事如例：

　　何莉是一個喜歡爬樹的八歲女孩。他爬樹的技術是左右鄰居中最好的。有一天爬樹的時候何莉不小心掉了下來，雖然沒有受傷，卻被他父親看見了。他父親很生氣，要何莉答應不再爬樹，何莉答應了。

　　當天下午，何莉與朋友及尙恩在院子裡玩。尙恩的貓溜到樹上下不來。若此時不想辦法救貓，貓會摔下來。何莉是在場唯一有能力爬上那麼高的樹去救貓的人，但何莉記得自己答應了父親不再爬樹。

　　問題如：

1.尙恩知道何莉遲疑不上樹的原因嗎？
2.何莉的父親會諒解她再爬樹嗎？

　　這些問題的重點都在探討觀點取替能力，以及觀點衝突時，受試者的反應（ Selman, 1980 ）。

　　塞爾門發現在人際關係理解上可分爲五個層次，每個層次都以兩向度來描述人際理解。一是對人的看法（ conceptions of persons ），另一是對人際關係的看法（ conceptions of relations ）。

零層次：未分化的，自我中心的觀點取替

（ undifferentiated or egocentric perspective taking ）

此時的兒童不能清楚分辨人的外表與內心的感受是可以分開的。因此他看別人外在的表現就以為那是內心的感受。在對人際關係的看法上，他不能知覺每個人有每個人的想法與感覺，就像每個人有不一樣的外表特徵一樣。因此在角色取替上，此時兒童的能力可以說是「0」（零）。

一層次：分辨的，主觀的角色取替

（ differentiated or subjective perspective taking ）

此時的兒童能分辨一個人可以有外在與內在不同的表現。思考、感情、意見是個人內在的運作與外在表現不一定一樣。但在人際關係的理解上是他主觀的，也就是說，他仍以外在的表現來推測對方內在的感受。

二層次：反省的，第二人觀點，互動的觀點取替

（ self – reflective, second – person or reciprocal perspective taking ）

此時的兒童能跳開自己以第二人的觀點或反省的觀點來看他人，而且他知道別人也能這樣做。這時他知道情緒的反應是多樣的，如好奇、害怕，但又興奮是可以同時發生的。因此他了解人有可見的外表和隱藏的內在。在人際關係理解上，他雖知道別人有別人的想法，自己有自己的感受，但他還不能理解兩個主觀會互相影響。

三層次：第三人，相互的觀點取替

（ third – person or mutual perspective taking ）

此時的孩子能以第三者的角色來看他人與自己。也就是說，他能同時看自己活動，又看到活動對自己的影響及自己與此影響的互動。在人際關

係理解上，他知道因思考，經驗的分享，這關係是一直在改變中。也就是說，他注意到雙方同時的角色取替以及互動對雙方活動的影響。

四層次：有深度的，社會符號觀點取替
（ social or in－depth perspective taking ）

此時的孩子知道行動、思考、動機及感覺都是心理活動的結果。因此個人內在有一更複雜活動是觀察上無法理解的。此外，他們也體會到因著個人的特徵、信念、價值觀、態度而發展成一個人的人格體系。在人際關係理解上，他知道人際互動是發生在多向度或深層的溝通上。而多向度溝通可包括社會的、法律的、道德的觀點。由雙方能共同分享的社會觀點來溝通，才能促進雙方較正確的相互了解。（ Selman, 1980, P.37－40 ）

賽氏長期的研究結果（表4－6）指出十歲左右兒童能以第二人的觀點作角色取替。十六歲左右，多數青少年能由第三者的觀點作角色取替，也就是他能看到人際間的互動以及互動時對彼此的影響（註）。當個體對人際互動的看法到此層次，他的人際應對自然也會不同於過去。過去碰到與父母意見不同，他或許直接反應；而現在他在行為上或許仍是衝動與反叛的。但在思考上，他會思及父母的立場、社會的看法、自己與父母互動對彼此的影響等等，也因此帶出了許多的懊悔（見88頁方塊4－1）。

表4－6　不同年齡層在人際理解層次分配的百分比

年齡（歲）	人際理解層次				
	0	1	2	3	4
4（ N＝10 ）	80	20	0	0	0
6（ N＝10 ）	10	90	0	0	0
8（ N＝10 ）	0	40	50	10	0
10（ N＝24 ）	0	17	75	8	0
13（ N＝14 ）	0	7	50	36	7
16（ N＝14 ）	0	0	21	58	21

| 成人（N＝14） | 0 | 0 | 0 | 0 | 100 |

摘改自 Selman, R.（1980）P.42－43.

註：國內謝水南（民64年）曾採弗烈爾（J.Flavell）的角色取替工具研究國內學童的角色取替的發展，因與賽爾門的工具不同，因此無法在此提出並比較國內外學童角色取替能力的發展。

第五節　結語

　　這一章主要在介紹青少年認知的發展。我們的重點沒有放在智力（請見方塊4－4）或某一理論上（請見方塊4－5），乃因這在其他教科書都看得到。我們除了談認知發展，也強調認知上的轉變帶出青少年對情緒認知與角色取替能力上的改變，也造成青少年在看人、事、物上有不同於兒童期的看法。本章一開始我們提到，青少年思考上的變化與生理上的變化同樣明顯，也同樣重要。也就是說，若一位青少年拖到十七、八歲生理上的第二性徵仍未出現，他的父母必急著帶他去看醫生，食用各種促進生長的藥物。同理，若一位青少年到了十七、八歲，認知上仍未有本章所叙述的特點，他的父母與老師也應當著急才是，因他的表現與年齡不符。只可惜，當青少年思考上轉變後，成人只看到其負的一面，而責怪他們叛逆、不順服、作怪等。如何善用其思考能力，導引青少年成為成熟、有思考、能判斷的個體，是我們介紹青少年認知發展最主要的目的。

> 方塊4－4　智力測驗測什麼？

斯騰伯格（R. Sternberg ,1985）認為要測量智力必須有三個考慮：

一、智力與情境的關聯。多數人都同意智力是一個人對其所生存環境適應的表現。這適應包括配合個人的環境，或是依個人興趣、價值觀來改變環境，或是選擇新的環境。例如一個學業成績好但運動較差的學生在一群重視打籃球的朋友中要表現自己，可能就要選擇幫忙記分或整理與球賽有關的各種統計。這種適應能力在一般的智力測驗中是無法測量出來的。斯氏特別關心在不同情境中什麼才算是聰明的行為。例如在街上混幫派所需要的智力是什麼？

二、經驗在智力中所扮演的角色。在智力測驗中要有好的表現需要有兩個技能。一是如何對新問題作有效的反應。另一是能偵察熟識的問題作快且自動化的反應。我們通常都認為能解決從來沒接觸過題目的人比較聰明。我們也認為那些能快速解決某一類問題的人為這類問題的專家。因此智力測驗要有能測這兩種技能的題目才是。

三、有效處理資訊的要素。有些技能是解任何問題都需要的。斯氏提議下列三個技能：（一）執行的過程：包括定義問題、選擇解題策略、監督自己解題的進展；（二）獲取與組織知識的能力，包括在記憶中蒐尋新資訊、分辨有關與無關的資訊，將分散的資訊組織成一有意義的整體；（三）解題的執行行動。

斯氏的提議在編製智力測驗時或許不容易全部納入，特別是智力與情境的關聯。我們是不容易將各式各樣情境納入一個測驗中。但斯氏的提議讓我們思考到智力確實不是現行智力測驗所定義的智力。在生活中，我們看到比現有智力測驗所測更有彈性、更智慧的智力活動，特別是在青少年身上。這是在採用智力測驗分數時，我們要多考慮的。

關於 Sternberg 的智力三元論請參考 Sternberg, R. （1985）The ″triarchic″ theory of intelligence, N.Y.： Cambridge University Press.

方塊4－5　由資訊處理模式（information processing）
　　　　　看認知發展

　　資訊處理模式解釋人的智力運作如下：人腦就像電腦一樣是一
個複雜的資訊處理系統，它收入、貯存、運用各種資訊。這模式對
人類學習的假設是：

一、人類認知活動的重點是學習。

二、知識是有組織的。所有貯存在人腦中的知識、信念、態度是互
　　相有關聯，而不是個自獨立的。

三、學習是新知識與舊知識聯結的一個過程。

四、人在學習歷程中是主動的。由個人自己決定如何處理所獲得的
　　資訊。人不是環境制約下的產物。

五、學習是內在的活動，不一定會表達在外顯行為上（Ormrod,
　　1990）。

　　有心理學家認為隨著年齡的增加，資訊處理的能量也增加
（Sternberg and Powell, 1983）因為：

一、知識增加：知識愈多，組織愈好，在解決問題和吸收新知識上
　　也就愈快，愈有效。例如有棒球知識的成人比沒有棒球知識的
　　成人能理解有關棒球的文章（Spilch, Vesonder, Chiesl, &
　　Voss, 1979）。有恐龍知識的兒童比沒有恐龍知識的兒童會做高
　　層次知識組織（Gobbo and Chi, 1986）。一般來說，青少年比兒
　　童因年歲成長的關係，吸收的知識多，因此在資訊處理上也較為
　　有效。

二、知識增加也就帶出運思能力的增加，特別是後設認知能力
　　（metacognition）。後設認知指的是對自己如何運作思考的認
　　知。在學習過程中，學習者自我詢問、自我解釋、自我監督就
　　是後設認知的表現。當知識達一個標的時，學習者才有後設認
　　知能力，知道自己那裡不明白，如何使自己學的更好。

三、自動化。愈熟悉的問題，我們愈能自動處理，不必佔去思考空
　　間，有時我們還可同時處理許多件我們熟悉的問題。問題熟悉度

與練習有關。我們假設青少年比兒童因年齡成長而有更多時間的練習，例如在文字閱讀上，他們對字的反應較自動化。處理閱讀理解上也就更快更有效。

由資訊處理模式來解釋認知發展是目前許多認知心理學者努力的事。但因研究者各採不同的資訊處理模式，還沒有人將這些研究結果統整成一理論來說明人腦的系統是如何增長變複雜的。上面對人腦運作的說明也只是一個推論。不過，目前對於認知與學習研究來說，資訊處理模式是一個很強勢的研究取向。

參考書目

林邦傑（民69年）：國中及高中學生具體運思、形式運思與傳統智力之研究。中華心理學刊期，22期，33－49頁。

俞筱鈞（民71年）：人類智慧探索者－皮亞傑。台北：允晨文化。

柯華葳、李昭玲（民77年）：兒童情緒認知研究。國教學報，1期，173－187。頁

張春興（民71年）：心聲愛意傳親情。台北：桂冠。

黃曼麗（民69年）：國中二、三年級學生具體操作及形式操作之推理能力研究。教育學院學報期，5：195－206頁。

湯清二（民69年）：高中、高職學生認知推理能力之比較研究。教育學院學報，5期，226－234頁。

賴葆禎、張欣戊、幸曼玲（民78年）：發展心理學（上冊）。台北：國立空中大學。

謝水南（民64年）：我國學童角色取替能力的發展。師大教育研究所集刊，18期，1－56頁。

蘇建文（民70年）：兒童及青少年基本情緒之縱貫研究。教育心理學報，

14期,79 - 102頁。

Bower, T.G.R (1982). *Development in infancy*, 2nd ed. SanFrancisco: W.H. Freeman.

Borke, H. (1973). The development of empathy in Chinese and American children between three and six yeaars of age : Across culture study. *Developmental Psychology*. 9 (1) ,102 - 108.

Carey, S. (1985). *Conceptual change in childhood*. Caubridge, MA: MIT press.

Carroll, J.J. & Steward, M.s. (1984). The role of cognitive develoment in children's understanding of their own feelings. *Child Development*, 55,1846 - 1942.

Danner, F.W. & Day, M.C. (1977) Eliciting formal operations, *Child Development*, 48,1600 - 1606.

Disessa, A. (1993). Toward an epistemology of physics, *Coguition and Instruction*, 18 (2 - 3) ,105 - 225.

Elkind, D. (1967). Egocentrism in adolescence, *Child Development*, 38,1025 - 1034.

Flavell, J. (1985). *Cognitive development*, 2nd ed. Englewood Cliffs, NJ: Prentice - Hall.

Gobbo, C. and Chi, M. (1986). How knowledge in structured and used by expert and novice children, *Cognitive Development*, 1,221 - 237.

Harris, P. & Olthof, T. (1982). The child's concept of emotion,in G.Butterworth & P. Light (eds.). *Social Cognition: Studies of the Development of Understanding*. The university of Chicago Press.

Harter, S. (1982). A cognitve - developmental approach to children's understanding of affect and trait labels, in F.C.Serafica (ed.). *Social - Cognitive Development in Context*. NY: The Guilford Press.

Koslowski, B. & Okagaki, L. (1986). Non - Humean indices of causation in problemsolving situations: Causal mechanism, analogous effects, and the status of alternative rival accounts. *Child Development*, 57,1100 - 8.

Kuhn, D. & Amsel, E. & Adams, C. (1979) Formal reasoning among pre -

&late adolescents. *Child Development*, 50,1128 – 1135.

Moshman, D. （1977）. Consolidation and stage formation in theemergence of formal operations. *Developmental Psychology*, 13,95 – 100.

Ormrod, J.E. （1990）. *Human Learning*, *Theories*, *Principles*, *Andeducational Applications*, 150 – 153. Columbus, Ohio：Merrill Publishing Company.

Piaget, J. （1972）. Intellectual development from adolescence to adulthood. *Human Development*, 15,1 – 12.

Saarni, C. （1979）. Children's understanding of display rules for expressive behavior. *Developmental Psychology*, 15（4）,424 – 429.

Selman, R. （1980）. *The Growth of Interpersonal Understanding：Developmental and Clinical Analyses*. NY：Academic Press.

Shantz, C. （1975）. The development of social cognition, in Hetherington, E.M. （ed.）*Review of Child Development Research*, Vol. 5. Chicago：University of Chicago Press, Ill.

Spilich,g. & Vesonder, G. & Chiesi, H. & Voss, J. （1979）. Text processing of domain related information for individuals with high and low domain knowledge. *Journal of Verbal Learning and Verbal Behavior*, 18,275 – 290.

Sternberg , R. & Powell, J. （1983）. The development of intelligence, in P. Mussen（ed.）J. Flavell & E. Markman（vo.1, eds.）. *Handbook of child psychology*, *V.3：Cognitive development*. NY：Wiley.

Sternberg, R. （1985）. *The "Triarchic" Theory of Intelligence*. NY：Cambridge University Press.

Vygotsky, L.（1978）. *Mind in society*. Cambridge, Mass.：Harvard University Press.

Weithorn, L. & Campbell, S. （1982）. The competency of Children and adolescents to make informed treatment decisions. *Child Development*, 53,1589 – 1598.

Zahn – Waxler, C. & Cummings, E.M. & Cooperman, G. （1984）. *Emotional Development in Childhood*, *in Annals of Child Development*, V. 1, 45 – 106. JAI Press Inc..

第五章

青少年情緒的發展

第一節　什麼是情緒

今日談論青少年行為，多指責青少年不時鬧情緒，情緒不穩定、衝動性大。而情緒究竟是什麼，是值得首先研討的問題，但對情緒一詞要有一個確切的定義是不容易的，因為心理學家與哲學家在這個論題上已爭辯了一百多年。心理學家吳偉士（Woodworth R.S.）認為情緒為有機體的一種激動狀態，而各個情緒的反應，都以其引起的情境來定義。牛津英語字典字面上解釋為：「心靈、感覺或感情的激動或騷動，泛指任何激動或興奮的心理狀態」。這些解說仍然不甚明瞭，人們通常以憤怒、悲傷、恐懼、快樂、愛、驚訝、厭惡、羞恥等反應來說明。正是中國人所謂喜、怒、哀、懼、愛、惡、欲之七情，都可以叫做情緒（emotion）。事實上人類有數百種情緒，其間又有無數的混合變化與細微的不同，情緒的複雜是遠超過語言所能及的，不過目前心理學家採用了兩種方法來研究這個問題：

㈠是假定存在一小部分「基本」情緒，其中的多種情緒都與一種基本的生活情境相關聯，這些基本情緒在人類的各種文化及動物界都可以看到，其普遍性可說明其作為基本情緒的原因，茲列表於下：

表5－1　八種基本情緒及其相關情境

情緒	情境
悲傷（難過）	先其所愛
恐懼	威脅
憤怒	阻礙
快樂	準配偶
信賴	團體成員
厭惡	可厭的東西
期待	新領域
驚訝	突來而奇妙的人、事、物

摘自 Plutchik, 1980

㈡在闡述情境方面時應強調認知過程,因為這種方法更近於人類而不很適於其他動物。該方法的出發點不是一些基本情緒,而是個人注意的基本情境方面或層面。該理論將情境各種層面的不同組合與特定情緒相聯繫,茲列表於下:

表5-2　兩種情境層面聯結及其相關情緒

情境	情緒
期望且發生	快樂
期望但未發生	難過
非期望但發生	煩惱
非期望未發生	輕鬆

〈摘自 Roseman 1979, 1984〉

史密斯和艾斯渥士(Zmith & Ellsworth, 1985 – 1987)發現,要描述15種不同的情緒(如憤怒、內疚、與悲傷等)至少需要六個方面:

㈠對情境(愉快或不愉快)的期望;

㈡個人預計對該情境所應付出的努力;

㈢該情境的確定性;

㈣自己想投入該情境的注意力;

㈤自我感受到的對該情境的控制力;

㈥情境中被歸於非人為力量的控制力。

例如憤怒與他人所引起的不愉快情境相關聯;內疚與由自己所招致的不愉快情境相關聯;而悲傷則與環境控制的不愉快情境相關聯。的確,這可以廣泛解釋情緒的體驗。但情緒是否能像顏色有紅、黃、青三原色──色彩之母,也有所謂基本情緒──原始情緒,如果有的話又是那些?這一直是學者專家爭議不休的問題。有些專家建議以基本族群(類)來區分,當然也有人反對。下面列舉主要的分類方式:

㈠憤怒:生氣、微慍、憤恨、急怒、不平、煩躁、敵意,較極端則為恨意與暴力。

㈡悲傷:憂傷、抑鬱、憂鬱、自憐、寂寞、沮喪、絕望,以及病態的嚴重抑鬱。

㈢恐懼：焦慮、驚恐、緊張、關切、慌亂、憂心、驚覺、疑慮，以及病態的恐懼症與恐慌症。

㈣快樂：如釋重負、滿足、幸福、愉悅、興趣、驕傲、感官的快樂、興奮、狂喜，以及極端的躁狂。

㈤愛：認可、友善、信賴、和善、親密、摯愛、寵愛、癡戀。

㈥驚訝：震驚、訝異、驚喜、嘆為觀止。

㈦厭惡：輕視、輕蔑、譏諷、排拒。

㈧羞恥：愧疚、尷尬、懊悔、恥辱。

——高曼（Goleman, D. 1996）EQ 之附錄二

第二節　情緒反應與成分

一、情緒的反應

情緒反應不是和平、冷靜、安詳、鬆弛的狀態，而是一種紛擾、激動、興奮、緊張的狀態。當一個人突然遇見了一個情境，且固有的反應不足以應付的時候，就會有情緒的反應表現出來。一種行為正在進行的時候突然遇到阻撓，或者不能即時達成卻又無能為力；或者未曾先有準備而刺激突然呈現，這些情境都能引起情緒的反應。例如兒童正玩得興高采烈，你把他的玩具奪了去，他一定要發怒。這類的事情在青少年們行為上也是常見的。

當我們的情緒發作時，不僅是心裏覺得而已，外面往往會有「表情」的活動。如憤怒時面紅、耳赤、氣喘、切齒、握拳、頓足，而身體內部也有許多生理的變化，尤其是內分泌腺的分泌，尤為情緒反應的重要部分。據生理學家的研究，當憤怒和恐懼發作時，腎上腺（adrenal glands）的分

泌特別增加、胃腺的分泌特別少，呼吸短促、血壓增高、心跳加速、交感神經系統的活動亢進。這些生理上的變化含有一種意義：就是維持生活的日常工作暫行停頓，而預備應付一種臨時的緊急情形。考試時學生和賽跑時的運動員也有這種生理狀態，但這種生理狀態對賽跑之運動員或有幫助，對考試則未必有益。

茲將幾種對情緒反應的徵象列表於下：

表5-3　情緒體驗的反應

客觀的（生理的）	主觀的（情緒的）
1.心跳加快	1.心臟猛烈跳動
2.血液迅速流到皮膚表面	2.臉紅的面部表情
3.胃動	3.不舒服的胃動的感覺
4.腎上腺素的血糖增加	4.感到更強而有力
5.肌肉緊張度增加	5.緊張的情緒
6.唾液分泌減少	6.口乾舌燥

我們都知道如何體驗諸如愛、懼、怒等激烈的情緒，這些主觀的感情、情緒及生理上所伴隨的症狀對所有人類都是共同的。惟情緒反應的緊張強度和時間長短，是因個人和環境而不同的。

同時現代醫學研究發現，不良情緒壓力和強烈精神刺激，會直接通過中樞神經系統，或間接經由內分泌與荷爾蒙激素影響免疫系統，因而誘發疾病。美國耶魯大學醫學院曾經調查指出，在門診病人中因情緒不佳而患病者佔了76%，是值得重視的。我國中醫《素問‧陰陽應象大論》篇指出：「怒傷肝」、「喜傷心」、「思傷脾」、「恐傷腎」。又說人有本臟化本氣以生喜怒悲憂恐。」若情意先動則容易損傷臟腑氣向影響健康。

二、情緒的成分

由上述再加以分析研究，強烈的情緒可包括四種成分：

第一是身體的反應。例如當人們被激怒時，有時會氣得發抖或大聲吵

嚷，儘管自己並不想這樣做。

第二是伴隨情緒而來的思想與信念的融匯。例如體驗快樂通常包含對快樂原因的思考，如我很高興考上了、金榜題名了——我考上高中、或考上××大學了。

第三是面部表情，例如當人們覺得噁心時往往皺起眉頭、張大嘴巴，或眯著眼睛。

第四是對體驗的反應，包括特定反應。例如憤怒會導致攻擊，這包括更綜合的反應——負面情緒會使人對世界的看法變得暗淡。

而這情緒的成份尚含有四大要素：

1. 體內反應，特別是自主神經系統參與的反應。
2. 對於特定的正性和負性人事物的信念（belief）或認知評估（cognitive appraisal）。
3. 臉部表情。
4. 對情緒體驗的反應。

第三節　青少年情緒的發展

青少年情緒的發展，正像身體的發展（Tanner, 1971）、認知發展（Sigel & Cocking, 1977）、道德的發展（Kohlberg, 1976）和社會性發展（Erikson, 1968）都有著正常的階段一樣，情緒也可畫分出發展的時期。人類行為的整體性已經告訴我們，所有這些發展時期都是互相聯繫的，尤以認知和情緒發展時期的聯繫更密切不可分。發展心理學家如郭爾堡和吉利根（Kohlberg & Gilligan, 1971）和韋哥斯基（Vygotsky, 1962）確信沒有不帶情緒的認知或學習，沒有認知因素之情緒是不能存在的。據皮亞傑觀點（Piaget, 1966），認知的發展也會產生積極的情緒狀態。據皮亞傑（Piaget, 1996）的觀點，認知的發展也會產生積極的情緒狀態。再據艾琳伍德（Ellinwood, 1969）、皮亞傑（Piaget, 1962－1964）之研究，情緒的發展

可分下列四個時期（階段）：

㈠出生──2歲時期

觀察嬰兒和幼兒可發現，他們的情緒是具有爆發性的。情緒的狀態表現為全或無的型式──平靜和爆發互相交替，而且內部情緒和外部事物是不可分離的，就如同主觀和客觀的現實看起來都是一個現實。在感知運動時期，由於身體的動作說明事實。所以在表情方面，都以身體運動和口頭發聲為主要工具。

㈡2歲──7歲時期

在這個時期，發現其情緒與外部事物分離的意識性增加了。在情緒上和人與物之間有更多的聯合，而不是一種性質。外部世界被視為有感情的，但這種感情是由兒童直覺反射上去的。而且以「前運算時期」兒童的表現性的智能，已可以體驗到對不在面前的人、事、物的情感。他們的符號思維可以透過遊戲、模倣和語言來表現情緒。

㈢7歲──11歲時期

此時期無論情感的內部世界或者事物的外部世界，都被賦予獨立的地位，不過還有一些勉強罷了。即令情緒是由於特殊的人或情境而產生，通常更多把情緒看作是一個人的內心體驗。由於具體地運算、推理而出現了多種心理能力，因而更能表現比較精細的情緒了。

㈣11歲以後的青少年期

這時期的主觀和客觀世界已被明確地劃分出來，情緒完全是屬於內部和個人的了。因為情緒獨立於外世界而發生，則情緒更能自主化了。由於認知形式運算的發展，思想和感情能夠進一步從熟悉的具體而產生抽象思考了。新的感情能夠根據假設的人和事物創造出來。據皮亞傑（Piage, 1962）的說法：「這種感情不附屬於某個特殊的人物或只限於物質現實的聯繫，而是附屬於社會現實或主要的精神現實，如關於一個人的祖國的、人道主義的、或社會理想的，以及宗教的情感。

　　青少年期是處於典型的煩惱增殖期，在情緒體驗與情緒表現上帶有明顯的年齡特徵。因為青少年認知發展與生理變化回饋之間複雜的交互作用，產生各種不同情緒，並具有十分獨特的主觀體驗色彩。由於青少年期的認知能力及意識水準的提高，其情緒發展更呈現有下列三大特徵：

　　第一是延續性：在兒童期，其情緒具有易激性、易發性、易感性及易表現性，情緒發作延續的時間較短。到了青年期（高中），情緒爆發的頻率降低、作為心境的延續時間加長，再加上情緒的控制能力提高、情緒體驗時間延長，穩定性提高。例如幼兒發怒不超過5分鐘，可是青年期（高中）男女生可長達數小時。甚至有些情緒體驗會長期影響著青少年的成長，並可改變一個人的個性特徵。所以，有些心理學家將情緒或情感作為個性劃分的標準。

　　第二是豐富性：青少年期男女生正處於多夢的年齡階段，幾乎人類所具有的各種情緒，都可在青少年身上體現出來，並且各類情緒的強度不一，有不同的層次。例如悲哀有遺憾、失望、難過、悲傷、哀痛、絕望之分，這些不同的層次在青少年身上都存在著。另外，在情緒體驗的內容上，已是千頭萬緒，相當豐富多彩。以「懼怕」的情緒來說，青少年所怕的事物，主要與社會的、文化的、想像的、抽象複雜的事物和情勢有關，與幼兒所懼怕的貓、狗之類的具體、單純的實物不盡相同。這些懼怕經驗可能遺留在幼兒身上，但青少年的懼怕則多與社會文化因素有關，諸如怕考試、怕陌生人、怕懲罰、怕寂寞等。可見當青少年男女生步入一個紛繁多彩的情緒世界，他們體驗也豐富多樣了。

　　第三是特異性：青少年自我意識的迅速發展，為他們的情緒發展增添了一圈圈獨特的「光環」。這裡面包含個性、自我感知及性別的差異。譬如同樣是憂慮，有人如林黛玉般鬱鬱寡歡；有人如文天祥般慷慨從容。同樣負面的情緒體驗，男生傾向於發怒，女性則傾向於悲哀和懼怕；同樣是日常心境的感知：外向的學生容易被興奮、樂觀的情緒所籠罩；內向的學生則易被悲傷、憂鬱所感染。

　　同時，也可發現青少年的情緒發展有兩大的徵象。

　　第一是兩極波動性：青少年男女生雖然自控能力提高，但由於身體方面、學歷方面及心理發展還未成熟等種種原因，情緒表態常有明顯的兩

極化現象。勝利時得意忘形，挫折時垂頭喪氣；喜歡時花草皆笑，悲傷時草木流淚，情緒的反應常走極端。有人對100名高中生進行調查，發現人70％的情緒都是經常兩極波動的，也就是像「波動曲線一樣，忽高忽低，忽愉快忽愁悶」，而沒有激烈變化的人數之百分比幾乎為零。

　　第二是文飾性：隨著靑少年的社會化逐漸完成與心理成熟，他能夠根據特有條件、規範、或目標來表達自己的情緒，以形成外部表情與內部體驗的不一致性。例如有的學生對異性萌發了愛慕之情，卻往往留給對方的印象是貶低、冷落人家。

第四節　情緒發展之積極面與消極面

　　一個人來到世界上，都會體驗到不少情緒的基本能力。出生以後，情緒能力的發展變化、表現的方式，都是取決於學習經驗，尤在家庭和學校中的學習結果。情緒很能證明我們在生活中積極地得到多少愉快和歡樂；但是情緒也能有消極的效果，有時它會給我們帶來麻煩和痛苦。同一種情緒在一種情境下可以產生積極的效果，在另一種情境下則可以產生消極的效應，茲將情緒發展的積極面與消極面，研述於下：

一、情緒發展的積極面

　　很多情緒發展對人是有益的、積極面的。對他人的熱愛、關懷和溫暖的感情使人感到幸福。良好的情緒使人預期喜事的到來。那些使人在生活中快樂的情緒反應對人具有鼓舞作用。在幽默和歡笑聲中出現的情緒反應能幫助人體驗到生活的樂趣。

　1.熱愛、關心、親切

　　熱愛、關心及親切恰當的表現，包括了愛情、愛好和惻隱心的情緒反

應能力，是青少年人、成人健康發展的基礎。如果一個人在生活早期沒有體驗到愛的情緒，則在以後的生活中與他人相處會發生不少困難。

一個人若能對自己和對他人的愛作情緒反應，他就能順利地達到更大的自我實現了。他還能產生更好地與他人聯繫的感情。的確，許多有關於健康的自我意識的形成證實了這種觀點，即人的有關自我的感情或態度與他在早期生活中所受愛的性質，是有密切聯繫的（Wylie, 1961）；這樣，一個人關於自我（或自愛）的良好感情的體驗，能使他對別人建立「愛的關係」。

熱愛，如同你生活的本身一樣，要求感情和表現。弗洛姆（E. Fromm, 1974）提醒我們：潛能得以充分發展的過程，開始於認識和愛護自己，然後關心別人和對別人負責。

2.幸福感、歡樂或對生活的熱愛

目前心理學家雖然沒有系統地做過歡樂、愉快或幸福感等有關情緒的研究，但你在某些時候總會體驗到這些情緒，它經常發生於我們的生活和工作中。積極從事挑戰性活動的時候，當小朋友積極從事遊戲活動時，我們常常會觀察到這種情緒。當一個人面對著要施展他的機智和技能的情境時，這種情緒就會發生。所以，人們積極從事寫作、駕駛汽車外出，和某人談話或打網球，都會體驗到一種可稱為熱情的情緒形成。馬斯洛（Maslow, 1956）研究自我實現的情緒，他用「飽滿體驗」（peak experience）一詞來標誌的產生巨大的喜悅和愉快的時刻。

3.幽默和笑

馬斯洛（Maslow, 1956）認為幽默感是自我實現者的一個證明。對幽默，馬斯洛說道：「幽默感大部分是人類開玩笑的行為，常出現在人們做了蠢事，或忘記了他在世界上的地位，或自我吹噓時。」這也可採取自己開自己的玩笑的形式，但並不是虐待狂或小丑似的行為。林肯的幽默是一個很好的例子，可能他開的玩笑絕不會傷害任何人。

鄒拉德（Jourard, 1972）也相信「幽默感和健全個性有是有密切相連的。」而在各種情緒中，幽默和笑聲作為情緒反應的能力，被人看作健康的一個標示。的確，一個人獨處時或在滑稽場合中失去笑的能力，是一種嚴重個性障礙的早期症狀。若一個人能在極為殘酷的情境下歡笑自如，說

明他在命運和環境的壓力之下仍不屈服。第二次世界大戰期間被關在納粹集中營中的人們，在他們面臨嚴刑和死亡時，仍然會找些使他們歡笑的事情。

在美學上認為，幽默是一種可笑卻不可惡的喜劇性事物的美感，多數美學家認為幽默是一種優美、健康的品質。在美學上，許多美學家論述了笑，康德（I. Kant）在論喜劇的產生美感時說：「笑是一種緊張的期待突然轉化為虛無的感情，就產生美感。」（Kant，判斷力批判上，1964，P.180）

總之上述積極情緒如熱愛、快樂和幽默，皆能通過持續地教導、練習而得到發展。而發展積極情緒的方法是：設置情境、使情緒得以表現，以發展積極的自我感情，並學會怎樣與人相處並有效地解決問題的方法。

二、情緒發展的消極面

上述積極情緒的發展，通常使我們得到較大的快樂效果，與更多良好的人際關係。也有消極情緒，如怕、焦慮、憤怒、罪惡感、悲傷、憂鬱，及孤獨等，常使我們痛苦和缺乏效率。為什麼這些情緒變為消極？茲分述於下：

1.害怕及焦慮

害怕（fear）通常是對某一特定事物感到威脅或危險的反應，而焦慮（anxierty）則指沒有特定對象的一種廣泛性害怕或憂慮。因之，害怕是指一個人通常知道他在怕什麼，也知道該怎麼處理；一個焦慮的人意識到危險，卻不知道危險來自何處，也不知道可以採取何種行動。通常害怕和焦慮是並存的。害怕係針對著壓力情境中一些明確覺察的危險或威脅；而焦慮則是對壓力情境中不能預料或不能確定層面的反應。例如，一個即將結婚的人，可能對經濟問題及新的責任感到害怕。他同時也可能經驗到模糊的焦慮不安，而這焦慮可能來自他不知道自己是否找對人了，或是婚姻能不能成功，因此陷入憂慮（worry）、害怕與焦慮之狀態中。

憂慮可說是現代生活難以避免的副產品。多數人都會模糊地對可能的

意外、失敗、挫折、喪失，或未定的將來感到不安，但長期的憂慮卻可能造成一些負面作用：第一，會使我們的身體處在緊張動員狀態，又不清楚如何採取適當的應對行動，如此一來便會造成生理疾病。第二，高度的焦慮將使我們知覺狹窄、思考不邏輯，因而使我們變得僵化、缺乏創見，且以防衛機制（defense mechanisme）來保護白色之情緒反應。因此，無法客觀地面對問題，以及無法有效地處理該情境。第三，長期的焦慮剝奪了生活中的快樂，著重生活憂慮的危險及負向的一面，而忽略了生活中愉快及正向的一面。通常一個處於長期憂慮的人，經常擔憂一些不會發生的事情，卻又於無防備中受到真實壓力的侵襲。

2. 憤怒（filled with anger）

憤怒是對挫折和干擾的正常反應。有時憤怒可以導致適切及建設性的行為。例如因不公平待遇所引起的憤怒，可以建設性地用來促使社會改革，在個人層次上，憤怒的表達也有助於他人了解自己在行為上冒犯了別人。如果憤怒的表情是針對特定問題，而且能尊重個人的價值及尊嚴，又有建設性且不具威脅，那麼這樣的表達是適當且有效的。

但是，憤怒常常導致破壞性的攻擊（aggression）。攻擊是指意圖傷害別人的敵意行為。如果因憤怒而無意中說出傷人的話，這並非攻擊；如果明知這樣說會傷害他，但我們還是說了，這就是攻擊。攻擊很少是一個有效的因應方式，它通常引發欠缺考慮的行為，而在事後感到後悔。同時攻擊別人常招來別人的反擊，而使得相關的每個人對於壓力的感受持續增高，因憤怒而互相攻擊且彼此報復，這只會加深他倆的敵意而已。他們在本質上製造了憤怒、報復，及更加憤怒的惡性循環，此時應檢討自己，認清與其激怒別人不如適度改變自己、建立和諧關係，並盡力去撫慰別人。若其仍懷有敵意與憤怒，最好把他的憤怒看成他的問題，而不要看成是對自己的自尊、面子與價值的受了威脅，這樣您就不會憤怒了。

3. 罪惡（crime）感

當違背我們所深信的倫理或道德規範——不論是做錯事或是做了不該做的事——我們都會體驗到罪惡（crime）感，它的特徵是覺得自己做了不對、邪惡，及沒有價值的事。通常也摻雜著後悔、自我責備、及焦慮。

為何有罪惡感：第一，對與錯的價值觀是學來的；第二，這些學來的

價值觀被用來判斷我們的行為；第三，由痛苦的經驗中學得做錯事會導致懲罰的認知。因之，當人們有了錯誤的行為，或做了不倫理、不道德的事情，不僅會自我審判、自我貶低，且感到焦慮。因為做錯的行為自己有責任，遂歸咎於自己而陷於深深的自責之中，導致憂慮不安。罪惡感的強度取決於自認所犯錯誤之嚴重性，以及是否能加以補救或彌補而定。

正常的罪惡感，常可藉著向自己或別人認錯、誠心悔改，及接納別人的寬恕來處理。同時不要再沈思過去，要把眼光放在未來，讓人將來不會重蹈覆轍。有些人由宗教中獲得懺悔的機會、悔改及寬恕，而對另一些人來說，解決罪惡感是更屬於個人的事。

4.悲傷、憂鬱及孤獨

悲傷、憂鬱及孤獨是人際間接觸的傷感，或不愉快生活的情緒反應。

悲傷：當朋友或親人去世而遠離我們時會感到悲傷，而悲傷也常伴隨著沮喪、灰心，及意氣消沈的想法。此時可用整理悲傷（ grief work ）的方法：通常整理悲傷的時間由數週到數月，從清理有關於悲哀及由喪失中的復原過程，建立新生之生活。

憂鬱（ deprehension ）：是一種沮喪、氣餒，及不愉快的感覺，通常伴隨著缺乏原動力、散漫，及某種程度的自貶。也常伴隨著食慾缺乏、睡不安枕，及性慾低落。大多數人都曾遭遇失戀、意外事件、失敗，或所愛的人死亡，而感到憂鬱；事實上，目前就有成千上萬人有著輕度的憂鬱，然而即使是輕鬱也會使我們的生活大大減去了樂趣。

據研究，憂鬱多來自無助感，應加以輔導，教導他們在那些情況下知道該期待什麼，及知道該如何做，如此即可減少不必要的無助感及憂鬱。

孤獨（ aloneness ）：是當人們斷絕了親密人際關係的生活樂趣時，所生的一種空虛及被剝奪的痛苦，會導致生活不安。而年輕人也多有孤獨的困擾；即使在群眾之中，人們仍可能感到孤獨。而獨處與孤獨是有區別的，有些人選擇獨處，同時他也知道自己也可以選擇結束獨處。相反的，孤獨是硬加在我們身上的，而不像獨處，本人不易克服孤獨的感受。

輔導他接受孤單的事實，並用來體驗深入了解自己，及發掘自己以往不曾注意到的潛力（ Moustakas, 1961 ）。這樣深沉的孤獨，可以使人獲得更多的自我接納，也會增加對別人的熱誠及和諧的相處，建立真正有意

義、誠摯，及持久的關係；這不僅對個人層面，更可發展對全人類福祉的
關切、投入，及實行之工作上。

除了以上各種消極與積極的種種情緒之外，在最近的文獻中得到相當
大的注意的情緒，尚有一種是抑鬱（depression）。抑鬱是一種悲傷、失去
希望的感受，一種被現世的要求所擊倒的感覺，體驗到徹底的絕望。幾乎
所有的人都會在此一時或彼一時體驗到抑鬱的感受。你也可以把它看成
「憂鬱」、感到「神情沮喪」，或是感到「消沈」。患上抑鬱症的人，會
體驗另一些症狀，包括擔憂、壓抑、哭泣、沒有食慾、難以入睡、疲倦、
對活動失去興趣和樂趣、注意力無法集中。抑鬱可以分爲中度的、短時存
在的悲傷和沮喪感，以及嚴重的內疚和無價值感（Garrisun et al. 1989；
Robertson & Simons, 1989）。1984－1986年間，香港中文大學醫學院的精神
科在沙田領導進行了一個大規範的社區精神健康研究，受試者有7,229
人。根據問卷調查所得，整個生命期中最普遍的心理問題是一般的焦慮症
（包括畏懼症）；至於精神分裂症的盛行率和台灣的相近，都是0.3%，
比美國的爲低（大概是1%左右）：比較意料不到的是抑鬱症的盛行率，
是1.9%，比較美國的數據低很多，但是香港和台灣相差不太大
（0.9%）。

表5－4　比較美國、台灣、香港和韓國的主要抑鬱症在生命期的盛行
率

地點	New Haven 1980－1981 （n＝3058）	Baltimore 1981－1982 （n＝3481）	St. Louis 1981－1983 （n＝3064）	台北 1982－1983 （n＝6005）	香港 1984－1986 （n＝7229）	漢城 1988－1989 （n＝3134）
盛行率（%）	6.7	3.7	5.5	0.9	1.9	3.3

n＝人數

有幾個原因使青少年期抑鬱顯得十分重要（Marry, Rutherford & Parks,
1988）。第一，它伴隨著青少年自殺，雖然抑鬱並不全是自殺的先兆，但
抑鬱和自殺的念頭之間有著某種聯繫。第二，抑鬱與酗酒和吸毒有關。和
強烈的抑鬱感做鬥爭的青少年，會轉而用酗酒或其他藥物——安非他命
（amphetamine）、古柯鹼（co－caine）、大麻煙（marijuana）、海洛因

（heroin）、LSD（lysergic acid diethylamide）等，作為試圖減輕或逃避這些感受的方法。第三，抑鬱的青少年可能無法有效地參加學課習，導致他們的學習成績退步。最後，青少年期抑鬱可能會成為日後成年期嚴重抑鬱症的先導。

　　同時研究已發現，喪失父母或遭父母遺棄的經歷，會增加青少年抑鬱的可能性（Robertson & Simons, 1989）。此外，青少年是生活中的一個階段，其間，一個人往往要遭遇到喪失、挫折和拒絕。青少年在應付這些生活中的危機方面缺乏經驗，他們可能還沒有發展起策略來解釋或減輕這些伴隨來的壓力、生活事件的悲傷或沮喪感受，而這些抑鬱可能會被伴隨而來的賀爾蒙所加強。青少年可能會變得認為自己是無價值的，這種認識上的歪曲會導致他們的社會退縮或自我毀滅的行為。

第五節　EQ與青少年情緒發展

　　從前述所研討情緒問題看來，情緒非常重要，它似乎左右著一個人發展的幸福與毀滅，尤其與青少年男女的一切求學與事業的成敗有關。過去心理學常特別強調心理衛生的重要（mentel hygien），其內容主要是談論情緒控制方面；也是我國自古以來，不少聖人、學者、專家所著重於談論的人生修養問題——情緒控制問題。

　　1995年10月9日，時代（Time）週刊封面寫著《什麼是你的E.Q》（What's your E.Q），引起世人的轟動持續至今，並成為最暢銷書。其作者丹尼爾・高曼（Daniel Goleman）是美國哈佛大學心理系博士，也是《時代雜誌》的科學專欄作家，其新作題名為（Emotion Intelligence）簡稱為E.Q.。他將十年來對行為科學的研究溶入了另一個層次：大腦是如何處理情緒的，其目的是重新對聰明（I.Q）下一個定義，高曼博士的主要論點是：利用智力測驗或標準化的成就測驗來衡量一個人的智力，並預測其未來的成敗，實際上比不上利用情緒的特質來衡量它更具有意義，高曼的

研究並非天馬行空，而是為了提高人們生活的品質，從公司如何僱用人員、夫妻如何促進他的婚姻關係、父母該如何教養孩子、到學校該如何教育學生等，都可運用情緒特質來加以衡量。縱觀今日社會的亂象和家庭的種種問題，似乎急需補強這種情緒教育。高曼認為，大腦中掌控情緒的部分，要到青少年期或中年期才會成熟，故小時候是給予情緒教育的極佳時刻。

一、EQ 的定義

何謂 E.Q？何謂情緒管理？教師角色與 E.Q 或情緒管理有何關聯？耶魯大學心理學家沙洛維（P. Salovey）和新寧布其大學的梅耶爾（J. Mayer）為 EQ 所下的基本定義，包含下列五類能力：

1.認識自己的情緒：認識情緒的本質是 E.Q.的基石，這種隨時隨地認知感覺的能力對了解自己非常重要。不了解自身真實感受的人，必然淪為感覺的奴隸，反之，掌握感覺才能成為生活的主宰，而對婚姻或工作等人生大事較能知所抉擇。

2.妥善管理情緒：情緒管理必建立在自我認知的基礎上，指能夠自我安慰，能夠擺脫焦慮、灰暗或不安等不愉快，不使自己陷於情緒低潮中，這方面能力較匱乏的人常須與低落的情緒交戰；而掌控自如的人，則能很快走出生命低潮，重新出發。

3.自我激勵：指能將情緒專注於某項目標上，為了達成目標而克制衝動、延緩滿足，並保持高度的熱忱。此為一切成就事情的重要動力，若缺乏之，則易半途而廢。

4.認知他人的情緒：同理心也是基本的人際技巧，同樣建立在自我認知的基礎上。具有同理心的人，能從各種訊息（即使極細微的）察覺他人的感受與需求。此種能力強者，特別適合從事監督、教學、銷售與管理的工作。

5.人際關係的管理：人際關係就是管理他人情緒的藝術。因之，一個人的人緣、領導能力及人際和諧程度，都與這項能力有關。能充分掌握這

項能力的人，常是社會上的佼佼者；反之則易於攻擊別人、不易與人協調合作。

當然，每個人在這些方面的能力不同，有些人可能很善於處理自己的焦慮，對別人的哀傷卻不知從何安慰起。情緒能力可能是與生俱來的，無所謂優劣之分；但人類大腦的可塑性是很高的，某些方面的能力不足可加以彌補與改善，因之對於青少年情緒的發展更應加以教導，使之健全發展。

二、IQ 與 EQ 之發展

IQ 與 EQ 雖然不同，但並不衝突，每個人都是兩者的綜合體。IQ 高而 EQ 奇低，或 IQ 低而 EQ 奇高的人都很少見。事實上，IQ 與 EQ 雖然辨別分明，但二者之間確乎有一定的關聯。

大家都很熟悉智力測驗，但目前尚無所謂的 EQ 測驗。今天關於 EQ 的研究雖然日益豐富，但有些能力如同情心，必須透過實況反應才能測驗出來，例如讓受測者從一個人的表情判讀其情緒。甚至還有人嘗試比較 IQ 與 EQ 的差異，加州柏克萊大學心理學家傑克・布桓克（Jack Block）採用一種近似 EQ 的「自我彈性」為標準，比較高 IQ 與高 EQ 型的差異，發現兩者確有天壤之別。

純粹高 IQ 型幾乎是一種誇大可笑的知識份子型：知識的巨人，生活上的白癡。但男女略有差異：男生的特徵是具有廣泛知識上的具趣與能力，有抱負、有效率、呆板而頑固、不易為自身的問題困擾，此外也較驕傲好評斷、一絲不苟、自我壓抑、面對性與感官享樂無法自在，疏離而淡漠。

反之，EQ 很高的男生多是社交能力極佳、外向而愉快、不易陷入恐懼或憂思、對人對事容易投入、正直、富同情心、情感生活通常較豐富但不逾矩，自處處人都能怡然自安。

高 IQ 的女生對自己的智力充滿自信、善於表達自己的看法、具廣泛的知識與美學上的興趣，通常較內向、好沉思、易焦慮愧疚、不易公開表

達憤怒，通常採間接表達的方式。

　　EQ 較高的女生較能直接表達感受、富自信、覺得生命有意義、和男性一樣外向合群、能適度表達感覺、不會突然爆發情緒而事後懊悔、善於調適壓力、容易結交朋友、無處不自安、能表現幽默的創意，能坦然享受感官的經驗。與高 IQ 女性不同的是：這種人甚少覺得焦慮、愧咎或陷入憂思。

　　這幾種典型當然是很極端的，多數人都是 IQ 與 EQ 的不同組合。但上面的敘述可幫助我們分析與了解個人的特質；而兩者相較，EQ 仍是青少年人格能否健全、完整發展的重要因素。

　　舉例來說：幾年前中國大陸留學生盧剛，年27歲，在美國愛荷華州立大學物理研究所博士班就讀時，由於他 IQ 奇高、學業成績也非常優秀，甚得老師的器重，研究所師長們曾計劃請他留校協助一項研究計畫。不過盧剛的待人處世 EQ 顯然和他的 IQ 呈極端反比，處理人際關係的能力明顯不足。因此所長決定把這個機會，讓給了另一位也是大陸來的同學。

　　盧剛得到消息的那一天，帶著一把手槍，憤怒地去學校找那些對不起他的人算帳。盧剛先後槍殺了所長、系上的教授、祕書以及得到研究機會的這位同學夫婦，最後舉槍自殺。

　　這件慘劇共有12人死亡，幾乎震驚了美國學界。事後的調查報告指出，盧剛從小在北京就學時就是非常優異的重點學校學生，並以第一名成績取得公費留學生的資格，不過盧剛的人緣奇差。報告書中說，盧剛有一天晚上因天氣熱睡不著，索性把冰箱打開睡在旁邊，結果第二天所有的食物都餿掉而引起其他室友的公憤。

　　近年來，國內也發生類似的案件，中興大學研究生在飲用水源中下毒，以毒害課業競爭上比他優秀的同學；清華大學博士班男生，在女友飲用水中下毒，以便隨侍病榻而挽回愛情；工技研究院副教授研究員在飲水機中下毒，只因追求同事不成。近日（87年（1998）3月9日）清華大學幅射生物研究所，兩位優秀的碩士班同窗好友，因先後愛上一個博士班男生，而演出許嘉眞被殺死毀容之情殺悲劇，震驚了社會。

　　在上述這些案例中值得研討的是：那麼聰明的高級知識份子，怎麼會做出這種不理性的事，這豈不是很愚蠢？高曼認爲，其實答案很簡單：學

業上的聰明與情緒的控制關係不大，再聰明的人，也可能因情緒失控而鑄下大錯。

日前（87年（1988）2月22日）EQ作者丹尼爾‧高曼（Daniel Goleman）來華與李總統晤面，他希望將在美國已具體實施的EQ課程納入台灣教育體系中，並表示EQ教育對台灣應會有重要之影響。他在來台前後有不同看法。台灣此次安度亞洲金融風暴，在國際間留下令人深刻的印象。他來台前認為台灣人民應是熱情、有企圖心，並具備高EQ的應變能力；然而甫抵台，即被告知官員緋聞故事、研究生情殺，及子弒父等社會事件，他深切體認台灣人民也不能免於EQ缺乏的病症。

在座談會中，他講到「台灣青少年生活在錯誤的迷思中，太過於強調升學主義、認為IQ是全部的事，並視之為成功惟一的決定因素」，他舉證調查結果說明IQ和家庭生活及人生滿意度並沒有太大關係，並以他自己的高中同學為實例，說明當年他成績平平，卻因擁有溫暖的心、善於傾聽、讓人信任等特質，而今位居美國著名有線電視公司副總裁，來驗證EQ對於成功的重要性。

EQ是發自內心的智慧，長期看來，這才是人生中極為有用的智慧。他認為EQ包含自我察覺、自我控制、自我激勵、富同理心及具備與人關懷合作與社交的能力。而且EQ可隨年齡成長而增進其技巧，如可靠冥想、打坐等方式加以訓練。

他特別提到全球性的憂鬱症有愈來愈嚴重的傾向，自殺的人愈來愈多，年齡層也愈來愈低，甚至連小孩子都不斷有自殺的情形，因此情緒智商技巧的教導，在現代社會更是不可或缺。教導人人心懷希望，依步驟用熱情履行目標，並掌握自我管理的能力，在遇到不好的事情時，能以樂觀態度將之轉換成自我改變的動力，才不至於「徒有IQ而心靈貧乏，在複雜多變的時代中迷失方向」（中國時報87.3.22）。

總之，IQ事實上能很正確地預測一個人未來的成就。就人生整體發展而言，IQ的確代表某種意義，例如許多IQ低的人都從事勞動工作；而高IQ的人則通常薪水較高，且並非例外。高曼認為，人生的成就至多只有20％歸諸於IQ，80％則受其他因素的影響。心理學家嘉納（H. Gardner 1982）則說，一個人最後在社會上佔據什麼位置，絕大部取決於非IQ因

素，諸如社會階層、家庭背景、運氣或機會等等。職是之故，IQ 不足以精確預測一個人未來的成就，EQ 不是決定個人成功的關鍵，只有學會掌握自己情緒和處理他人情緒能力的人，才是真正抓住成功的鎖鑰。

EQ 簡單是說指一個人的情緒能力，在目前的社會，青少年生活中常常發生失戀後的潑硫酸、下毒、飆車、吸毒、跳樓自殺、打鬥、槍殺……等等都是缺少情緒管理能力的表現。

為了減少悲劇的發生，必須適時加強輔導青少年發揮 EQ 之能力。一個高 EQ 的人，由前述看來需具備5個能力：1.能夠了解自己的情緒及反應；2.掌握自己的情緒及反應；3.能察覺他人的情緒及反應；4.能夠自我激勵；5.能與他人有良好的互動。因之這五大 EQ 能力就可以知道你的 EQ 高或 EQ 低？目前尚無像 IQ 那樣客觀的標準量表，或標準測驗。惟今日心理學家已發展出幾種測驗方式，如「 Seligman 測驗」衡量人們樂觀的程度，「 PONS 測驗」衡量解讀情感或情緒訊息的能力，這些測驗已被妥善地運用在公司雇用員工的策略上，在商業界人們有一種說法：「 IQ 幫你被錄取，EQ 則幫你升遷。許多主管們無法升遷都是因為人際關係上有瑕疵而非專業能力不足。」。

總之不論你的 EQ 如何，要相信 EQ 是可以經過培養而改變的，這個信念很重要，只要能覺察自己與他人的情緒互動情況，再學會適時的自我激勵，以積極思想來增強（ reinforcement ）挫折容忍力，將使你擁有良好的人際關係及積極面對生活的新鮮活力。

三、青少年情緒問題防患計畫

茲特摘述高曼所著 EQ 之附錄，藉供研討青少年 EQ 教育之參考。
格蘭特集團評估發現成功計劃必具備下列要素：
㈠情緒技巧的教育
　　1.情緒的辨識。
　　2.情緒的表達。
　　3.評量情緒的強度。

4.情緒的管理。

5.延遲滿足。

6.克制衝動。

7.減輕壓力。

8.分辨情緒與行動的差距。

㈡認知技巧的教育

1.自說自話——碰到問題時先在心中與自己對話。

2.解讀社會訊息——認知個人行為不能免於社會影響，從整個社會的觀點來檢視自己。

3.按部就班地解決問題——如設定下列步驟：克制衝動、訂定目標、思考可採取哪些行動、預期行動的可能後果。

4.了解別的觀點。

5.了解哪些行為是可接受的。

6.抱持正面的人生觀

7.自覺——如培養務實自我計畫。

㈢行為教育

1.非語言行動——透過眼神接觸、臉部表情、音調、手勢來溝通。

2.語言行為——提出問題時要明確、面對批評做適當的回應、避免受負面的影響、用心傾聽、協助別人、結交益友。

㈣自我科學班的課程

1.自覺：自我觀察並認知有哪些感覺、學習形容感覺的詞彙；認識思想、感覺與反應之間的關係。

2.決策能力：檢討自己的行為及其後果；檢討你作決定的思想或感覺基礎；運用這個檢討過程來拒絕性或吸毒等誘惑。

3.情緒的管理：傾聽內在的自我對話，留意是否有自我貶仰等負面訊息；了解感覺背後的真正原因，譬如憤怒的背後可能是因為傷害，並找出紓解恐懼、焦慮、憤怒、和悲傷的方法。

4.壓力的處理：學習運動、導引想像、鬆弛法等。

5.同理心：了解別人的感覺並設身處地為人著想；理解每個人會有不同的感受。

6.溝通能力：談論感情問題時更懂得傾聽與發問；能區別某甲的眞
正言行與你對某甲言行的反應或判斷是不同的，清楚表達意見而
不輕易責怪他人。

7.坦誠：了解人際關係中坦誠與互信的重要；懂得選擇適當時機談
論個人的感情。

8.領悟力：找出自己情緒反應的規則；看看別人是否表現出類似的
規則。

9.接納自己：以做自己爲榮；認知自己的優缺點，培養自嘲的能
力。

10.責任感：學習負責、思索決定與行爲的後果；認淸自己的感覺與
情緒；一旦做出承諾如發奮讀書，就要貫徹到底。

11.勇於表達：不卑不亢，清楚表達你的感覺與立場。

12.合群：互動合作；知道何時該挺身領導，何時該追隨別人的領
導。

13.衝突的解決：如何與同儕、父母，或老師做理性的爭辯；學習雙
贏的協商技巧。

—高曼（Goleman. D）EQ 附錄（四、五）—

參考書目：

方永德編譯（1992）：如何克服憂鬱。台北：桂冠圖書公司。

王祖聖、張田英譯（1995）：嫉妒與文化。台北：時報文化公司。

朱敬先（1992）：健康心理學。台北：五南出版社。

吳靜吉（1979）：心理與生活。台北：遠流出版公司。

吳靜吉（1988）：心理與衛生。台北：遠流出版公司。

吳靜吉（1992）：人生的自我追尋。台北：遠流出版公司。

呂健忠譯（1990）：愛情劊子手。台北：聯經文化公司。

李燕、李浦群譯（1995）（Trenholm S. & Gensen 著）：人際溝通。台北：楊智文化公司。

施一中譯（1995）（Hoffman G. & Gravier 著）：如何成爲溝通高手。台北：絲路出版社。

徐瑞珠譯（1992）（Hochcbild, A. R.著）：情緒管理探索。台北：桂冠圖書公司。

張宗文、邱文芳（1996）：實用人際關係學。台北：商鼎文化公司。

張美惠譯（1996）（Goleman. D.著）：EQ。台北：時報文化公司

張惠卿譯（1987）（Conklin. R 著）：人際關係新法則。中國生產力中心。

曹汝德（1995）：情緒與健康。台北：明文書局。

陳薇雅譯（1997）（Mellf C.W. & Falible R.著）：管理 EQ 執行手冊。台北：聯魯國際文化公司。

楊蓓（1997）：自在溝通──EQ 成長的泉源活水。台北：洪健全教育基金。

蔡穎睿（1995）：情緒逼人來。台北：學生福音團契出版社。

戴國平譯（1993）（Cohen. B.著）：嫉妒。台中：三久出版社。

藍采風（1982）：生活的壓力與適應。台北：幼獅文化公司。

Arnold, M.B.（1968）. *The Nature of Emotion*, selected Reading. Pengum Books Harmand Worth.

Arnold, M.B.（1969）. *Human, Emotion, and Action*. N.Y.：London.

Arnold. M.B.（1970）. *Feelings and Emotions*. N.Y.：London.

Averil. G.R.（1975）. *Emotion and Anxiety*. N.Y. Wiley.

Bindra, D（1970）. *Emotion and Behavior Thorg Acadmic Press*. N.Y.：Lendon.

Bolles, R.C.（1982）. *Emotion and Behavior Thorg Acadmic Press*. N.Y.：Lendon.

Brady, g.v.（1980）. *Toward a Behavioral Biology of Emotion*. N.Y.：Raven Press.

Brown B.（1984）. *New Mind, New Body*. N.Y.：Maper & Row.

Campbell, R（1982）. *The La Leralization of Emotion*, *A Critical Review*, ZNC g of pschl. 17, 211 – 229.

De Rivara, G（1984）. *Emotional Experience and Guali Lative Mothodlogy*. Amer. Behav, sei, 27, 6, 677 – 88.

Ekman, P. *Emotion inth Human Face*. N.Y.：Perganwr Press.

Harris, T. A（1969）. *Z'm ok you' re ok*. N.Y.：Happer & Row.

Hinde, R.A.（1985）. A misleeding phress： Anim Behave, *The Expression of the Emotion*, 33, 992 – 5.

Knapp, P.H.（1983）. *Expression of Emotion in Man*. N.Y.：Znternational umiv press.

Strong man K.T.（1978）. *The Psychology of Emotion*（4nd el）. N.Y.：Wiley.

Young, D.T.（1981）. *Motivation and Emotion*. Lodon Wilkey.

第六章

青少年自我認同與自我

當一個人進入青少年時期，不可避免的，要經歷生理與思考上的變化。這些變化是他在兒童時期所未曾經歷過的。所以對青少年來說，這些變化是陌生的，不熟悉的，他必須要去適應的。也就是說，他要使這些變化與過去的經驗相連接，否則會有一種不知如何是好的不安感覺。日常生活中，我們觀察到青少年迷惘於我是誰、我要做什麼、將來會怎樣這一類不容易找到答案的問題中，而且他不斷地以模仿四周突出的形象為上述問題的解答。這就是青少年面對身心變化不知所措，但努力在適應與尋求答案的一種表現。

新心理分析學者（neopsychoanalysist）艾里克生（E. Erikson）認為這些身心變化對青少年來說，看似危機，實是一個轉機。如果青少年能克服適應上的困難，建立統整的自我，就能成為一個成熟的個體。

第一節　艾里克生與自我認同

一、艾里克生

艾里克生，1902年生於德國。從小他就希望做個藝術家，也就不很在乎正式的教育，因而沒有接受完整的學校教育。偶然有個機會，艾里克生在維也納教一群小孩子美術。這些小孩的父母是當時正在那裡接受弗洛尹德（Freud）式心理分析訓練的美國人。因此，他認識安娜弗洛尹德（Anna Freud）和當時一些心理分析大師，而進入維也納心理分析學院（Vienna Psychoanalytic Institute）接受訓練。

1933年，艾里克生來到美國，成為哈佛醫學院第一位兒童心理分析師。以後，他在美國有名的學校或醫院任教及任醫直到今天（Miller, 1989）。

由於成長背景及不很傳統的受教育過程，艾里克生對人、事、物的關心角度與學院派學者不同。他曾以文化人類學的研究方法去觀察印地安蘇族人（Sioux）與美國白人間的文化互動。艾氏發現白人所加給印地安人的價值模式與印地安人自己的模式有很大的差距，造成印地安人有失落自己文化卻又無法與美國文化統整的危機（Erikson, 1968）。此外，艾里克生也以歷史與自傳等文獻研究宗教改革者馬丁路德（Martin Luther）、印度聖雄甘地（Gandhi）等人的成長歷程以說明他逐漸形成的人格發展理論。

基本上，艾氏吸收了弗洛伊德的心理分析學說。但他認爲人格發展是繼續不斷的。隨著年齡的增加，生理、心理和環境上都有變化、生活目標與生活方式會因而不同，適應上自然必有所不同。基於此理念，艾里克生將人的一生分爲八個階段，每個階段都有一個危機爲此階段的主要發展任務（見表6-1）。個體面對每個階段的危機要調適；要統整過去的經驗與現在所面臨的發展任務以順利往下一個階段發展。

雖將人格發展分爲八個階段，艾氏理論的中心是自我認同（self-identity）（Miller, 1989）。艾里克生相信面對每個人生階段危機時，每個人都要重新調整自我。只是自我認同的任務在青少年時期顯得特別迫切。因爲青少年此時所面臨的身心變化在發展上是很特殊的。

二、自我認同

自我認同指的是個體自我統合（self-synthesis），是個體尋求內在合一（sameness）及連續（continuity）的能力。而合一與連續的感覺要與個人所在的環境相配合（Erikson, 1959, P.94）。換句話說，認同是個體在面對新環境時，將過去經驗所連續下來的感覺，目前自己的知覺以及對未來的期望做一個統整，以接受自己和自己所在的團體。

艾里克生會特別提出自我認同與他自身的經歷是有關的。他在正式教育與非正式教育、藝術與醫學、移民身分與本族本民之間有很多的迷惘與省思。他曾說：「身爲一個移民，我面臨失去土地、失去語言，必須要重新定義自己的問題。但這一切都以我過去的經歷及概念化的影像爲基礎，

爲參照。」（Evans, 1967 in Miller, 1989）這也使艾氏日後的研究如觀察
印第安蘇族人與美國白人文化的衝突或治療第二次世界大戰中退伍的士兵
都以自我認同爲分析問題的出發點。

表6－1　艾里克生人格發展八階段表

時期	概 約 年 齡	危 機 或 衝 突	理想的發展境界
1	出生至兩歲	對人信賴←→不信賴人 （ trust vs. mistrust ）	對人信賴
2	二至三歲	活潑自動←→羞愧懷疑 （ autonomy vs. shameanddoudt ）	自制與自信
3	三至六歲	自動自發←→退縮內疚 （ initiative vs. guilt ）	進取又獨立
4	六歲至青春期	勤奮努力←→自貶自卑 （ industry vs. inferiority ）	能幹有成就
5	青年期	自我統整←→角色錯亂 （ identity vs. role confusion ）	人格統整 生活定向
6	成年期	友愛親密←→孤獨疏離 （ intimacy vs. isolation ）	成功的感情生活 良好的人際關係
7	中年期	精力充沛←→頹廢遲滯 （ generative production vs. stagnation ）	事業有成 家庭美滿
8	老年期	完美無憾←→悲觀絕望 （ integrity vs. despair ）	老有所終 安享天年

取自張春興、林清山（民72年），教育心理學，P44

三、六個認同的問題

青少年面臨自我認同的危機可由六方面來說明：

1.前瞻性的時間觀或是混淆的時間觀（ time perspective vs. time diffusion ）

對時間有清楚的認識是自我認同上很重要的一件工作。有些青少年面
對危機時沒有體認到時間的改變是不能挽回的，自己必須與時俱進。爲了
避開成長的壓力，有的青少年或是希望時間過去，難題也跟著過去；或是

希望時間能停止不前，而以回憶過去來擱置對未來應有的計劃與努力。這就是混淆的時間觀，也因而造成不成熟的自我認同。

2.自我肯定或是自我懷疑（self－certainty vs. apathy）

有的青少年太看重別人對自己外表的看法，變的很自覺。有的則全然不顧別人對自己的看法，一副對自己及對他人漠不關心的樣子。這都不是自我肯定的表現。青少年要將別人對自己的看法和自己對自己的看法統整，才能認識自己，以達自我肯定，否則會自我懷疑。

3.預期工作有成或是無所事事（anticipation of achievement vs. work paralysis）

職業選擇是青少年要面對的一個很實際的問題。青少年不但要能開始一個工作，並要將它完成才能肯定自己的能力。在此的重點不在青少年有多少能力，而在他是否能堅持並學習以發揮潛能。許多有優異才能的青少年就因缺乏毅力，而變的像沒有能力而無所事事的人一樣。也有的青少年不願意學習，無法應付任何工作，而一事無成。

4.性別角色認同或是兩性混淆（sexual identity vs. bisexual diffusion）

青少年此時要對社會所規範的性別角色及其責任有所認同，接受自己是個完全的男性或女性而有適當的性別表現。此外，與任何一性的相處要感到自在，否則他容易陷於兩性混淆的危機中。

5.服從與領導的辨認（leadership polarization vs. authority diffusion）

在民主社會中，每個人都有機會領導或被領導。青少年要培養在被推舉為領導者時有適當的領導行為，而在被領導時，能不盲目的服從。

6.意識信念形成或是價值困難（ideological polarization vs. diffusion of ideals）

青少年要開始選擇人生哲學、理想或宗教信仰以為一生內在的支持。若青少年時不能形成一生活信念，又對社會所呈現的價值有所懷疑，會造成生活沒有重心，飄搖不定（Maier, 1978）。

這六個認同問題，青少年要一一面對並解決，最後形成一生活理念或說是生活哲學為他行事的指引。

四、環境與青少年認同

　　前面說過，青少年在面對身心變化的危機中，要統整過去與現在的經驗並形成對未來確切的期望。青少年不能丟掉過去，也不能不面對未來。因此，除了上述六件認同問題要解決，他還要確定自己對團體的認同，這包括對家族、民族、種族、傳統宗教信仰的認同。這些在他的過去就存在，在未來還會繼續影響他的團體和團體價值，他不能丟棄，必須將之統整於自己的經驗中。因此一個社會所提供給它的青少年的歷史教育會影響青少年的認同。若一個社會只強調未來，沒有歷史教育，青少年在其中無法肯定自己的來源。但若社會太強調過去而沒有未來遠景，會使青少年沒有盼望。兩者都會造成青少年認同上的困難。此外，社會安定與否，其價值觀是否雜陳無緒都會影響青少年的認同與統整。因為青少年在此時要確定生活理念，而此理念要與團體的目標相配合。若團體中價值紛雜，青少年不易辨認，將產生懷疑，因而不利於認同。

　　所以，青少年若要對未來有肯定的態度，必須對時間有前瞻的觀點，對自己有信心，勇於嘗試社會中各種角色，對職業有興趣，有適當的性別分化，不但能領導也能被領導，並且形成自己的生活哲學。只是在青少年的認同過程中，社會所提供的認同模式，不論是人、物、價值觀，若愈混亂，愈叫青少年混淆。這就是艾里克生理論的重點。他看重人格的發展除了個人本身的條件以外，環境有其不可或缺的影響力。

第二節　四種青少年

　　馬沙（Marcia, 1966）是一個善用艾里克生自我認同理論的研究者。他曾發展量表來証實艾氏的理論。他認為認同有兩個要素：一是危機

（crisis），一是投入（commitment）。危機是一個人面對多種抉擇的時刻。這些抉擇包括職業選擇或再次考慮童年所獲得的信念。經歷危機時，都是充滿壓力的時刻。青少年所面臨的身心成長也是個危機。只不過不是每位青少年都有危機的感受（awareness）。在危機因素中又可分爲：

1. **缺乏危機**（absence of crisis）

個體未感受到有選擇目標的必要。事實上是個體缺乏危機感。

2. **正在危機中**（in crisis）

個體正努力去解決認同的問題，要作抉擇。

3. **危機已過**（past crisis）

個體已克服危機，做了抉擇。

做了抉擇後，個體就要投入。投入指個人針對目標所使用及花費的時間、精神與毅力的程度。

馬沙從個人職業、宗教信仰和政治三個領域上是否表現出危機和投入，將在自我認同中的青少年分成四種類型：

1. **認同成功者**（identity achiever）

這種青少年經歷了危機也做成了某種職業或意識信念上的選擇，而後投入。他很認眞地考慮由各方面來的意見，包括父母及其他社會上成人的意見。最後他的決定，可能與父母的意見相合或與之相背，但都是經過他自己考慮後決定的。至於宗教信仰和政治理念的選擇上，認同成功者重估他過去所接受的與目前所面對的，整理出一個他行動的依據。這種青少年當面對新環境和臨時落到他身上的責任時，他都不會顯得驚慌失措，因爲他已經有了方向。

2. **尚在尋求者**（moratorium）

這種青少年正在危機與選擇中尙未投入，也就是說他還在抉擇的過程中。他希望能在父母的期許、社會的要求、個人的能力中找出一個方向來。他有時顯得徬徨，因爲他不能決定那些對他來說很有吸引力的工作或信仰與父母、社會及每個人的考慮間如何取得平衡。

3. **提早成熟者**（foreclosure）

這種青少年沒有經歷危機與選擇但有投入。他以別人對他的期望爲他

投入的方向。例如父母安排他接管家裡的事業，他就接手，未曾考慮這工作是否合乎他的能力、興趣，是否配合社會的需求。在宗教信仰和政治理念上，他也接受父母的信仰和政治偏好。這種青少年，在性格上較嚴謹，因為他接受權威也依賴權威。對於權威，他不敢有所置疑。因此，他雖然投入，一旦碰到與父母或權威信念不同的情境時，他倍感威脅，不知如何去面對。這種青少年由旁人看來，少年老成，但在心理上並不很成熟。因他都接受別人幫他安排好的方向在走。

4.認同失敗者（ identity diffusion ）

這種青少年可能經歷了危機也可能沒有，但無論如何，他都沒有投入。與尙在尋求者不一樣的地方是，他對抉擇沒有興趣。他似乎對職業選擇漠不關心；對價值、信念的形成更是不在乎。即使面對危機，他或是放棄抉擇的機會或是選擇目前對他來說有利的，但他不會對所選擇的投入。當有一件事情吸引他，如多一天的休假福利，他就換工作。這種青少年似乎常在嘗試新東西。事實上，他受不了每天固定或重覆的工作，更具體的說是他也不清楚自己要的是什麼。

馬沙（ 1966 ）曾以訪問及句子完成（ sentence completion ） 的方式將86位男性大學生分成認同成功，提早成熟與尙在尋求三組（根據馬沙的說法，大學生中找不到符合認同失敗條件者的青少年 ）。這三組人分別接受概念獲得測驗（ concept attainment task，CAT ）。這個測驗是請受試者以提問題方式來猜主試者手上卡片的圖案。受試每問一個問題可得5分；每猜一次圖案得10分；在沒有猜到圖案前，每過30秒再得5分。分數愈高表示受試的表現愈不好。主試爲了增加受試的壓力，告訴受試在 CAT 上的表現與個人的聰明、才智及與在大學的表現有關。此外，在測驗過程中，主試還會走過去看受試的表現，給予負面的回饋，如「看起來，你比別人沒有自信。」或是「你似乎覺得自己很成熟，但與別人比起來，你並不比較成熟。」等，以給受試者額外的壓力。

三組大學生做 CAT 的結果是認同成功者在壓力下比其他組要表現的好。既使有負面的回饋，他們仍不受影響，維持一定水準的表現。至於尙在尋求者，在壓力下，表現較認同成功者差。但在一般狀況下，他們的表現與認同成功者一樣的好。表現最差的是提早成熟者，一有壓力，他們表

現失常，甚至拒絕繼續接受 CAT 測驗。

由馬沙的資料，我們看到提早成熟者放棄危機中抉擇的機會，以權威的判斷為依歸是一件不成熟的事。因他不知道如何去面對困難。他們對自己的期望由於沒有經過統整，是不實際的。當面臨挑戰時，他不知如何修改不切實際的期望，而造成對自己的一種傷害。這是少年老成者表面不易為自己或別人察覺到的心理問題。

在我們的社會中，提早成熟型的青少年人數可能不在少數。我們的父母親常視子女為己出，將自己的期望加在子女身上、子女通常也接受父母的建議。考大學、找工作、選結婚對象，多數以父母的期望為自己的期望、父母的價值觀為自己的價值觀，成為提早成熟者。在青少年時期，面對危機時，這些年輕人避開面對危機，不知利用危機使之成為轉機，以父母的要求為自己的選擇，直接投入。他們或許顯得老成持重，有方向。但因他未曾為自己的投入仔細思考過，他們沒有能力面對壓力。特別是當父母的護庇離開時，這些青少年即使已成為成人，也常會不知所措，因他從來是為別人而活的。

從另一個角度來說，提早成熟者有時因達不成父母的期望，而有逃避或防禦行為、選擇負面的認同，如反抗、逃學或用禁藥等（ Herbert, 1987 ），這不能不算是悲劇。

赫伯（ M. Herbert, 1987 ）以馬沙的四種認同型態為一發展過程。他認為健康的認同由孩童時期就開始了。到了青少年前期算是尚在尋求中，青少年在其中嘗試各種選擇並試作決定。到青少年晚期或成人期，健康的個體認同成功。但若不幸的在孩童時期就提早成熟，或到青少年時期一直不願意去認真尋找並且認為所有事情都沒有意義而變成認同混淆，帶出不健康的發展（請見圖6－1）。甚至最後可能採自毀性的適應方法（ self－destructive solutions ），如在青少年前期以強求方式尋求親密關係或在成人時以自殺方式來表達自己的絕望。

不論是以連續發展或以個別的型態來看青少年的四種認同類型，如何避免導引他們提早成熟或造成他們認同混淆，是關心青少年問題者的重要課題。

第三節　國內的研究

　　國內江南發（民71年）曾改編康氏坦諾普（Constantinople, 1969）的人格發展量表（Inventory of Personality Development）為「自我發展量表」來研究國內青少年在艾里克生理論上的發展情形。這份量表包含艾里克生理論的前五個階段。量表中每個階段有五題屬積極性解決認同的態度，及五題屬消極性解決態度。答題者在量表上可得到三個分數。一為統整解決指數，是積極性解決態度的分數總分。一為統整混淆指數，是消極性解決態度的分數總分。第三者為自我發展總分，是上述兩項分數的總合（題目例子請見表6–2）。

　　江氏研究結果發現統整解決分數愈高者，在自我概念分數和高登人格量表上的分數也愈高，而統整混淆分數則與上述兩種量表分數成負的顯著相關。顯然自我認同發展好的青少年，自我概念好，而且在團體中較主動、有自信、堅持己意，對工作鍥而不捨，情緒穩定（這些皆為高登人格量表中所測量的項目）。這與上述艾里克生的理論是吻合的。

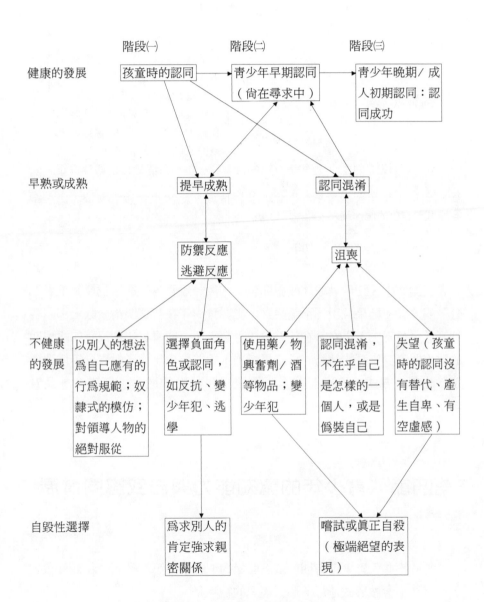

圖 6－1 認同發展的階段

（摘自 Living with teenage, M, Herbert., 1987, P. 16）

表6-2　自我發展量表題目（例）

統整解決	統整混淆
我一向充滿著信心和毅力。	我常為了討好別人，而不得不掩飾或偽裝自己的感情。
我的行為表現一向都自然而誠懇。	我常喜歡同時從事多種活動，以致沒有一件事情能夠做的。
我是一個內心寧靜、情緒穩定的人。	我雖內心不安，但仍會努力表現得若無其事的樣子。
我了解自己的能力，也知道自己的目標。	我一向弄不清楚自己心裡真正的感受。
我對自己的個性及人生觀引以自豪。	我做事常敷衍了事，無法專注。

資料來源：摘自江南發，民71年

　　在論文中，江南發還比較犯罪青少年與一般青少年在自我發展量表上分數的差異。結果發現，不論男女，犯罪青少年在統整混淆分數上都顯著地高於一般青少年男女。在統整解決分數上，一般青少年則沒有如所預期的比犯罪青少年高的趨勢。這結果指出，犯罪青少年比一般青少年以消極及反社會的方式來尋求認同，而導致犯罪行為的產生（江南發，民71年）。

第四節　青少年的認知能力與自我認同發展

　　當個體進入青少年時期，依皮亞傑的理論（見第四章青少年認知發展），認知上會做形式運思。形式運思的特點是：

　　1.能思考同時存在的因素。

　　2.使用第二種符號來思考。

　　3.做假設性思考。

　　4.建立理想。

5.有內省的能力

這些思考能力對一個需要自我認同與統整的青少年來說是很重要的。前面提過，青少年此時面對許多的選擇，包括職業、宗教信仰、政治理念的選擇。更重要的是他是否能統整過去的我，現在的我及未來的我。若他思考同時存在的因素，當他面臨各種選擇時，他能逐一考慮而不會有瞻前不顧後的窘境。在做抉擇時，有許多選擇青少年只能由外界得到資訊，並沒有實踐及驗証的經驗，因此他必須以假設性的思考來預期這些選擇可能會有的結果。因能假設，青少年也對自己、社會、家庭、學校形成理想。這些理想也是他抉擇與投入時的參考依據。而在整個選擇、抉擇，投入的過程中若沒有內省，這一切都顯得虛浮。認同失敗者，他可能有所選擇，但少去內省的過程，不清楚這樣的選擇對自己和對環境的影響，因而顯得隨便或不實際。

因此，當青少年面對自我認同的抉擇時，他的形式運思能力能協助他思考而後選擇。例如，當青少年面對「我是誰」的問題時，因著有同時思考各種可能性的能力，他可以參考外界對他不同的回饋與評價；他也可以參考自己對自己的評價；他更可以假設自己或許有某種潛能，而加以嘗試、驗証。這假設中包括他對「理想自我」的建立。只是理想必須有實際為基礎，否則空有理想。必須在統整上述各種與自我有關的資訊後，他較容易找到自己是誰的答案。再例如，面對職業選擇時，外界提供的資訊很多，青少年必須分析自己的能力、興趣，給自己機會去嘗試卻不冒然投入。等試驗後，有了確定的方向才投入。因此，我們可以說，青少年若沒有形式運思的能力，幾乎不可能面對認同的挑戰。事實上，研究是這麼說。

江南發（民71年）分別給一般青少年和犯罪青少年自我發展量表及可測出形式運思能力的邏輯推理測驗。他的研究結果指出，統整解決分數與形成運思分數成正相關，但在統計上不顯著。而統整混淆分數與形式運思分數成顯著負相關。換句話說形式運思分數愈低，統整混淆分數愈高。江氏的結果証實了形式運思能力與自我統整發展是有關係的。犯罪青少年自我發展上消極性的成分遠比一般高中、高職青少年高，這很可能是因他們的思考能力不成熟。如吳澄波、余德慧（民67年）曾發現虞犯青少年較以

直覺作判斷，缺乏有系統解決事情的能力。

　　林正文（民76年）研究暴力少年犯的人格特質發現非暴力組比暴力組具有思考內向性的人格特質，也就是他們對事情較能三思而後行。暴力組則屬思考外向型，思考不精、粗心大意，對事情只是籠統地想一下就決定了。因而在面臨自我統整的抉擇時，虞犯青少年或暴力青少年，因思考上不成熟，只能以消極的方法來應變了。

第五節　青少年對自我的認識

　　當青少年的思考變複雜以後，他對自己的看法也會改變。他不但由自己的觀點來看自己，他也由別人的觀點來看。他更能由想像中別人對他的觀點來看自己。因此，自己（self）對青少年來說是與過去不一樣的，但仍有其與過去相連繫的地方。戴蒙與哈特（Damon & Hart, 1982）曾整理出一個兩向度自我認識（self－understanding）的發展架構。其中一向度是「我為客體的 ME」部分。這指的是個人怎麼看自己。例如兒童傾向以外型、活動來描述自己。青少年則以社會、人格特質來訴說自己。另一向度是「我為主體的 I」部分。這指的是個人感覺到自己是個特殊的個體。而這個感覺首先來自於自己知覺到雖與時俱進，但基本上仍是同一個人，有一種連續的感覺。第二則來自於特殊感，這指的是個體知道自己與別人有那些不一樣的地方。第三是意志，指的是個體知道自己有能力改變一些自己的想法或感覺。最後一項是自我反省（self－reflection）指的是個體知道自己會被知覺到或未知覺到的感覺或思考所左右（請見圖6－2）。

　　主體與客體的我交互發展。例如若一個青少年在客體我上以外觀特徵看自己，在他看自己的連續感或特殊感時也會以外表為出發點，這自然也會影響他社會我的發展。戴蒙和哈特的自我認識理論完全是由認知為出發點，而未討論情意的部分。因此其中未談到自尊（self－esteem）等涉及情感（emotion）的自我。但基本上，戴氏與哈氏認為個體對自己理解的

發展是按他們提的順序與重點發展的（圖中畫雙框的部分為各時期發展重點）。若我們接受這個假說，我們看到隨著年齡的發展對自我的認識就不再停留在外表而在個人特質與哲學信念上了。這或許提醒我們，在我們的社會中是否有足以讓青少年在認同過程中羨慕甚至採用哲學思想、道德價值理念以成為他個人的信念呢？若沒有，我們怎能怪青少年膚淺，沒有中心信仰呢？

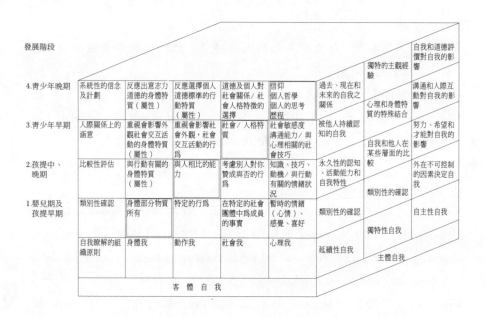

圖6－2　自我認識（self－understanding）的發展

註：雙框表示當時發展的重點

譯自　Damon, W. and Hart, D（1982）The development of
Self－understanding from infancy through adolescence,
Child Development, 53：841－864.

參考書目：

江南發（民71年）：青少年自我統整與形式運思能力關係之研究。高雄師
　　　範學院教育研究所碩士論文。

吳澄波、余德慧（民67年）：虞犯青少年輔導工作之檢討與改進。社會變
　　　遷中青少年問題研討會論文專集。台北：中央研究院，民族研究
　　　所。

林正文（民76年）：暴力少年犯的人格特質：理論分析與實驗研究。台
　　　北：五南圖書。

張春興、林清山（民70年）：教育心理學。台北：東華。

Damon, W. and Hart, D. （1982）. The development of self understanding from
　　infancy through adolescence. *Child Development*, 53：841－864.

Erikson, E. （1959.1980）. *Identity and the Life Cycle*, NY：W.W. Norton &
　　Company.

Erikson, E. （1968）. *Identity Youth and crisis*, NY： W.W. Norton & Ltd..

Herbert, M. （1987）. *Living With Teenagers*, UK： Basil Blackwell, Row.

Marcia, J. （1966）Development and validation of ego－identity status. *Journal of
　　Personality and Social Psychology*, 3（5）,551－558.

Miller, P. （1989）. *Theories of Developmental Psychology*, NY：W.H.Freeman.

第七章

青少年道德與價值觀的發展

　　價值是指個人所知覺與自己有關的重要性與意義性。道德是指個人認為什麼是對的和錯的，也就是什麼是應該做的（Ryan, 1987）。個體如何形成價值觀及其道德如何發展一直是學者所關心的問題。特別在急劇變遷的社會中，因價值多元化以致標準混亂，使此問題倍形重要。下面將介紹價值觀、道德推理發展的理論，而後討論一般青少年的價值觀。

第一節　各家學說

一、心理分析説

　　心理分析學派看一個人價值觀的形成是先內化父母親的價值系統成為自己的超自我（superego）。因為孩子有要像父母的強烈意願，因此他接納父母的態度、是非判斷以及獎勵與處罰方式。若一位父親很嚴厲，孩子所形成的超自我也很嚴厲。做錯事的時候，他就覺得自己應該被處罰。弗洛伊德（Freud）稱司處罰的超自我為良心（conscience），提醒個體避免社會所不許可的事。超自我有另一部分是管理獎賞、鼓勵的，稱為理想自我（ideal ego），目的在促進個體追求社會所期許的事。不論是良心或理想自我都是個體向父母認同而得到的（楊庸一，民71年）。當孩子漸長，對父母的順服與依賴不再同兒時一般，他漸漸地發展出一套自己的價值觀。他行為的指標也就不再只是因懼怕父母的懲罰或為得父母的讚許而已。

二、學習理論

學習理論認爲價值是由經驗與增強而得到的。例如一個孩子模仿他母親洗碗的行爲獲得讚美，他會反覆這個行爲，但也會開始模仿母親其他的行爲以得到更多讚美。在學習理論中，目前以社會學習理論（social learning theory）最常爲人引用。它有別於傳統的學習理論。傳統的學習理論認爲環境可以決定個體的行爲，忽略了行爲的內在決定因素。社會學習理論以爲認知歷程在行爲獲得上扮演重要角色。個體在與環境互動中，除本身接受增強學到行爲外，替代增強（vicarious reinforcement），也就是別人受獎或受罰如殺雞警猴也會讓他學到某些行爲。因爲在認知上，個體能透過符號性的、替代性的經驗歸納一套行爲的法則，以自我調適。因此社會學習論者看重觀察的學習歷程（見下頁圖7－1）。他們認爲透過觀察學習，個體才不必浪費時間和精力重新摸索，一個種族的文化和經驗才能代代相傳（廖克玲，民71年）。

三、認知發展説

基於價值的形成，道德推理的發展有其認知的基礎，皮亞傑以爲道德判斷能力的發展與認知發展是平行的。透過觀察兒童玩彈珠遊戲並訪談他們關於遊戲規則的形成與執行，皮亞傑發現年紀小的孩子的道德觀是以行爲的後果來判斷行爲的對或錯。皮亞傑稱之爲現實主義觀（realism）。再長，兒童知道規則是要與同儕互相協商而成的，每個人要去遵守。此時他們會考慮別人動機而不僅以行爲的後果來判斷是與非，而是以合作互尊的道德觀來判斷行爲的是與非（俞筱鈞，民71年）。

郭爾保（L. Kohlberg）接續皮亞傑的論說將之延伸至成人，且將階段更明顯的劃分出來。

郭爾保以含有價值議題的兩難故事（見方塊7－1）訪談兒童與青少

年。這些價值議題包括了處罰、所有權、權威、法律、生命、自由、公義、眞理等（Kohlberg, 1975）。每個受試可針對議題作選擇，或是去作或是不去作某一行爲，郭爾保稱之爲內容（content）。做了選擇後，受試要說明他爲什麼做這樣的選擇，這稱之爲結構（structure）。道德發展階段則是由不同結構所形成的，也就是說，不同的階段有不同的結構。

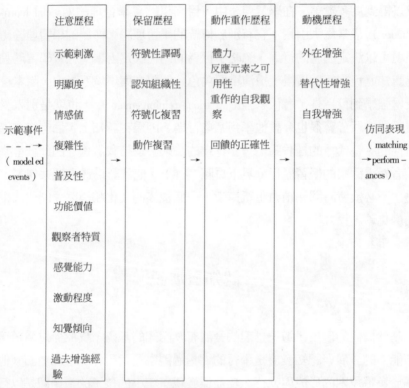

圖7-1　社會學習理論中所述的觀察學習歷程

摘自廖克玲（民71年）社會學習論巨匠：班度拉，P.58

方塊7－1　道德判斷測驗故事與問題及各階段答案舉例

　　郭爾保設計的故事中都含有兩難的情境（delimma）讓受試者怎麼取捨都有另外的考慮。下面是一例子：

一、偷藥的故事

　　在高雄市，有位婦人得了一種很特別的癌症，生命很危險。有位醫生剛好在這個時候發現了一種特效藥，可以醫治他的癌症。雖然這位醫生花了二萬元製造了這個藥品，但是他卻開價二十萬元。這位婦人的丈夫到處借錢，只能借到十萬元，張先生只好懇求醫師便宜一點把特效藥賣給或允許他以後再付款。但是那個醫生卻說：「不行，我發現這特效藥是用來賺錢的。」張先生又著急又絕望，因此，有一天晚上便偷偷地跑進醫生的家裡偷取了特效藥，治好了他太太的病。

二、問題

　　1.你想張先生應不應該去偷藥？爲什麼？

　　2.讓一個人病死或是去偷藥來醫治他的病，那一情形比較壞？爲什麼？

　　3.如果張先生不愛他的太太，張先生是不是還應該爲他太太偷藥呢？爲什麼？

　　4.如果一個陌生人生病，張先生是不是應該去偷藥？爲什麼？

三、答案（問題一）例舉

　　階段一：不應該，因爲偷藥被警察知道會被關起來的。

　　階段二：可能應該，因爲他太太快要死了，如果死了就沒有人爲他作飯、洗衣或其他事情。

　　階段三：應該，每個人都應該爲自己或親屬的生命做最大努力去爭取，雖然偷是不對的，可是如果只有這種藥能醫治，偷是可以的。

　　階段四：不應該，因藥是醫生發明的，有自己的權利，張先生應用光明正大的方法去得到。

　　階段五：不應該，人應有節操，死亡爲人必經過程，不應犯法。

摘自「我國青少年道德判斷的發展及其影響的因素」
陳英豪（民67年）高雄師範學院報第6期。

郭爾保將道德推理發展分為三個層次，每個層次有兩個階段。層次的命名以傳統（convention）為主。傳統指的是所有的規範、條約、法律，包括社會期望、家規、校規等。當郭氏稱傳統前期意指這階段的個體對道德的判斷不依傳統規範而另有判斷標準。傳統規範對他來說是一件陌生的事。傳統後期則指經歷傳統後，超越傳統規範的約束。只有傳統層次的人是依傳統為道德推理的依據，下面分別介紹道德發展階段（例子皆摘自陳英豪，民67年）。它們分別是：

第一層次：傳統前期（preconventional level）

在這一層次，兒童知道所被要求的是與非是什麼，但他們對為什麼是是或非的解釋主要看行為的後果或是執行此後果的人如父母。其中又分兩個階段。

1.懲罰與服從取向（the punishment – and – obedience orientation）

這一階段以服從規則、權威以免受罰的行為為好行為。因此，他自己會盡可能行「好」以避免處罰或權威的責備。當他在判斷別人的行為時也以是否會受處罰為依據。因此屬於這一階段的人對於方塊7－1中偷藥故事的問題，「是否該去偷藥」的答案都是「不應該去偷」，理由是會被抓去坐牢、或會被警察捉起來等。

2.工具式的相對取向行為（the instrumental – relativist orientation）

這一階段是以行為是否能滿足自己或別人的需求，或雙方交換上很公平就是好的。因此遵守規則行「好」是為了滿足別人的需求，也是為了讓自己得到滿足。這是以惡報惡，以善報善的階段。這一階段的兒童當他們判斷張先生是否該去為太太偷藥時，他的答案會是：「可能應該，因他太太快死了，如果死了就沒有為他作飯、洗衣、或其他事情。」若問：「張先生是否要為陌生人偷藥」，答案會是：「不應該、雞婆。」或是「應該，一個人幫助別人的話，以後你遇到困難，那個人同樣會幫助你。」

第二層次：傳統期（conventional level）

在這層次的個體是以國家、團體、家庭的期望為重要的價值觀。個人除了遵守規則外還要保持（maintain）、支持（support）並為這些規則辯護

（justify）。它的兩個階段是：

3.人際間的互相協調（the interpersonal concordance orientation）

在此階段的兒童很看重自己與別人的關係。爲了保持良好的關係，他會盡力符合別人對他所扮演角色的期望。因此爲了贏得別人的讚賞，他會盡力去順服。這個階段因而又稱爲好孩子（good boy/nice girl）階段。他對偷藥與否的判斷會是：「應該，因爲夫婦情深。基於愛太太，不得已。……」或是「照道理說，醫治人是應該的，但如果要偷也應該將十萬塊錢放在醫生家裡，才不會喪失道德。」

4.法律與秩序取向（the law and order orientation）

這一階段與第三階段的道理判斷基準是相同的，只是生活的層面擴大到社會，以遵守、符合社會的需求爲好的行爲，比較是由社會組織的觀點來看角色與規則。除了守法，盡責任外，還要盡力使組織能存在運作。他對偷藥的判斷是：「偷藥雖可恥，但總不能見死不救，不過兩種都不對，應先衡量在法律上罪責的輕重如何，……。」

第三層次：傳統後期，自主、原則層次
（postconventional, autonomous, or principle level）

在這個層次，個體努力由權威及團體規則中找出道德性的價值與原則，有時這些原則可能與團體的規則是不相容的。它的兩個階段分別是：

5.社會契約取向（the social – contract , legalistic orientation）

在此階段也強調要尊重法律，但不像第四階段那樣以法律爲最尊。他認爲法律應依社會的需求，以相對性來解釋並有彈性的運用。而且，除了法律以外，在此階段很在意個人間的相對意見並透過程序達成共識。因此大眾所默認的社會契約（agreement contract）都應尊重。當回答「是否要偷藥」的答案會是：「應該。法律本來就是要造福人群，依人民希望與需要而訂的。如果有必要時，就應該去偷。」或是「不應該，因人是理性動物，偷藥是犯罪行爲，不名譽的行爲，若讓一個人死去，至少還保持一個人的名譽。」

6.道德普遍原則導向（the universal – ethical – principle orientation）

在此階段，個體讓自己的良知與由法律、規則中所抽取出的原則相配

合。這些原則常是抽象的，如人性尊嚴、平等、人權等，且是放諸四海皆準的。印度聖雄甘地對統治者英國政府的不合作方式及欣然入獄的行為就是第六階段最好的寫照（陳英豪，民67年；李美枝，民71年；Kohlberg，1975）。

郭爾保不但提出道德推理發展的理論，他還在各地長期搜集資料以驗証理論。例如他在芝加哥（Chicago）對50個勞工階級的男孩（10至16歲）做了20年的追蹤。他也在加拿大、以色列、英國、台灣、印度、宏都拉斯等地作泛文化的比較。他的結論是道德推理階段在發展上是成立的，且是跨文化性成立的（Kohlberg, 1975）。

郭爾保的理論推出以後遭受到許多批評，其中以他所使用的兩難故事評分不易、解釋不易（Kurtine & Grieh , 1974）以及故事情境不合時宜（Peters,1975），道德推理分數不能預測道德行為（Haan,Dmith, & Blitk, 1968）的批評為最多。

第二節　道德推理與道德行為

如前所述，道德推理與道德行為間的關係，一直是郭爾保理論中引人爭議的一點。很多人以為有高層次的道德判斷不一定就有道德行為。例如仗義行竊救助貧困的行為與一般小偷的行為是一樣的，只是前者的理由較冠冕堂皇，但對社會秩序來說是沒有太大幫助的。最常叫人引用的例子是1960年代許多美國大學生不贊成美國政府派軍參與越南戰爭，因此有罷課靜坐、遊行抗議以及一些手段較激烈的反戰行動，也因此有人入獄。參與反戰運動中的學生有許多人屬於自由言論運動（Free Speech Movement, FSM）中的一員，當時他們接受郭爾保的道德推理訪談都屬於階段5或6。

關於這個問題，有一個長期追蹤研究很值得參考。奈西（Nassi, 1981）在反越戰運動15年後，與當年參加活動的加州大學博克萊分校的學生接觸。這些學生可分為 1.言論自由運動（FSM）學生領袖；2.一般學生

領袖；及 3.一般大學生。奈西發現70％的 FSM 學生，46％的一般學生領袖及17％的一般大學生屬郭爾保道德推理階段5和6。而多數 FSM 學生仍屬理想主義者，常爲社會正義挺身而出。與其他加州大學畢業生比較，他們在政治上不算活躍，但他們多數選擇社會服務而不是私人企業的工作。奈西的追蹤研究指出，道德推理判斷的發展是相當穩定的，不因時遷境移（由60年代到80年代）而有所改變，而且與行爲是有關的。

麥那米（McNamee, 1978）也曾設計一情境，讓來接受道德推理測驗的大學生碰到一位來求助的吸毒者。吸毒者向實驗者哀求幫助，但實驗者回答說自己只是研究者而非治療者。吸毒者會一再要求，而實驗者則一再強調不知道如何去幫助他。受試的大學生面臨是否要去插手管這件事。

麥那米觀察這些受試是否幫忙以及他們幫忙的方式：給吸毒者治療機構的資料或親自幫忙，如帶吸毒者回家或帶他去治療機構。結果發現道德推理判斷層次愈高者提供治療機構資料或親自幫忙者比例愈高（表7－1）。若計算受試口頭認爲應協助吸毒者以及所提供戒毒機構資訊的比例，則隨著推理階段的增加，比例增高。換句話說，道德推理層次愈高也帶出較多的助人行爲。

布拉奇（A. Blasi, 1980）曾檢視79個有關道德推理發展與道德行爲兩者間關係的研究。道德行爲包括犯罪青少年的行爲、生活中別人對你道德行爲的判斷以及誠實、利他和順服等行爲。79個研究共有200個結果。若以布拉奇的統計看來，其中有114個結果是正向的，表示有57％接近60％的結果支持道德推理與道德行爲間有正向的相關。若分項來看，誠實與道德推理呈現有正相關結果的研究較少；48個結果中，只有22個有正相關（40％）。而以利他行爲（66％）與生活行爲報告（65％）與道德推理關係有最多的研究支持。不過，布拉奇在文中指出道德行爲的判斷標準較不可靠，因牽涉到主觀性的問題。

布拉奇的結論是，雖然統計上支持道德推理與道德行爲間的正向關係，但最有力的支持來自犯罪青少年以及非犯罪青少年在道德判斷上的差異，其中判斷層次高的較能抗拒順服別人意見的壓力。但較高層次的道德推理判斷者是否較誠實與利他，支持的証據則較弱。當然這些不盡如人意的結果是因道德行爲的測量仍有可商議的地方或說研究者對知與行兩者間

關係的理論建構仍需進一步地探討。

郭爾保（1984）在其道德發展論文集第二冊，道德發展心理學一書中曾有專章談論道德判斷與道德行為的關係。其中他將過去所做兩者關係的重要研究詳加說明，顯出郭氏很想釐清此問題以証實他理論的有效性。

雖然，郭爾保和他的同事很努力的在証明道德判斷能力與道德行為是有直接關係的，但這兩者之間有許多的變數會影響行為的表現是郭爾保自己也不能忽視的。因此，郭氏提出了一個道德判斷和道德行為關係模式（圖7-2）。這個模式重點在由道德判斷到道德行為間不同階段的思考運作。第一階段，個體先了解問題，解釋情境。在此，個體需有觀點取替的能力來協助他理解問題情境，例如體會對方的感受，對方的說詞等，但觀點取替是道德判斷必需但非充要條件（necessary but not sufficient）。接下來，個體還需作是與非的判斷（第二階段）及責任與義務的判斷（第三階段）。到此，郭爾保認為都與道德判斷層次相符合，也就是道德判斷階段愈高的人愈覺得自己有責任去執行他所做的選擇。第四階段是在執行行為上一般的能力，如選擇合宜的方法來達成合乎道德的結果，郭氏稱之為智力；或是注意力：這能力是避開讓自己會分心而不去執行的能力；或是延宕滿足的能力，使個人有毅力去計劃且能貫徹之。換句話說，有善意的道德判斷要執行時，個人是否能延宕自我滿足，是否有毅力、能自我控制，甚至找出最好的方法來使計劃達成都會使行為打折扣，不一定如先前的道德判斷所預期，會產生同時的行為。

表7-1 不同道德推理階段大學生幫助吸毒者的人數百分比

階段	人數	（一） 認為應幫 助吸毒者	（二） 提供戒毒 機構資訊	（三） 親自幫助吸毒者	（一）/（二） 的一致性
2	11	36%	9%	0%	25%
3	29	77%	27%	0%	35%
4	17	69%	38%	0%	55%
5	29	83%	73%	20%	88%

取自 McNamee, 1978

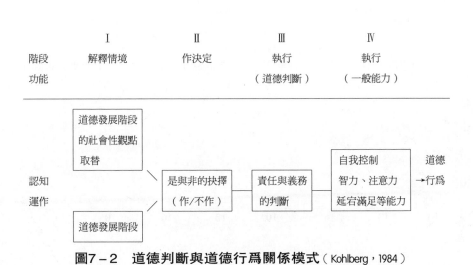

圖7－2　道德判斷與道德行爲關係模式（Kohlberg，1984）

第三節　我國青少年道德判斷發展

　　若以郭爾保在台灣蒐集到的青少年道德推理資料以及陳英豪（民67年）研究的資料，我們看到我國青少年道德判斷的發展隨成長而成熟，並循序而上，部分証實了郭爾保的道德發展階段論（圖7－3，表7－2）。

表7－2　我國青少年道德判斷階段分布表

分組 階段	8歲		10歲		12歲		14歲		16歲	
	N	%	N	%	N	%	N	%	N	%
一	9	34.62	8	23.53	1	2.50	2	3.64	1	1.70
二	14	53.85	16	47.66	18	45.00	19	34.55	2	3.39
三	3	11.54	10	29.42	21	52.50	33	60.00	53	89.83
四	0	0	0	0	0	0	1	1.82	3	5.09
五	0	0	0	0	0	0	0	0	0	0

取自陳英豪（民67年）

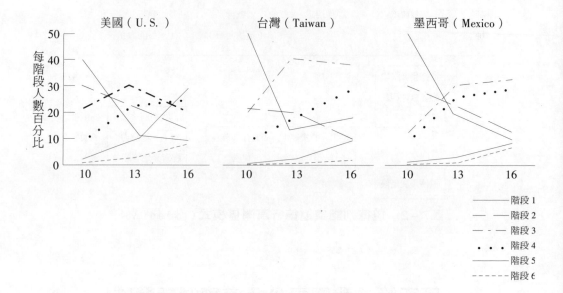

圖7－3　中、美、墨青少年道德判斷發展比較

摘自 Coslin, D.A., ed.（1969）. Handbook of socialization theory and resarch. Chicago：Rand Mc-
Nally. P.384－385.

表7－3　中、美、墨青少年道德判斷發展比較

年齡 國別 階段	10歲			13歲			16歲		
	中國	美國	墨西哥	中國	美國	墨西哥	中國	美國	墨西哥
一	24	39	50	4	11	19	2	9	9
二	47	30	28	34	22	21	3	12	14
三	29	23	12	60	30	32	90	21	33
四	0	8	10	2	25	25	5	25	31
五、六	0	0	0	0	12	3	0	23	13

註：表中數字係百分比取自陳英豪（民67年）

　　當我們仔細檢查跨文化的資料時，我們發現台灣青少年留在階段三的年歲較長。陳英豪（民67年）曾將郭爾保的泛文化資料化爲數字更能說清楚這個現象（表7－3）。在兒童期（十歲），當多數美、墨兒童留在第一階段時，我國有將近三分之一兒童已進入第三階段。但到青少年時（十六歲），我們仍有百分之九十的人留在第三階段，而美、墨有百分之四十五以上的人進入第四、五、六階段。就拿十三歲青少年的資料來比較，我國留在第三階段青少年的人數比例遠比美、墨青少年多，且只有百分之二的人進入第四階段。這說明了美墨青少年的道德判斷隨年齡日趨成熟，而我國青少年卻滯留在第三階段——好孩子階段。

　　根據陳英豪（民67年）的推測這是與我們缺乏法治教育有關。而且在教學上只重講授，要學生接受，忽略透過討論產生的思考互動（參考方塊7－2）。因此，青少年鮮少達到第四階段以及自律的第五、六階段。

　　或許有人以爲「好孩子」不是個好現象嗎？若我們今天仍處在農業社會，講究家庭人倫關係，則順服的好孩子是一件很叫人讚許的事。但今天社會以工商運作爲主，人倫關係擴展至陌生人。我們不能再以親情、家庭紀律來要求子女，必須幫助他們在整個社會中有合宜的運作。只是今天社會中太多徒有法律而無人遵守的脫序現象，這對青少年的法制教育來說不會是正面的示範。如何培養青少年法治的觀念，又讓他們能面對社會上各種矛盾的現象，是教育上的一大挑戰。

第四節　道德判斷——女性的觀點

　　郭爾保所研究的受試都是男性，當郭爾保的學生吉力根（Carol Gilligan）以他的理論探討女性的道德推理發展時，發現有許多女性受試的答案不容易分類到郭爾保的道德推理發展類別中，吉力根發現，郭爾保所提出的道德推理架構似乎較偏重屬男性的價值觀——公益與公平（justice and fainess），而非女性的價值觀——熱心、責任與關愛（compassion, responsibility and caring)。

　　吉力根曾訪談29位懷孕的婦女關於是否要繼續保有胎兒的問題(Gilligan, 1982)。他發現這些女性受試者以自私(selfishness)與責任(responsibility)來定義道德，而責任是指關愛及避免傷害他人。吉力根認爲女性較不像男性傾向以抽象的公益與公平原則爲道德判斷依據，而是以對某特定對象的人際責任來判斷。有此不同是因爲社會期許女性要犧牲自己，多爲他人著想造成的。

　　根據吉力根所蒐集的資料，他將道德判斷也分爲三個層次：

　　層次一(傳統前期)——自我的生存

以自身生存爲主要考慮，選擇什麼是實際的，是對自己最好的。

　　層次二(傳統期)——責任與自我犧牲

考慮別人的需求及他人對自己的期許。

　　層次三(傳統後期)——相互依存的責任

這是道德判斷的指導原則，當預見道德兩難時，會考慮多方，依道德上的對等原則(moral equality)作判斷。

　　男女性在道德判斷上是否有這麼大的差別？Walker(1989)分別訪談男女受試者，並以吉力根評分方式記分，發現不論性別，受試都採用公益及關懷的論點來判斷道德兩難的問題，Orr和Luszcz(1994)也指出他們的研究未發現大學生在道德判斷上有男生較依據原則的傾向，女生有較依據人際的傾向。

　　這些近年來的研究結果或許是時間的關係，男女性不似郭爾保和吉力根研究時有那麼大的差異，但一件事是肯定的，郭爾保和吉力根所提出的道德判斷依據是互補的。受試或是以道德原則，或是考慮人際作道德判斷，端看其面對不同的兩難情境，並與自己過去的經驗結合。男女性別可能有的不同考慮是在其經驗中造成的。

　　國內過去針對道德推理發展的研究皆以郭爾保的架構在進行，未考慮中西文化上的差別，更沒有考慮性別上可能有的不同判斷。未來在研究此主題時，如何落實自己社會的眞實面是研究者必須要做的功課。

方塊7－2　兩難困境故事爲道德教育教材

　　兩難困境故事是一個包含兩個以上相互衝突的情境故事。學生聽了故事後，要在兩難中選擇一判斷。因此它的呈現可以刺激學生去作選擇及評鑑，進而造成道德推理上的成長。

　　爲使兩難故事達到刺激道德推理能力的進展，它必須沒有單一而顯著的選擇。它的故事必須有困境，叫學生不能不採取行動。因此，學生若對故事本身沒有興趣，不去思考如何選擇，就沒有道德推理上成長的機會。基於此，一個兩難故事要配合學生的道德發展層次。現舉一實例說明。

【張三的故事】

　　張三正躺在車禍的現場，雖然李四駕車經過，而且看到他受傷，但是，李四沒有停車救助他。幸而，張三用其他方法獲得生還。不久之後，車禍的受傷者恰好相反。這回張三目睹李四躺在車禍現場。請問：張三應該停車救助李四嗎？爲什麼？

　　這個故事適合第二和三階段的學生使用。階段二學生採互惠式的推理，因此「上次李四沒有幫助我，我也不必幫助他。」階段三學生以人際交誼爲出發點，因此「好歹朋友一場，就幫他吧！」對他們來說，這個故事有兩難困境。但對階段三以上的學生來說，他們認爲不論李四過去爲人，或是張三、李四間的關係，助人是一種責任、義務，一種社會契約，這故事就失去刺激他們道德推理成長的目的了。

　　因此如何選擇適合學生發展層次的兩難故事來引導他們道德推理發展是道德教育中一項重要的工作。

摘自沈六（民74年）道德發展與教學
——國中公民與道德兩難故事教學問題探討

第五節　家庭與道德發展

　　家庭是個體學習社會關係和社會能力最初的場所。而這些早期的學習對個體的影響深遠。到了青少年時期，由於身心的變化，在行為、態度、價值觀上也會有改變。這些改變有時與過去所習得的非常不同，造成青少年很大的衝突與痛苦。相對的，這個變化也給家庭成員帶來很大的衝突與煩惱。到底家庭是如何影響個體道德與價值觀發展的？

　　要將家庭成員間如何互動，如何互相影響並清楚列舉出來不是一件簡單的事。1965年美國心理學家包姆林德（D. Baumrind）以觀察與訪談方式整理出父母管教方式與態度和子女的行為的關係。包氏將父母管教態度與行為，由他們如何要求子女與執行所要求的以及他們對子女表達關心與接受程度分為權威型（authoritarian）、放任型（permissive）和民主型（authoritative）（Sprinthall & Collins, 1988）。這個分類被用來研究教養方式與子女行為的關係而產生大量這方面的研究。楊國樞（民75年）曾經整理國內44篇這方面的研究。這44篇研究中有37篇是以一般或犯罪及虞犯青少年為研究對象。結果發現積極性教養態度和行為，如關懷、愛護、溫暖、獎勵及講理會防止子女的偏差行為，而消極的教養態度如拒絕、嚴厲、父母管教態度不一或是前後態度不一，要求子女完成父母所定的目標，權威、溺愛和體罰會造成子女偏差行為。就子女的道德判斷來說，誘導（民主）型教養方式能促進子女的道德判斷發展，而權威型則不利於子女的道德判斷發展（教養方式與子女行為的關係，請見第八章）。

　　青少年時期在思考上的成長使他不再接受唯一的答案，因他有能力去思考其他同時存在的因素。權威型的父母通常要求服從與尊嚴，因此無法接受青少年子女的反駁。青少年子女發現自己的看法不被尊重就反應到行為上，而有背逆、不順服或偏差的行為產生。權威型父母與兒童期的子女相處，雙方不會有太多困擾，因兒童期的道德判斷是以父母的判斷為取

向。對青少年來說則不同了。這也就是為什麼權威型的管教方式不利於子女道德判斷發展。相反的，誘導型則有利於子女道德判斷的發展。誘導方式是指父母會說明子女行為對別人身心上的影響，使子女明白自己行為的後果，而不只是接受父母權威的道德判斷而已。

第六節　青少年的價值觀

　　前面提過價值觀是個人喜好的傾向。研究價值觀最常用的工具是羅基希（Rokeach）價值問卷。羅氏（1973）認為價值的本質是：1.持久的；2.含有認知、情感及行為的部分；3.是行為與生活的目標；4.是個人或社會的喜好；5.是個人或社會可欲事物的信念。換句話說，個人的價值觀或多或少也反應了他所處社會的價值觀。羅氏將價值依其性質分為工具性價值（instrumental values），會影響個人的生活方式，其中又包括道德價值和能力價值，及目的性價值（terminal values）影響個人對人生目標的抉擇，其中又包括個人價值和社會價值。至於羅氏詳細價值項目請見表7 – 4與7 – 5。

　　國內汪履維（民70年）、吳明清（民73年）都曾以青少年為對象，調查他們對羅氏價值問卷中價值項目的選擇。其中吳明清調查了5560名不同地區，十四歲至十九歲青少年的價值觀。整體看來，不論年齡、性別、地區，青少年所選擇的或是目的性價值或是工具性價值是很相近的（表7 – 4，7 – 5）。在目的性價值項目的選擇上，國家的安全、和平的世界和家庭的安全都被認為是最重要的三項。舒適的生活、成熟的愛和多彩多姿的生活則是最不重要的三項。在工具性價值項目的選擇上，有志氣有抱負、心胸開闊、與真誠被認為是最重要的三項。整潔、親愛、服從則是最不重要的三項。這當中，山地偏遠地區青少年的選擇稍不同於其他地區青少年的選擇。他們認為重要的價值項目有負責、服從與服務。不重要的價值項目則為爽朗愉快。

　　整體說起來，雖有不同的研究，如前所述，不同的青少年所表達的價值觀是很相近的，特別是在目的性價值上。當我們比較青少年與成人的價值觀時，我們發現雙方也是很接近的，如吳明清比較青少年與教師（478人）在羅氏價值問卷的選擇，如張春興（民69年）比較青少年與其父母、教師在五十項張氏自編的價值項目上的選擇。

　　張春興根據大學生的意見設計十個價值主題：教育、家庭、婚姻、職業、服務、交友、宗教、錢財、法律、戰爭。每個主題下有五個題目，如墮胎合法化、父母有權干涉子女宗教信仰等項目，請國中、高中一至三年級和大學一至四年級學生按自己的意見選是否同意此價值判斷。另外，同樣的問卷又請四十歲以上的中年人，半數爲部分上述學生的父母，半數爲中學老師來回答。結果發現青少年與父母輩的價值取向頗爲一致，差距僅有千分之二十三。

　　這就如羅基希所定義的，價值本質是個人或社會可欲事務的信念。在一個大團體中，個體都社會化或說內化了大團體的價值觀。若在我們的社會中，青少年與成人的價值觀是這麼的接近，爲什麼兩者之間似有不能溝通的觀點差異？這在第八章中有說明。

第七節　結語

　　本章主要在介紹青少年道德與價值觀的形成。由於認知能力上的發展，青少年對什麼算是「道德的」判斷就不同於兒童期。只是根據郭爾保道德推理研究工具在國內做的研究指出，與國外青少年比較，國內多數青少年仍停留在使用兒童期的道德判斷基準。這是很令人擔憂的現象。根據價值澄清教育學者的意見（方塊7-3），青少年時期因認知能力的進展是形成價值觀的最佳時期。因此如何借重青少年的認知能力培養他們適當的價值觀與道德判斷基準是當務之急。

表7－4　不同年齡、地區青少年目的性價值觀排序 ＊

目的性價值項目	男　生 （2771人）	女　生 （2695人）	14－19歲 （4629人）	19歲以上 （513人）
舒 適 的 生 活	＊＊18	17	18	18
多采多姿的生活	16	16	16	15
有 成 就 感	10	12	11	8
和 平 的 世 界	2	2	2	2
美 麗 的 世 界	11	10	10	9
平 等 博 愛	5	4	5	4
家 庭 的 安 全	3	3	3	3
自　　　　由	4	6	4	5
幸　　　　福	13	13	13	13
內 心 的 和 諧	7	7	6	7
成 熟 的 愛	17	18	17	17
國 家 的 安 全	1	1	1	1
愉　　　　快	12	11	12	12
心 靈 超 脫	15	14	14	16
自　　　　尊	8	8	8	10
社 會 讚 許	14	15	15	14
眞 誠 的 友 誼	6	9	9	11
智　　　　慧	9	5	7	6

摘自吳明清（民73年）我國青少年價值觀念及其相關因素之研究

＊原樣本中有十四歲以下青少年27人的資料，因人數相較之下太少，故不予考慮

＊＊數字表組合等級

表7－5　不同年齡、地區青少年工具性價值觀排序 ＊

工具性價值項目	男　　生	女　　生	14 – 19歲 ＊	19歲以上
有 志 氣 有 抱 負	1 ＊ ＊	1	1	1
心 胸 開 闊	2	2	2	2
能　　幹	6	8	7	5
爽 朗 愉 快	9	4	5	11
整　　潔	18	17	18	18
勇　　敢	5	10	9	4
寬　　恕	13	12	12	15
服　　務	11	14	13	9
眞　　誠	3	3	3	3
有 想 像 力	15	15	15	14
獨　　立	8	9	10	8
聰　　明	7	6	6	7
有 條 理	12	11	11	10
親　　愛	16	16	16	16
服　　從	17	18	17	17
禮　　節	14	13	14	13
負　　責	4	7	4	6
自　　制	10	5	8	12

摘自吳明清（民73年）我國青少年價值觀念及其相關因素之研究

＊原樣本中有十四歲以下青少年27人的資料，因人數相較之下太少，故不予考慮

＊＊數字表組合等級

方塊7－3　青少年與價值觀的形成

　　倡導價值澄清教學法（ Value Clarification ） 的學者雷斯
（ L.E.Raths ）、賀明（ M.Hermin ）和塞門（ S.B.Selmon ）認為價值的
形成是一個過程，隨著個人經驗的累積、改變與修正，慢慢覺得某
些事情對他來說是合理的、值得的，這就成了他的價值觀。因此，
雷斯等人不以興趣、情感、活動等為價值，而以他們為價值的指標
（ Value indicators ），因他們可能指示價值的方向。雷斯等人指出價
值形成要有下面七個標準：

1. 自由的選擇。因為強迫灌輸所得的價值一旦脫離監控或權威勢
   力範圍就不長久。而經過個人自由選擇的價值才可能是這個人
   的中心思想。
2. 從不同途徑中作選擇。若沒有選擇的機會，就沒有選擇的自
   由。
3. 是經過考慮後才作的選擇。因為個人對不同途徑所造成的後果
   衡量比較後的選擇才能成為真正的價值。
4. 珍惜自己的選擇。這表示我們以此選擇為榮。若有遺憾的選擇
   可能不是我們真正的選擇。
5. 能公開表示自己的選擇。不敢公開的不是自以為榮的價值。
6. 根據自己的選擇採取行動。能夠去實踐的而非言行不一的選擇
   是個人的真價值。
7. 重複的去執行（黃建一等譯，民76年）。

　　若我們接受雷斯三人對真價值形成的七個標準，我們可以說價
值的形成在青少年時期佔有很重的份量。因價值形成要經過深思熟
慮的選擇，而唯有在青少年時期因思考能力的擴展，能作多層面的
思考且能作假設性、有系統的思考，才能由不同的途徑中自由的選
擇。不過，在不安定和價值混淆的現代社會中，由某層面來說，是
提供了青少年很多選擇的機會，但也使他們在考慮每個抉擇的後果
時，多了許多困擾。不過，若青少年周圍的成人忽略多元的價值
觀，堅持己見，我們是可預期成人與青少年間的對立了。

參考書目：

吳明清（民73年）：我國青少年價值觀念及其相關因素之研究。教育部計
　　劃小組，教育部。

李美枝（民71年）：社會心理學。台北：大洋。

沈　六（民74年）：道德發展與教學—國中公民與道德科兩難故事教學問
　　題探討。國民教育輔導論叢第三輯，教育部國教司。

汪履維（民70年）：台北市國民中學學生價值觀念及其對學校疏離傾向。
　　師大教育研究所碩士論文。

俞筱鈞（民71年）：人類智慧探索者—皮亞傑。台北：允晨文化。

張春興（民69年）從重要事項的價值分析我國現在社會中的代間差距問
　　題。師大教育心理學報，13期，1－12頁。

陳英豪（民67年）：我國青少年道德判斷的發展及其影響的因素。高雄師
　　範學院學報，第6期，93－146頁。

黃建一等譯（民76年）：價值與教學。高雄：復文圖書。

楊國樞（民75年）：家庭因素與子女行為：台灣研究的評析。中華心理學
　　刊28（1）期7－280頁。

楊庸一（民71年）心理分析之父—佛洛伊德。台北：允晨文化。

Blasi, A. (1980) Bridging moral cognition and moral action：A critical review of
　　the literature. *Psychological Bulletin*, 77：1－45.

Gilligan, C. (1982) In a different voice：*Psychological theory and women's devel-
　　opment*. Cambridge, MA：Harvard University Press.

Goslin, D.A. (ed) (1969). *Handbook of Socialization Theory and Research*,
　　Chicago：Rand McNally, 384－385.

Haan, N. & Smith, B. & Block, J. (1968) The moral reasoning of young adults,

Journal of Personality and Social Psychology, 10,183 – 201.

Kohlberg, L. （1975）. *The Cognitive – Developmental Approach to Moral Education*. Phi Delta Kappan, June, 670 – 677.

Kohlberg, L. （1984）. *The Psychology of Moral Development*. San Francisco： Harper & Row, Publishers.

Kurtines, W. and Grief, E.B. （1974）. The development of moral thought： Review and evaluation of Kohlberg's approach, *Psychological Bulletin*. 81,453 – 470.

McNamee, S. （1978）. Moral behavior, moral development and motivation. *Journal of Moral Education*, 7,27 – 31. in L. Kohlberg （1984）.

Nassi,A. （1981）. Survivors of the sixties： Comparative psychological and political development of formal Berkeley student activists, *The American Psychologist*, 36（7）：760.

Orr, D.P. and Luszcz, M.（1994）. Rethinking women's ways： Gender commonalities and intersections with postformal thought. *Journal of Adult Development*, 1, 225 – 234.

Peters, R.S. （1975）. *A Reply to Kohlberg： Why Doesn't LawrenceKohlberg Do His Homework*. Phi Delta Kappan, June, 678.

Rokeach, M. （1973）. *The Nature of Human Values*. NY： The Free Press.

Ryan, K. （1987）. Moral and values education in International. *Encyclopedia of Education*, 3406 – 3413.

Sprinthall N.A. & Collins & W.A. （1988）. *Adolescent Psychology： A Developmental View*. New York： Random House, 226 – 228.

Walker, L.J. （1989）A longitudinal study of moral reasoning. *Child Development*, 60, 157 – 166.

第八章

青少年與同儕之發展

同儕（peers），廣泛地說，是指年齡相近的同伴。同儕團體（peer group）是指一群在一起，相互認識，彼此互為比較與參照（reference）對象的人（Newman, 1982）在此定義中不包括親密的如男女朋友在內（Broom, 1990）。

同伴、同儕或友伴是兒童與青少年成長過程中很重要的社會資源。同儕是增強者（reinforcing agents），是模仿的對象（social models）（Zahn-Waxler, Ianotti & Chapman, 1982）。心理學家哈爾露（H. F. Harlow, 1973）一系列有關猴子成長與行為的研究發現，只由母親撫養，但沒有同儕一起長大的小猴子不知道如何與同伴玩耍而且不知道如何與異性互動。如果強迫這隻小猴一定要與其他猴子在一起，在不知如何互動下，他會攻擊對方。但若小猴子有同伴一起長大，雖只有替代的布猴子做母親，他的社會行為是可接受的。當然最好的狀況是有母親又有同儕一起長大的猴子（Harlow, 1973）。由此可見，同儕在個人成長過程中所扮演的角色及重要性。對青少年來說，由於身心上的變化，容易與家人或成人發生磨擦。一方面得不到家人對他看法的支持，一方面又有家人對他的期望，期望他像「大人」一樣地負責。面對這些壓力時，與友伴在一起埋怨父母和成人是青少年最常做的事。這就是更凸顯了同儕團體在各種功能外的另一功能：情緒舒解。我們可以說同儕是青少年逃避孤寂、責任與工作及尋求支持的最佳對象。這也就是為什麼當青少年有困擾時最常商討之對象為同學或朋友（佔40.66%），其次為母親（佔22.42%）與父親（佔14.62%）（青輔會，民82年）。由積極層面來說，1.當青少年想離開父母獨立自主時，同儕可提供心理甚至實質上的支援。2.同儕團體讓青少年初嚐社會文化並在其中練習應對的方法。3.同儕團體也讓青少年體會在家庭團體外如何與其他人有情感上的連結。4.同儕團體會是青少年行為的指引者與制裁仲介者（Newman, 1982）。

第一節　青少年的同儕團體

　　當我們談到青少年時期的友伴時，成人腦中浮出一幅畫面可能是穿著怪異、無所事事、閒逛街頭、以及口頭上一直唸：「我有話要說」、「只要我喜歡，有什麼不可以」的一群人。因此也就有所謂的青少年次文化。次文化是指一個社會中「不同人群所持有的生活格調與行為方式」（李亦園，民74年）。青少年明顯地在語言、衣著服飾、音樂等上面有其不同於其他社會次團體的表現方式。例如他們的口頭用語，衣著書包上貼的裝飾物品及流行歌曲。只可惜，多數成人，特別是青少年的家長與師長不欣賞上述所謂的青少年次文化。

　　當成人想解釋這些行為產生的原因時，常會以同儕壓力（peer pressure）來表示青少年容易受同儕影響才會有這些行為產生。事實上，同儕壓力在各年齡層都存在著。如小學生回家跟父母說：「同學家都有錄放影機，我們家為什麼沒有？」又如父親在乎同事的想法，煩惱婚喪喜慶要給多少紅包；母親為要不要參加大學同學會而傷神，若要參加，穿什麼衣服才得體等都是同儕壓力下的反應。只是在同儕壓力下，青少年的看法常與父母或家人的看法相左，也就突顯青少年同儕在成人眼中負面的影響力。隨著年齡的增加，青少年的生活重心由父母移向同儕。不過根據國內的研究指出，在較重大的事項上，如升學問題、道德問題等，青少年的看法仍是與父母相近的。而在較時尚的事項如髮型、服飾、交友等問題上，他們才偏向與同儕的意見相近（王柏壽，民73年；曹國雄，民70年）。

一、父母 VS.同儕對青少年的影響力

　　曹國雄（民70年）調查高中、高職學生在(1)學業；(2)交友；(3)零用錢

的使用；⑷服裝；⑸髮型；⑹吸煙；⑺喝酒；⑻婚前性行為；⑼管教問題；⑽電視節目；⑾宗教信仰；⑿音樂；⒀大學教育；⒁人生觀及⒂政治問題上和父母或同儕在看法上相近程度。接受曹氏調查的青少年共有2557人，其中男生1439人，女生1118人。

研究結果顯示青少年與父母觀點較相近的是零用錢的使用與宗教信仰兩項。和同伴觀點較相近的有學業、交友、服裝、髮型、管教問題、電視節目、音樂、大學教育、人生觀及政治問題等十項。這十項問題中多數是較受「時尚」影響的價值觀，也就是可能會受當時風尚觀點而變遷的。因青少年容易受傳播、時髦、流行的影響，在這些項目上自然傾向選擇與同伴相似的觀點。

若青少年覺得只是在一些時尚價值項目與成人有差別看法，為什麼我們覺得成人與青少年之間似乎有很大的差距存在？

張春興（民69年）根據大學生的意見設計十個價值主題：教育、家庭、婚姻、職業、服裝、交友、宗教、錢財、法律和戰爭。其中每項有五個題目共五十題問國中、高中一至三年級學生，每年級男女生各40人；大學一至四年級學生，每年級男女生各20人，共640人。同樣的問卷也問四十歲以上的成人，半數為上述學生的父母，半數為中學老師共74人。作答方式是請當事人按自己的意見選有多同意（1至7點量表）某價值觀，並猜測父母（或子女）對同一問題的可能看法。例如下面這一題，青少年的作法是：

38.金錢是生不帶來死不帶去的東西，講儉省是愚蠢的。	極反對	很反對	反　對	無意見	同　意	很同意	極同意
我個人自己的意見是：							
我猜想父母們的意見是：							

同一題，成人的作法是：

38.金錢是生不帶來死不帶去的東西，講儉省是愚蠢的。	極反對	很反對	反　對	無意見	同　意	很同意	極同意
我個人自己的意見是：							
我猜想子女們的意見是：							

　　研究結果可由成人與青少年自判的差距及成人與青少年互猜對方的差距來看。

　　結果指出，在50題中，自判的差距只有 5題14個，在600 個差距中〔 父母(2) × 高中、國中、大學(3) × 男女(2) × 50題 〕只佔千分之廿三。有差距的題目請見表8－1。

　　青少年與成人互猜對方的差距在50題中有12題，共達96個差距，佔全部差距的百分之十六。這些差距題目分屬教育、家庭、婚姻、職業、服裝、金錢等六方面。

　　這個研究結果指出青少年與成人意見上的差距並不大。但一旦讓各自去猜測對方的想法時，差距就出現了。而這現象的產生實因為雙方的溝通不夠所致。曹國雄的研究（民70年）進一步說明了這個現象。

　　上述曹氏的研究中還請高中、高職學生填寫「對父母態度量表」。在此量表上得高分者表示著青少年認為父母不了解他，不接受他，他與父母關係不好。得分低者表示青少年認為父母了解他、接受他，他與父母關係好。當由青少年對父母的態度來看他們與父母看法的異同時，曹氏發現，對父母態度較佳者與父母在宗教信仰、零用錢的使用、吸煙、喝酒、婚前性行為、管教問題、人生觀等七項上的看法接近。對父母態度不佳者只在宗教信仰一項上與父母看法接近。這結果顯示與父母關係愈好，與父母的價值觀愈接近。反之，則與父母價值觀愈不接近而偏向同儕的看法。

　　與父母關係好是建立在雙方有機會作良好的溝通上。雙方有好的溝通自然也就接近。雙方若沒有好的溝通，自以為了解對方地來猜測對方的意思，可能因猜錯而造成更多的衝突。這很可能就是今天我們覺得成人與青少年之間有很大差距存在的原因之一：雙方溝通不夠。

表8－1　青少年與成人看法上有差距的事項

重要事項　　　　　兩代	成人（父母）	青少年	差距數
父母輩知識觀念落伍	反對（父）	同意（國中、高中男）	2
父母有權干涉子女宗教信仰問題	同意（母）	反對（高中男女）	2
上大學會被人輕視	反對（父、母）	同意（高中男）	2
男孩子不應蓄長髮留鬍鬚	同意（父、母）	反對（高中、大學男）	4
墮胎合法化	同意（父、母）	反對（國中男、女）	4

二、順服與年齡

　　雖青少年對與時尚有關的價值項目取向較傾向於同儕的看法，不同年齡層的青少年對同儕的順服程度，有所不同。柯斯坦左和同事（Costanzo, 1970；Costanzo & Shaw, 1966）曾測七至九、十一至十三、十五至十七、及十九至廿一歲四組青少年對同儕的順服程度。柯氏讓受試猜一條線的長度。受試四人一組，每人面前有一塊板子，上面打出同組其他三人的答案。而事實上，這答案是實驗者控制的，主要在看受試者會不會因看到別人的答案改變自己的答案。每個人做十六次。改變次數多的表示順服性高。結果如圖8－1。十一至十三歲組青少年對同儕的順服最高。而女生，不論年齡層，對同儕的順服又比男生高一些。究其原因，可能如艾爾肯（第四章）所說的，青少年有想像中觀眾的自我中心取向，為了得到想像中他人的讚賞，造成順服程度高。但到了十九至廿一歲時，就較有自己的主張，也較不受他人看法的影響了。

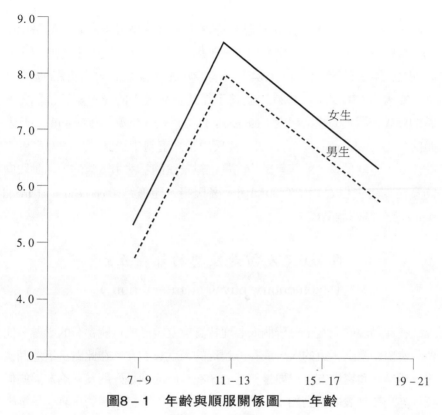

圖8－1　年齡與順服關係圖──年齡

資料來源：P. R. Costanzo and M. E. Shaw, " Conformity as a function of age level, " Child Development, 1996, 37, P.967－975.

第二節　友誼概念的發展

　　對青少年來說，由於他認知上的成長，他對朋友的選擇會改變。很多兒童時期很好的玩伴到了青少年時可能就不再在一起了，即使地緣仍是接近的，但每個人可能去找新的伙伴了。因兒童時對朋友的選擇較講究外在條件，如對我好、一起玩、功課好、不打架（黃木春，民56年）等。到青少年時講究互相的信任，情感上的依賴，內心世界的分享等。因此朋友在

一起，不只是活動，而是在私己的分享，可以說是很親密的。但是相對的，這給青少年帶來一種壓力與沮喪，那就是當朋友不能相對地分享，有時朋友甚至會背叛（Elkind, 1984）。青少年如何看友誼及友誼間的衝突？

賽爾門（R. Selman, 1980）訪談了從幼童到成人的受試關於他們對友誼的形成，朋友的親密程度（closeness）、信任、嫉妒、衝突的解決及友誼的終止（termination）的看法。賽氏由訪談資料中找到一個認知發展上的差別，也就是說，隨著年齡的成長，對友誼的看法由短暫的、活動取向的交往到自主但互相依存的關係。賽氏將友誼概念（conception of friend ship）之分為四個階段：

階段0：友誼是短暫的外在互動
（momentary physical interaction）

在此階段的兒童不分辨個人心理特質對友誼形成可能會有的影響，他們只看重距離上相近的人，或在一起玩的人就算朋友。在此看法下他們也不分辨誰是親密朋友，只要是和善的、在一起的就是好朋友。朋友間的信任則亦止於外表的活動如：「我相信這位朋友不會打破我的玩具」。嫉妒則發生在當手邊玩具或遊戲空間受到威脅時。衝突的解決辦法有三類：換別的活動玩，離開與自己有衝突的對方及以武力解決如「把他推出去」。

階段1：單向友誼
（one – way assistance）

此時，兒童考慮到內在特質會影響外在交往，而且知道每個人的內在是不一樣的。但是他仍然無法理解在這考慮下的人際互動是怎麼一回事。因此，友誼對他來說是單向的，是依他的需要尋找來的。因此，找朋友時要知道這個人的喜好。好朋友就是知道自己喜好且能配合的人。換句話說，朋友要符合個人的興趣與態度才算朋友。信任是建立在朋友單向對自己好不好的基礎上，而不在彼此的對待上。衝突的產生是由對方引起而自己感覺到了的。解決的辦法有二：⑴補救已產生的問題，如還對方你拿來

的玩具；(2)以正面的舉動來挽回，如給對方一些好東西；使對方有正向的感覺。由於此階段兒童認為衝突都是由一方造成而非因雙方看法不同而造成，因此解決衝突的方法是只要一方有補救行動就可以了。

階段2：順境中的合作
（ fair – weather cooperation ）

此階段兒童能由對方觀點來看人際互動，因此他會考慮對方的動機、感受等。好朋友是能表達真實感受的人，只是兒童仍以互相了解是為滿足自己的需求。信任是表示對方不會將自己內心的秘密說出去；嫉妒是因朋友不顧自己而選擇與別人在一起。當朋友間有衝突發生時，雙方要誠心想去解決問題並表達歉意。由於此階段兒童對友誼的認識尚不以之為一系統，而以為是因事或因地才有合作關係或有衝突。因此，只要有衝突就不是朋友；衝突一解決，又是朋友了。

階段3：親密與分享
（ intimate and mutual sharing ）

在此階段的個體看，個人是可以獨立於友誼關係之外的。他視友誼為一穩定且繼續不斷的系統。因此好朋友是經過一段時間的交往，各自發現對方的特質，熟悉彼此的興趣並能互補。親密性是因雙方能分享對方私己的想法，而且雙方都努力要維持這關係。信任則建立在雙方願分享自己不願與其他不熟悉的人分享自己的內在世界。此時，他了解衝突可能是因人格的不同而造成的，因此衝突解決可能造成人格改變。當有衝突時，雙方要一起來解決這個衝突。解決辦法要雙方都滿意才是。但雙方明白衝突是一時的，長期建立的情誼超越衝突。而衝突的解決可能會增進友誼而不是敗壞友誼。

階段4：自主又相互依賴的關係
（ autonomous interdependence ）

　　個體在此時了解由心理上來說，每個人都有複雜的需求，且這些需求可能相互衝突。人與人之間會因不同需求而形成不同的友誼關係，如親密伙伴、同事或一般朋友。親密的友誼是一經常修飾再成長的過程。它是一個有彈性可改變的系統。在此系統中，個體會跟著成長。交友的過程是一認識彼此的過程。好朋友是因友誼而有的一個相對概念，不是因他符合自己什麼標準，而是因兩人在個性上相合而形成的。信任則表達在雙方相互協助以發展獨立的關係上。嫉妒是不能否認的事實，但個體同意對方能在自己之外與別人形成另一種關係來促進對方個人的成長。衝突發生時，雙方都有內省能力且共同努力來解決。衝突有時起因自個人內在而非是雙方的。解決方法靠雙方平日建立起來的溝通管道。友誼的終止是因個體有發展上新的興趣與需求而停止此友誼關係，去建立新的友誼關係（ Selman, 1980 ）。

　　根據賽氏的研究，青少年對友誼的看法大約落在階段3（見圖8－2）。高中以後進入階段4，但仍有些青少年的看法屬於階段2或是有些成人對友誼的看法屬於階段3或4。性別在此發展上沒有差別。但社經背景可能會帶出一些判斷上的差異，例如七到十歲與十二、三歲的勞工階級（ working－class ）受試比中產階級（ middle－class ）受試在階段發展上要低些（ Selman, 1980 ）。

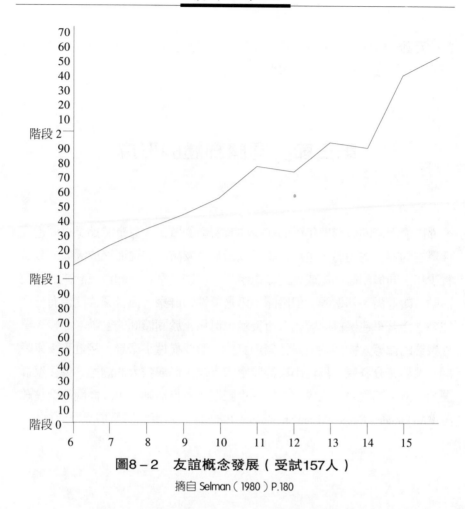

圖8－2　友誼概念發展（受試157人）

摘自 Selman（1980）P.180

　　由賽氏的研究，我們理解到，當青少年在認知上能思考同時存在的因素，能做假設思考，他對朋友與交友的看法也會有所改變。如前面提過的，他們是在找尋可分享自己內心世界的朋友，但他會擔心自己個人的因素會使他找不到朋友。國內的研究指出有四分之一以上的高中學生期望自己更得人緣、有一個更愉快的人格、口才能比得上別人、有領導能力等（蔡敏光，民74年）。國中學生在交友上的困擾則有：很想遠離自己不喜歡的人、缺乏領導才能、會害羞、在社交場合不自在，及與朋友交談時不知道要說什麼（王瑞仁，民73年）。由上述青少年的同儕人際困擾看來，國中學生較擔心交友的技巧，高中學生則能理解自己的人格因素會影響友

誼的互動。因此在教導青少年交友時，面對友誼概念不同的兩群人應有不同的教導，才會對他們有所幫助。

第三節　同儕團體的形成

　　同儕團體的形成與年齡的成長亦有密切的關係，兒童時期是以同性玩伴爲主的非正式團體，也可以說是以活動爲友誼的基礎而聚成團體。到了青少年，同儕團體的組成就比較穩定。一些密友聚在一起做有計劃的社交活動，如逛街、郊遊等。但剛開始仍是單性的群聚，而且聚群間沒有什麼往來。接著單性聚群間開始有所接觸，但只止於團體間的互動。而後，單性聚群的領導人物開始與異性個別交往，形成異性小聚群。接近青少年晚期，聚群充分發展，異性小聚群間密切來往，形成較大的團體。最後聚群開始分散。團體中形成成雙成對的小團體，各自活動。小團體間的交往疏離（Mckinney, Fitzgerald andStrommen, 1982）。同儕團體發展見下頁圖8－3。

第四節　與異性交往

　　青少年都好奇也都急於嘗試與異性交往。只是沒有絕對的交友規範與方法，因而青少年面對異性時常不知所措，甚至逾矩。此外，當青少年有了異性朋友後常有另一種「沒有安全感」的壓力，擔心會失去對方，擔心父母或其他朋友給對方的評價等等。因此，交異性朋友對青少年來說是另一項挑戰，也是一項壓力來源。

　　國內青少年與異性交往的困擾如表8－2。高中男女學生所擔心的事項

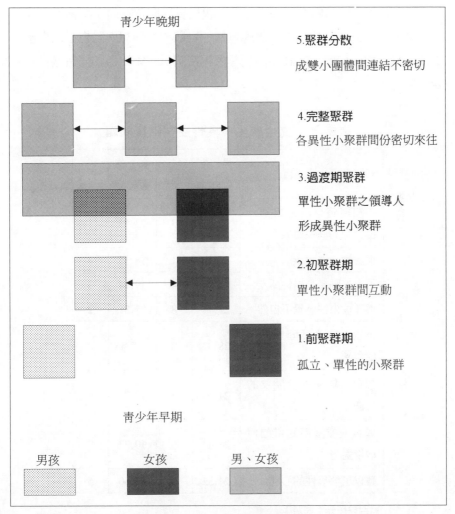

青少年晚期

5.聚群分散
成雙小團體間連結不密切

4.完整聚群
各異性小聚群間份密切來往

3.過渡期聚群
單性小聚群之領導人
形成異性小聚群

2.初聚群期
單性小聚群間互動

1.前聚群期
孤立、單性的小聚群

青少年早期

男孩　　　　女孩　　　男、女孩

圖8－3　D．C．Dunphy 提出的青少年聚群（Group）發展圖

摘自胡海國（民70年）編譯，青少年心理學 p.417

不太一樣，且男生的困擾多於女生的困擾。至於國中學生與異性交往最大的困擾在「我和異性朋友在一起很不自然」，有將近29％的國中生有此困擾（王瑞仁，民73年）。對高中學生來說，與異性交往不只是一個「怎麼交往」的問題。一如他們的同儕人際困擾。高中學生除想知道什麼是有效的交友技巧外，他們尋求知己與終身伴侶，這是青年的第四個大夢（吳靜

吉，民69年）。顯然對高中學生交友（包括異性朋友在內）的輔導不能只止於交友技巧或方法的輔導，還應包括他對朋友的理想與對自己的期望等價值澄清在內。如此，或許在他們尋求親密關係時才知道如何有適當且負責的舉止。

表8-2　高中學生與異性交往困擾問題

項　　目	男　生 百分比	序列	女　生 百分比	序列
不知道將來能否找到一位合適的異性對象	26.37	3	22.53	1
與異性交往太少	29.10	1	18.15	4
不會主動結交異性朋友	26.31	4	19.14	3
與異性來往感覺不自然	22.74	8	21.31	2
不能決定誰為固定異性對象	28.92	2	5.46	8
想知道結交異性朋友的方法	24.63	5	12.72	6
與異性交談不知道如何取悅對方	24.44	6	10.37	7
難以了解異性的心理	24.32	7	15.60	5

摘自蔡敏光（民74年）

參考書目：

王柏春（民73年）父母與同儕對青少年作決定的影響之比較研究，師大教

育研究所碩士論文。

王瑞仁（民73年）國民中學學生生活調適問題之研究，師大教育研究所碩
　　士論文。

吳靜吉（民69年）：青年的四個大夢。台北：遠流。

李亦園（民74年）：當前青年次文化的觀察。國民教育輔導論叢第三輯，
　　教育部國教司。

胡海國（編譯）（民70年）：青少年心理學。台北：桂冠。

張春興（民69年）：從重要事項的價值取向分析我國現在社會中的代間差
　　距問題。師大教育心理學報，13期，1－12頁。

曹國雄（民70年）：高中高職生的代溝。中華心理學刊，23(1)期9－16
　　頁。

蔡敏光（民74年）：高中生行為適應問題之研究，師大教育研究所碩士論
　　文。

青輔會（民82年）：青少年白皮書─青少年現況分析。行政院青年輔導委
　　員會。

Costanzo, P.R. & Shaw, H.E. （1966）. Conformity as a function of age. *Child Development*, 37,967－975.

Costanzo, P.R. （1970）. Conformity development as a function of self－blame, *Journal of Personality and Social Psychology*, 14,366－374.

Elkind, D. （1984）. *All grown up and no place to go：Teenagers in Crisis*. Massachutts：Addison－Wesley.

Harlow, H.F. （1973）. Love in infant monkeys, in The nature and nurture of behavior：Developmental psychology. *Readings from Scientific American*. SanFrancisco：W.H. Freeman and Company.

Mckinney, J.P. & Fitsgeral, H.E. & Strommen, E.A. （1982）. *Developmental psychology：The Adolescent and Young Adult*, Homewood, Ill.：The Dorsey Press.

Newman, P.R. （1982）. The peer groups. in Handbook of Developmental Psychology. NJ：Prentice－Hall, Inc..

Selman, R. （1980） *The growth of interpersonal understanding：Developmental andClinical analyses*. NY：Academic Press.

Zahn – Waxler, C. & Iannotti, R. & Chapman, M. （1982）. Peers and prosocial development, in K.H. Rubin and H.S. Ross （eds.）, *Peer Relationships and Social Skills in Childhood*. NY：Springer – Verlag.

第九章

青少年人格與發展

　　由前各章所述，在人的一生中，青少年期無論在生理方面或心理方面之變化，都是最顯著、最劇烈的時期。青少年期的身體變化，尤其是神經系統及內分泌系統的發展和變化，對人格方面也產生了很多影響。同時在這個時期新環境的因素，如從第一級團體（家庭）走向第二級團體社會，（包括學校、社區），也給青少年的生活帶來各式各樣的影響，使青少年的人格發展產生更新的變化。奧士貝爾（D.P. Ausubal, 1954）將青少年期稱爲人格重建（personality reorganization）時期，心理學家多認爲：人格是貫穿一個人生命的整個歷程。

第一節　什麼是人格

　　今日世界各國之教育目標均有「……發展青少年之健全人格」。因之，在談論青少年期之人格發展之前，首先有必要先了解什麼是人格？及與人格（personality）相關而常混淆的名詞，與品格（character）、道德（morality）有何區別？

　　㈠人格：有兩種解釋：一是把人格解釋爲品格或品德，表示對人有道德評價的意思。二是把人格解釋爲個性，不包括道德評價的意義在內。心理學上採取第二種看法，一個人的個性，是他先天遺傳與後天環境之學習機會，及成敗經驗等各種因素，交互作用形成之一個綜合體。

　　㈡品格：除易與「人格」涵義相混的解釋之外，還有兩種說法：一是指道德評價的人格，也是對人格特質價值的評定，譬如誠信、忠孝、仁慈、正義、勤奮等都被公認爲好的品格；而虛僞、無信、偏見、自私、吝嗇、懶惰、欺騙等都是公認爲壞的品格。由此看來，一個人的品格僅是他人格的一部分而已。另一是把品格解釋爲道德，譬如某人亂開支票、不守信用，就難免被人批評他不道德的行爲。

　　㈢道德：中外人士均把道德看爲人與人間係應遵守的行爲規範。以現代觀念來看，道德應合於自己國家之文化傳統，同時也要符合世界的民主

潮流。

　　但是心理學上所謂「人格」並不含有價值或道德的定義，而是一個人一切特性和行為方式的總稱。它不僅指生物學上的人，而且指與他人的交往關係中，生活於社會，而且統一行動的個性的全體。所以人格是非常概括性的觀念，也是非常複雜的。

　　因之，多數心理學家認為人格的定義是不容易界定的，惟一可從兩種方法去思考人格（Murphy, 1947）：第一個方法是把焦點放在那些經過一段時間後，會區分出不同的人的特質。第二種方法的焦點，則在指出同在那些環境中卻有不同表現的特徵。而今日多數心理學家使用的人格定義是：「人格，是具有特徵的思想、感情和行為的模式，它可以區分每個人和他人之不同，而且在不同的時間和情境中具有持久性。」但以青少年人格發展的觀點，其中最具有代表性的要算是阿爾波特（Allport, G.N. 1961）的綜合定義，他說：「所謂人格，是在個人內部決定該人的行為及思維的特點之精神物理體系的動力系統。」

　　這種將人格稱為動力系統的表述，說明了人格不是由構成人格的各個部分簡單湊合起來的，而是由分化了的各個部分相互關聯和組織綜合起來的；換句話說，人格是青少年的人格重建期。上述各章青少年身心發展之各種情況，在新的分化和綜合的基礎上，形成更高一級結構之人格發展。

　　總之，人格是一個人之生命動力的全程。

第二節　人格特質

　　上述人格是一個人動力的全程，其結構因素叫人格特質或人格特性（personality trait）。卡特爾（R.B. Cattall, 1966）用因素分析（factor analysis）研究發現人格16種因素的特質，茲將其人格剖面圖摘述於圖9－1〈見下頁圖〉。

因素	低分描述	平均數	高分描述	16種人格因素的特質
A	1　2　③　4　客氣的、冷漠的、無個性的	5　6	7　8　9　10　溫暖、怒閒、喜歡他人	合群性
B	1　2　3　具體思想	⑤　6	7　8　9　10　抽象思考	聰慧性
C	1　2　3　容易沮喪、情緒化、無耐心	5　⑥	7　8　9　10　情緒穩定、成熟、耐心	穩定性
E	1　2　3　順服、適應	⑤　6	7　8　9　10　支配、果決、有意見的	好強性
F	1　2　③　4　嚴肅、保守、謹慎安靜	5　6	7　8　9　快活、感性、幽默	樂觀性
G	1　2　3　權宜的、輕視規則	④　5　6	7　8　9　10　服從、堅忍的、規則取向	有恆性
H	1　2　③　4　羞怯的、感覺敏感	5　6	7　8　9　10　大膽、不害怕、能承受壓力	敢爲性
I	1　2　3　粗心、遲鈍、粗魯	⑤　6	7　8　9　10　敏感、細心、細緻的	敏感性
L	1　2　3　信任的、可適應的、接納的	5　6	⑦　8　9　10　懷疑、難欺騙的	懷疑性
M	1　2　3　實際的、保守的、追根究柢的	⑤　6	7　8　9　10　想像的、健忘的、不實際的	幻想性
N	1　2　3　坦白的、開放的、不矜持的	5　6	⑦　8　敏捷的、精打細算的	世故性
O	1　2　3　自信的、自我滿足、得意的	5　6	7　8　⑨　10　不安的、多慮的、自責的	憂慮性
O_1	1　2　3　保守的、傳統的、抗拒改變	⑤　6	7　8　9　10　自由的、革新的接納改變	實驗性
O_2	1　2　3　團體取向、社會性	5　6	7　⑧　9　10　自足的、有策略的、自我引導	獨立性
O_3	1　2　3　無法自制的、衝動的	④　5　6	7　8　9　10　克制的、強迫的、嚴謹的	自律性
O_4	1　2　3　鬆弛的、慾求低、沉著的	4　5　6	7　8　9　⑩　緊張、無休止、慾求高	緊張性

圖9－1　人格剖面圖

　　代表16種人格因素的特質名稱是由多次人格評定後的因素分析而得。其中因素 A 到 O 是對個體之間的評定做因素分析之後得到的，4Q因素僅僅來自自我評定的材料。依據這16因素制訂的人格測驗可測量每一因素的水平，並可以把總分繪製成人格剖面圖（引自卡特爾，1986《16種人格因素問卷使用手冊》（The Administrator＇s Manual for the 16 personality Factor Questionnaire）。

　　英國心理學家艾森克（Eysenck, H.J.）等人從人格特質內部之相關的因素加以分析研究，認爲人格主要的因素特質，如圖9－2。

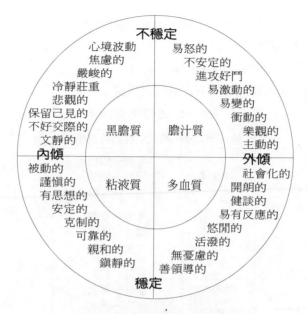

圖9-2　艾森克的人格因素

此圖表示艾森克等人從特質的內部相關的因素分析研究中得出的兩個主要因素。穩定——非穩定的座標規定著神經質因素；內傾——外傾的坐標規定著外傾因素。外圈的其他術語表示考慮到這兩個因素，其他特質應坐落於何處。內圈表示希波克拉底（Hippocrates, 460-377）的四種氣質如何與現代的體系相一致（引自 Eysenck & Rachman）。

　　根據卡特爾所提人格16特質因素，艾森克再進行以兩因素：內向←→外向，作為超級因素之出現。繼後也有不少「人格特質」的研究，由其分析研究之數據看來，他們共同支持5個人格特質因素，認為這5個特質因素是最能調和各種分歧特質因素，並獲得不少學者以不同測驗技術所支持的研究。（Digman & Znonye, 1986; Mclrace & Costa, 1987）也用一個合理化總結這5個特質因素，並用開頭大寫字母，NEOAC 來表示：

　　N　表示神經質（neuroticism）

　　E　表示外向（外傾）（extraversion）

O　表示經驗開放性（ openness to experience ）

A　表示隨和性（ agreeableness ）

C　表示熱誠性（ conscientiousness ）

如下表，附每個因素特質之品質之特質。

表9－1　5個特質因素

特質因素	有代表性的特質指標
神經質	平靜—煩惱 堅韌—脆弱 安全—危險
外傾性	孤獨—交際 寡言—多語 克制—衝動
開放性	守舊—創新 膽怯—勇敢 保守—開明
隨和性	暴躁—溫和 粗魯—文靜 自私—無法
熱誠性	粗心—細心 獨立—依賴 冷漠—熱忱

此表表示5個特質因素，經過對多種評定工具進行因素分析之後，發現這5個因素是有信度的。兩端的形容詞是特質指標的舉例，它構成了每一因素的特點。（引自 McCrae & Costa, 1987 ）

　　A 型與 B 型人格：梅耶、傅萊門和雷·羅生門（ Meyer, Friedman & Ray. Rosenman, 1974 ）提出 A、B 型兩種不同人格，頗受人重視。A 型的人格，他的特徵是冒冒失失、急急忙忙的，講話快且急促，走路和吃飯也很匆忙。A 型人格很難放鬆地游手好閒，對於非競爭的場合也表現得像是競爭，非常擔心自己沒有足夠時間來完成工作，對別人較沒耐心，不能忍受別人的慢條斯理；且有很多 A 型人格容易變得具有敵意及攻擊性（ Booth－kewley & Friedman, 1987； Matthes, 1988 ）。

A 型人格給人之印象,是嚴厲、成就取向、在乎地位。相反的,B 型人格則是休閒而放鬆、有耐心且能容忍;B 型人格不誇張自己的成就,很少感到時間壓力,一次只做一件事,且將事情看得較 A 型人格輕鬆。（Roseman, Friedman, Strauss, Warm, Genkins & Messinger, 1966; Yarnold & Griman, 1982）。

上述各家對人格特質因素雖有不同的研究結果,可見人格非常複雜,都可供作人格結構或重建之研討。這些特質因素都可能表現爲個人應有的行爲傾向,而將這些特質因素綜合起來的機能中心就是自我。換言之,應該說自我是人格綜合之核心,如德雷莎（Tnerese）修女是一位虔誠的宗教人物,我們還可以說,她人格首要特質（cardinal dispositions）是利他主義者。

第三節　青少年人格的發展

一、自我的意識與發展

人從三歲前後的幼兒起,就開始經常表現自己。這個時期就是所謂的第一反抗期,對周圍者的限制及干涉會採取反抗行動。從這種反抗行爲中可看出,幼兒已有自我意識的萌芽。但是在這個時期的幼兒,自己和他人,尤其是「母」和「子」的關係還沒有得到分化,距離眞正的自我意識還很遠。

一進入兒童期,知識增長、興趣及關心的事物的範圍也廣大了,自我也越來越擴大。另外母子關係的分化,提升了兒童的自主性,使他能客觀地對待自己。即開始能夠把自己的行爲作爲對象,加以控制。但在初級階段,他只能把自己發生的行爲作爲對象。到完全後期,已能將發生行動主

體作為自我對象化。

到了青少年期，發生了所謂「心理性斷奶」，即要求脫離父母而獨立。此時父母與子女之間處於分化的狀態，青少年的自我意識也日益明確了起來。這種我和他的分化帶來了自我的認識，不僅對自己做過的行為，而且還可將行為主體的自我作為對象來加以觀察，這一現象意味著「觀察的自我」和「被觀察的自我」的分化，也是「主我」和「客我」的分化。主我是作為主體的我，也就是作為「知覺者的我」在自己中看到的自我，叫做主我「I」。客我是作為客體的我，也是「被知覺的我」，而被看的自我叫做客我「me」。從而只是主觀地感覺自我的狀態，發展到可以客觀地觀察自己。

當作為主我的自我，開始觀察作為客我的自己，當自我開始批評自己、試圖認識自己的時候，青少年才算進入了「自己的生活」，因之把青少年期稱為「第二次誕生」的道理就在於此。

一般認為這種「人的第二次誕生」發生於青少年期，尤其是青少年中之前後，是人格結構上極為重要的重新組織時期。

二、自我意識的變化

青少年自我意識的發展，其深度可以透過觀察青少年「怎樣看待自己」。即是青少年的自我意識的變化來加以掌握著。

在兒童期，由於主我與客我未得到分化，自我意識也不是那樣強烈，它含有理想自我（ideal – self），也就是一個人要感覺什麼？想要做什麼？或想經驗什麼？這種理想自我類似佛洛伊德（S. Freud）的超我，只有到了青少年後期，自我意識才穩定下來。

三、自我的統整（同一性）

艾里克生（E.H. Erikson）於1963年裡提出人格發展八階段的理論，

被認爲是新精神分析學派的代表人物之一。他認爲，人的本性無所謂好壞，只是具有向某一方向發展的可能性。只要在人生發展的各階段有效地解決出現的特殊矛盾，就可以發展其積極的個性品質。否則，會形成消極的個性品質，形成不健全的人格（詳見第六章青少年自我認同與自我發展）。青少年在日趨成熟的過程中，會逐漸面對更複雜的人際關係，出現必須解決的特殊問題。能否順利解決這些問題，決定著他們人格發展的方向，他認爲青少年在18歲以前應發展青少年「自我統整」能力，因爲自我統整的建立可以使青少年了解自己周圍各種事物之間的關係。這樣的青少年既能與客觀環境保持積極的平衡，又能在這種聯繫中不失掉自我，保持自己的人格特徵。這些人格特徵對青少年走向社會、走向生活，經受社會的考驗，都是至關重要的。如果青少年在人生的前幾個階段，不能發展起健全的人格特徵，往往會產生自我否定的情緒，這樣就可能產生自我同一性的混亂。

對自我統整（同一性）他並提出下列極需統整的七個項目：

1.時間認知 VS.時間混淆（ time perspective VS. time confusion ）

時間上的同一性混亂。當一個人的年齡增長，其時間的看法也隨之擴展，使愈來愈多未來事件的預期，及過去事件的記憶影響個人現在的行動。因此，青少年人格發展的過程中，須建立正確時間的認知，爲了要對未來的生活遠景形成計劃，他必須回頭檢討過去，及形成自己對未來的預期，並根據過去自己的經驗判斷自己達到未來目標的時間，而能產生「與時俱進」的時間感。反之，青少年若對時間觀念產生混淆，則會希望時間停止不前，以避免面對成人職責的壓力，利用機會藉退縮逃避的方式，擱延未來的計劃，沉緬於過去，終日渾渾噩噩，對將來毫無遠慮，只希望讓時間本身去解決所有的難題。

同時，青少年也認不清自我連續性；不能辨別長程目標與短程目標的區別；不明白今天的努力是與今後成果之間有必然的聯繫。這種人常感到不耐，企圖一天內解決所有的問題，工作缺乏計劃，儘管他們整天忙忙碌碌，工作效率卻非常低劣。還有些人表現爲缺乏必要的時間緊迫感，分不清任務的輕重緩急，整天懶洋洋，提不起精神，他們很難在事業上有所成就。

2.自我確信 VS.自我意識（ self – certainty VS. self – consciousness ）

自我確認乃是青少年在人格發展過程中，能夠認識自己，對自己的現實與未來都懷有信心，對自己的認知能夠和別人對他的看法趨於一致，而克服「統整意識發展」與「避免冷漠」之間的抗爭。反之，青少年在發展過程中，因評量自己的能力與特質時過於敏感，而表現過度地自我意識，對自己的一切持懷疑的態度，對自己的未來採取無關緊要的冷漠態度。

3.角色嘗試 VS.角色固著（ role experientation VS. role fixation ）

青少年期的人格發展過程提供青少年一個社會認可的，可嘗試各種不同人生角色的機會，當青少年在為自己定向前，如能樂於嘗試接受不同的社會角色，且盡心盡力地去做好角色任務，如此才能有統整成熟的人格。反之，青少年如在這過程中發現太多的選擇，將會手足無措；或受到過分的抑制封閉而別無選擇導致角色僵化，體驗到角色固著的感覺，甚至採取偏激反抗，違背社會所認定的價值和期望。

4.職業意願 VS.懈怠不勤（ apprenticeship VS. work pasrlysis ）

工作往往是決定個人在社會中的地位，及形成個人對自己看法的重要基礎。因此職業的選擇是青少年形成自我統整的關鍵之一，在青少年人格發展的過程中，如能對某種事物或嗜好表現孜孜不倦的精神，或努力克服某項任務以衡量其才能，樂於對未來職業的準備付出心力，則有助於其自我的統整。反之，如對工作缺乏興趣，沒有確定的生活計畫，而致終日遊手好閒、無所事事，必使社會化失敗。

5.性別分化 VS.兩性混淆（ sexual polarization VS. bisexual confusion ）

在青少年身心發展過程中，青少年需要解決其性別角色衝突的問題，學習能夠辨識自己的性別及所應扮演的性別角色，以符合社會的規範並坦然接受，這樣他與異性交往時才會感到愉快舒適，而有助於自我統整的建立；反之，青少年對本身的性別角色沒有正確的認識，導致個人慾望與角色行為不符其性別角色，而對自己的性別特質沒有信心，陷於兩性混淆的危機中，則會有礙於兩性良好關係的達成。

6.主從分際 VS.權威混淆（ leadership and followership VS. authority confusion ）

青少年透過社會化，逐漸擴大其參與社會的層面，他必須學習分辨，

對權威有正確的認識，並對自己的領導能力有充分的準備，而能恰如其身分地扮演領袖的地位或服從者的角色，如此才能發展積極性的自我統整。反之，青少年在社會化中，同時感受到來自各方對他的不同要求，若他不能分清人我，對社會責任層次不明，不能把不同的權威價值和自己價值相比較以形成個人的信念，而社會有權威混淆的感覺，對權威人物不是盲從附和，就是盲目反對。

7.觀念定向 VS.價值混淆（idelogical commitment VS. value confusion）

　　青少年期是個人「理想」與「現實」交會的時期。在人格發展中，青少年開始選擇其基本的哲學思想、意識理念或宗教觀念，把過去、現在的經驗和未來的抱負連接起來，使在價值觀念上有了定向以安身立命。當青少年對道德判斷、政治理念、宗教信仰，及人生目標均有自己的立場和理想時，其對未來所作的努力才能得到內在的支持，使人格統整成熟。反之在社會化中，青少年如對現存社會的價值觀念懷疑不滿、缺乏是非善惡判斷主見而迷失自己者，其自我必無法統整。

　　綜上所述，青少年人格發展，乃是針對青少年生活中所遭遇的前程方向、自我接納、社會角色、工作職業、性別體認、人際關係，及價值觀念等各方面的問題，發展出正確的時間認知、自我確信、角色嘗試、職業意願、性別分化、主從分際及觀念定向，以形成自我統整而順利克服時間混淆、冷漠的自我意識、角色固著、懈怠不勤、兩性混淆，與價值混淆等危機，以促進青少年人格的健全發展。

第四節　青少年人格發展的障礙

　　青少年人格發展歷程有那些問題，也就是有那些障礙，根據精神病診斷分類手冊第三版修訂版（DSM－Ⅲ－R）所列人格障礙種類摘述於下，藉供指導青少年健全人格之發展之參考：

第一群　異常反應的障礙

1.妄想型人格障礙（paranoid personality disorder）：極端敏感、多疑、嫉妒及不信任他人；其懷疑的態度未獲證實；情緒反應僵化及避免親密關係，很少求助。

2.分裂型人格障礙（schizoid personality disorder）：人際關係有困難，少參與社交事物；傾向於獨行俠；看起來冷漠及疏離；通常過度沈浸在白日夢裡。

3.分裂病型人格障礙（schizotypal personality disorder）：長久以來在思考、知覺、語言及行為上表現怪異；相當自我中心；雖仍和現實保持基本的接觸，但偶會有例外（例如深信自己有第六感、超人的洞察力、或幻想）；極端社會隔離；感覺與自己身體分離等。

第二群　戲劇化、情緒化或善變的反應障礙

4.歇斯底里型人格障礙（histrionic personality disorder）：過分戲劇化、反射性的強烈表現行為；非常有活力的，傾向將注意力集中在自己身上；傾向對小事情反應過度；尋求刺激，逃避例行事物；人際關係不佳，傾向依賴他人。

5.自戀型人格障礙（narcissistic personality disorder）：誇張地表示自己的重要性；表現出要人家的讚賞或注意；傾向立一些不實際的目標；與他人關係維持不久；許多方面行為表現幼稚。

6.反社會型人格障礙（antisocial personality disorder）：連續地罔顧他人權力及利益的病；早期徵兆包括說謊、曠課、行竊、打架，及抗拒權威；最常見乃工作維持有困難、照顧人技巧差、有強烈的衝動式行為，而不顧其後果的傾向。

7.邊緣型人格障礙（borderline personality disorder）：（如同其名稱，其偏差並無明顯特徵型態）有時衝動，有時情緒不穩定；對生活中重要事物過分不確定。常暴怒，也常顯得不為所動。

第三群　焦慮與害怕的障礙

8.畏避型人格障礙（avoidant personality disorder）：對可能被人拒絕過分敏感；因害怕被拒絕而不願與人建立關係；不被讚許就受傷害；但仍保有對社會關係的渴望（亦即不喜歡孤獨）。

9.強迫型人格障礙（dependent personality disorder）：對表現愛、溫暖

或親切情感的能力受限,過度關心法則規矩,而且做事情方式固定;在做事時感到焦慮,但對強迫性行為並不會有焦慮,僵化而且固執。

10.被動攻擊型人格障礙(passive – aggressive personality disorder):對他人要求的抗拒方式是被動及間接的;傾向拖延、閒混、頑固、無效率及健忘;他是個牢騷者、悲嘆者及抱怨者。

以上所述人格障礙(personality disorder)缺乏彈性、不適應、破壞正常功能運作的行為模式,非醫學上的疾病。惟經常導致無法有效因應正常生活的挑戰,也無法使其行為配合他人的期許,茲舉其中兩種:㈠反社會型人格障礙,㈡邊緣型人格障礙。都對於青少年人格發展可能形成青少年犯罪和自殺之影響。

一、青少年犯罪——反社會型人格障礙

反社會型人格障礙的行為表現極少顯出個人壓力,也極少在乎他人的權益。最顯著的特徵就是缺乏倫理式道德感,難以遵從行為規範,不道德、不可靠、氣憤、不負責任的行為。可能以花言巧語欺騙他人,但不了解或無法遵守道德價值。病態說謊、欺騙、罔顧法律與漠視他人權益。通常其智能與道德發展有相當大的出入,傾向不可信賴、氣憤及自怨。且有強迫性的享樂主義而不實際,傾向於喜歡尋求偏差的性態度及脫軌的行為。生活中著眼於眼前的即時行樂,無長遠目標。判斷力差、行為衝動、損害個人及他人幸福,不喜歡例行事物,常換工作、遷居,通常靠小聰明過日子,或倚靠他人支助、酗酒和禁藥濫用、吸毒等,據研究,早期適應不良,在青春期即表現此適應不良行動,包括犯規及犯罪等,一直持續到成年,暴力及攻擊行為易被激起,產生殺人、強姦、搶奪財物等犯罪行為。美國約有43%的嚴重罪行是由18歲以下的青少年所犯下的,而其中有20%是15歲以下青少年的罪行(Robertson, 1977)。野蠻行為、偷竊、抽菸等輕微罪行的年齡層越來越小,而攻擊和搶劫等嚴重罪行的年齡層也降至約16歲的青少年層(Gold & Petronio, 1980)。

我國青少年犯罪依據少年事件處理法第二條規定,少年是指12歲以

上、18歲未滿之人。至於未滿12歲之人而有觸犯刑罰法令之行為者，依據同法第八十五條之一的規定，由少年法庭適用少年管訓事件之規定處理。少年事件處理法雖未明確給兒童下定義，但是「兒童福利法」及「少年及兒童管制事件執行辦法」都將未滿12歲者稱為兒童。

　　茲將近五年81年－85年（1992－1996）少年犯罪之統計圖表分列於下：

表9－2　台灣地區各地方法院宣告少年刑事案件罪名

罪　　名	81年		82年		83年		84年		85年	
	人數	%	人數	%	人數	%	人數	%	人數	%
總　　　計	1,411	100.00	1,406	100.00	1,182	100.00	1,595	100.00	1,408	100.00
竊　　　盜	403	28.56	314	22.33	269	22.76	278	17.43	267	18.96
恐嚇及擄人勒贖	93	6.59	63	4.48	39	3.30	88	5.52	53	3.76
傷　　　害	51	3.62	52	3.70	55	4.65	107	6.71	84	5.97
贓　　　物	22	1.56	15	1.07	6	0.51	10	0.63	10	0.71
殺　人　罪	45	3.19	47	3.34	112	9.48	138	8.65	114	8.10
妨　害　自　由	9	0.64	27	1.92	6	1.35	43	2.69	30	2.13
詐　　　欺	8	0.57	3	0.21	3	0.25	－	－	4	0.28
公　共　危　險	14	0.99	15	1.07	10	0.85	36	2.26	24	1.70
妨　害　風　化	28	1.99	28	1.99	40	3.38	43	2.69	25	3.20
侵　　　占	1	0.07	4	0.29	1	0.08	3	0.19	1	0.07
偽　造　文　書	4	0.28	1	0.07	3	0.25	3	0.19	3	0.71
妨　害　家　庭	10	0.71	9	0.64	2	0.17	8	0.50	5	0.36
妨　害　公　務	2	0.14	2	0.14	－	－	3	0.19	7	0.50
妨　害　秩　序	－	－	－	－	－	－	－	－	－	－
脫　　　逃	－	－	－	－	－	－	－	－	－	－
懲治盜匪條例	149	10.53	110	7.82	197	16.67	374	23.45	383	27.20
煙　　　毒	61	4.32	81	5.76	73	6.18	38	2.38	11	0.78
強　　　盜	15	1.06	7	0.50	12	1.02	20	1.25	22	1.56
搶　　　奪	42	2.98	53	3.77	76	6.43	186	11.66	156	11.08
違反麻醉藥品管理條例	405	28.70	482	34.28	241	20.39	172	10.78	150	10.63
違　反　藥　事　法	40	3.47	5	6.26	25	2.12	32	2.01	15	1.07
其　　　他	9	－		0.36	2	0.17	13	0.82	24	1.07

資料來源：台灣高等法院統計室　1712－06－07－05

說　　明：本表依據台灣地區各地方法院少年刑事案件裁判結果之資料統計

表9-3　台灣地區各地方法院宣告少年管訓事件罪名

罪名	80年		81年		82年		83年		84年		85年	
	人數	%	人數	%	人數	%	人數	%	人數	%	人數	%
總　　　　計	22,909	100.00	28,598	100.00	28,618	100.00	23,310	100.00	26,341	100.00	24,001	100.00
竊　　　　盜	11,019	48.10	13,419	46.92	14,559	50,87	16,216	61.29	16,372	62.15	14,197	59.15
臟　　　　物	280	1.22	387	1.35	382	1.34	506	1.92	727	2.76	720	3.00
妨　害　風　化	125	0.55	177	0.62	171	0.60	239	0.92	263	1.00	234	0.97
殺　　　　人	309	1.35	386	1.35	497	1.74	657	2.50	574	2.18	394	1.64
傷　　　　害	669	2.92	618	2.16	790	2.76	1,275	4.85	1,486	5.64	1,342	5.59
妨　害　自　由	194	0.85	139	0.49	130	0.46	162	0.62	246	0.93	130	0.54
強盜、搶奪、結夥搶劫	327	1.43	258	0.90	367	1.28	444	1.69	653	2.48	530	2.21
恐　　　　嚇	790	3.45	957	3.35	539	1.18	619	2.35	732	2.78	549	2.29
詐　　　　欺	44	0.19	19	0.07	22	0.08	39	0.15	57	0.22	52	0.22
公　共　危　險	63	0.28	84	0.29	107	0.37	127	0.48	429	1.63	708	2.95
違反麻醉藥品條例	7,211	31.48	10,437	36.50	9,147	31.96	4,399	16.72	3,254	12.35	3,737	15.57
違反槍砲彈藥刀械管制條例	276	1.20	286	1.00	593	2.07	415	1.58	460	1.75	376	1.57
其　　　　他	1,602	6.99	1,431	5.00	1,314	4.59	1,302	4.95	1,088	4.13	1,032	4.30

資料來源：台灣高等法院統計室　1712－06－13－05

說　　明：①本表不含虞犯少年。

　　　　　②本表管訓事件依據台灣地區各地方法院「少年事件個案調查報告」之資料統計。

表9-4　台灣地區各地方法院審理少年刑事案件年齡

年齡分組	80年		81年		82年		83年		84年		85年	
	人數	%	人數	%	人數	%	人數	%	人數	%	人數	%
總　　計	1,376	100.00	1,328	100.00	1,351	100.00	1,115	100.00	1,451	100.00	1,312	100.00
14歲以上15歲未滿	130	9.45	88	6.63	100	7.40	120	10.76	174	11.99	101	7.70
15歲以上16歲未滿	312	22.67	272	20.48	277	20.50	228	20.45	350	24.12	266	20.27
16歲以上17歲未滿	399	29.00	406	30.57	464	34.35	360	32.29	502	34.60	488	37.20
17歲以上18歲未滿	535	38.88	562	42.32	510	37.75	407	36.50	425	29.29	457	34.83

資料來源：台灣高等法院統計室　1712－06－09－05

說　　明：本表依據台灣地區各地方法院「少年事件個案調查報告」之資料統計。

表9－5　台灣地區各地方法院審理少年管訓事件年齡

年齡分組	80年		81年		82年		83年		84年		85年	
	人數	%	人數	%	人數	%	人數	%	人數	%	人數	%
總　計	22,909	100.00	28,598	100.00	28,618	100.00	26,990	100.00	26,989	100.00	24,357	100.00
12歲未滿	941	4.11	1,258	4.41	1,168	4.08	1,032	3.82	860	3.19	640	2.63
12歲以上13歲未滿	1,618	7.06	1,686	5.89	2,282	7.97	2,468	9.14	2,561	9.49	1,928	7.92
13歲以上14歲未滿	2,963	12.93	3,372	11.79	3,901	13.63	4,078	15.11	4,438	16.44	3,455	14.10
14歲以上15歲未滿	4,506	19.67	5,145	17.99	5,581	19.50	5,617	20.81	5,663	20.98	4,490	18.43
15歲以上16歲未滿	4,916	21.46	5,968	20.87	5,788	20.23	5,626	20.84	5,531	20.49	5,164	21.20
16歲以上17歲未滿	4,542	19.83	5,996	20.97	5,737	20.05	5,098	18.89	5,452	20.20	5,284	21.69
17歲以上18歲未滿	3,423	14.94	5,173	18.09	4,161	14.54	3,071	11.38	2,484	9.21	3,416	14.03

資料來源：台灣高等法院統計室　1712－06－14－05

說　　明：本表依據台灣地區各地方法院「少年事件個案調查報告」之資料統計。

表9－6　台灣地區各地方法院審理少年刑事案件教育程度

教育程度	80年		81年		82年		83年		84年		85年	
	人數	%	人數	%	人數	%	人數	%	人數	%	人數	%
總　　計	1,376	100.00	1,328	100.00	1,351	100.00	1,115	100.00	1,451	100.00	1,312	100.00
不　識　字	1	0.07	1	0.08	－	－	2	0.18	1	0.07	－	－
初等教育 畢業	68	4.94	52	3.91	57	4.22	49	4.39	56	3.86	33	2.51
初等教育 肄業	35	2.54	36	2.71	23	1.70	23	2.06	29	2.00	24	1.83
中等教育 國中	336	24.42	329	24.77	310	22.95	217	19.46	294	20.26	296	22.56
中等教育 國中畢 畢	696	50.58	698	52.56	722	53.44	593	53.18	782	53.89	659	50.23
中等教育 高中肄 肄	2	0.15	3	0.23	2	0.15	1	0.09	1	007	3	0.23
中等教育 高中	228	16.57	201	15.14	232	17.17	229	20.54	288	19.85	295	22.48
高等教育 畢業	－	－	－	－	－	－	－	－	－	－	1	0.08
高等教育 肄業	10	0.73	8	0.60	5	0.37	1	0.09	－	－	1	0.08
自　　修	－	－	－	－	－	－	－	－	－	－	－	－

資料來源：台灣高等法院統計室　1712－06－10－05表

說　　明：本表依據台灣地區各地方法院「少年事件個案調查報告」之資料統計。

表9－7 台灣地區各地方法院審理少年管訓事件教育程度

教育程度	80年 人數	%	81年 人數	%	82年 人數	%	83年 人數	%	84年 人數	%	85年 人數	%
總　　計	22,909	100.00	28,598	100.00	28,618	100.00	26,310	100.00	26,989	100.00	24,357	100.00
不　識　字	10	0.04	10	0.04	12	0.04	15	0.06	8	0.03	5	0.02
初等教育 ⎰畢業	649	2.83	813	2.84	828	2.89	479	1.82	505	1.87	426	1.75
⎱肄業	1,510	6.59	2,051	7.17	1,556	5.44	1,362	5.18	1,330	4.93	1,022	4.20
中等教育 國中⎰畢業	3,873	16.91	4,702	16.44	4,386	15.33	3,180	12.09	3,350	12.41	3,247	13.33
國中⎱肄業	12,516	54.63	15,707	54.92	16,096	56.24	15,999	60.81	16,135	59.78	13,513	55.48
高中⎰畢業	105	0.46	20	0.07	49	0.17	30	0.11	47	0.17	37	0.15
高中⎱肄業	4,027	17.58	5,019	17.55	5,385	18.82	5,090	19.35	5,524	20.47	5,998	24.63
高等教育 ⎰畢業	9	0.04	－	－	－	－	－	－	－	－	－	－
⎱肄業	206	0.90	274	0.96	306	1.07	155	0.59	90	0.34	108	0.44
自　　修	4	0.20	2	0.01	－	－	－	－	－	－	1	－

資料來源：台灣高等法院統計室　1712－06－15－05表

說　　明：本表依據台灣地區各地方法院「少年事件個案調查報告」之資料統計

　　由上列青少年犯罪之各調查統計表看來：

　　㈠少年主要犯罪：85年台灣地區各地方法院宣告少年刑事案件，計1,408人，前七種主要犯罪有懲治盜匪條例（383人，佔27.20％）、竊盜（267人，佔18.96％）、搶奪（156人，佔11.08％）、麻醉藥品管理條例（150，佔10.63％）、殺人（114人，佔8.10％）、傷害（84人，佔5.97％）及恐嚇勒贖（53人，3.76％）。與成年犯罪不同的是，少年暴力犯罪者佔有很高的比例（見上表9－2）。

　　85年台灣地區各地方法院宣告少年管訓事件計24,001人。犯竊盜罪有14,197人，佔59.51；麻藥罪有3,737人，佔15.57％；傷害罪有1,342人，佔5.59％；至於其他罪方面，恐嚇罪有549人，佔2.29％；贓物罪有720人，佔3.00％等（見上表9－3）。

　　㈡犯罪少年的年齡：近五年來，台灣地區各地方法院審理少年刑事案件年齡；81年至83年係以17歲以上，18歲未滿者人數最多，佔37.20％；其次為17歲以上、18歲未滿者，佔34.83％。二者合計共計72.20％（見上表9－4）。

　　少年管訓案件之年齡看來，81年及85年係以16歲以上、17歲未滿者人

數最多；82年及83年則以15歲以上、16歲未滿者人數最多；84年則以14歲以上、15歲未滿者人數最多；85年以16歲以上、17歲未滿者人數最多，其次15歲以上、16歲未滿者，再其次為14歲以上、15歲未滿者，三者合併共佔61.32％以上。足見法院審理少年管訓，其年齡大都在14以上、17歲未滿之間（見上表9－5）。

㈢犯罪少年的教育程度：法院審理少年刑事案件教育程度，近五年來皆以國中肄業生（中輟生）最多，且以佔百分比皆在50％以上。85年（1996）各法院審理少年刑事案件仍以國中肄業者人數最多，佔50.23％，其次為國中畢業，再次為高中肄業，三者合計所佔百分比高達95.27％，其餘人數及所佔百分比皆少（見上表9－6）。

各法院審理少年管訓事件教育程度，近五年來，皆以國中肄業生（中輟生）人數最多，83年所佔百分比更高達60.81％，其次為高中肄業生，再次則為國中畢業生。85年的國中肄業生、高中肄業生及國中畢業生合計佔93.44％，其餘人數及所佔百分比較少（見上表9－7）。

㈣由圖9－3統計分析看（見下頁圖），青少年犯罪的國中肄業生（中輟生）、高中肄業生、國中在學生及高中在學生，合計在少年刑事案件及少年管訓案件百分比高達為95.27％與93.44％，可見今日國中教育值得檢討。

青少年犯罪愈來愈猖厥，據研究顯示，社會家庭紛爭、課業壓力、情緒或感情之困擾、損友脅迫等緣故而發生逃學、遊蕩、偷竊、打鬥等不正當行為，同時由個人特質與外在情境之激盪，再由於社會風氣、大眾傳播、政治選舉索求、次級文化與生活奢侈，使青少年犯罪不但量的增加、質的惡化，犯罪年齡更有降低的趨勢，值得政府當局注意。尤以青少年反社會型人格障礙，其主要有下列傾向應積極輔導與戒除。

1.易發怒、好攻擊，不顧自己或他人的安全。

2.無責任感、無法維持經久的工作或信守財務上的義務。

3.缺乏悔意、對傷害、虐待或竊取他人財物而覺得無所謂，或將其合理化。

具有此人格傾向者，往往在15歲之前會明顯地表現出來，例如，他會無故刺殺小動物，或隨便侵害別人而不以為意。

治療方面，可在特定機構（或學校）施行團體心理治療，其效果最好。研究顯示，約有一半的患者病情可獲得改善，若病人有焦慮、憤怒、憂鬱、衝動等行為。應洽請精神科醫師使用藥物做輔助治療。

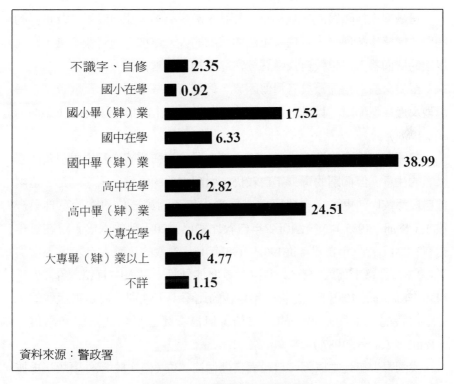

不識字、自修　2.35
國小在學　0.92
國小畢（肄）業　17.52
國中在學　6.33
國中畢（肄）業　38.99
高中在學　2.82
高中畢（肄）業　24.51
大專在學　0.64
大專畢（肄）業以上　4.77
不詳　1.15

資料來源：警政署

圖9－3　國中教育與犯罪

綁票案受害人家屬質疑國中教育為犯罪養成教育。分析84年各類刑案，包括殺人、擄人勒贖、煙毒、強姦輪姦等重大刑案，嫌疑人的教育程度都以國中畢（肄）業人數最多，合計佔38.99％。值得注意的是，竊盜案和恐嚇取財案嫌疑人中，國中在學生犯案比率，僅次於國中畢業者。84年各類刑案嫌疑人總計15萬5613人，教育程度分配如上（％）。

二、自殺──邊緣型人格障礙

　　邊緣型人格障礙的症狀：時有衝動、濫用藥物、認同混淆，及焦慮的問題，情緒極端理想化或輕視生活中重要的人。這種人通常較多疑，傾向以壞的層面看人，也較自我嫌惡，常靠藥物來振奮自己。

　　至少有些人格障礙具有遺傳因素，例如有一些證明指出反社會型、妄想型及邊緣型障礙，實具有遺傳傾向，但其他人格的障礙則否（Carson et al., 1988）。

　　美國有個城市定期有成群的青少年自殺，這種群體自殺現象引起國家媒體的注意。但個別的青少年自殺仍未引起大眾的注意。不幸的是，這兩種自殺都較以前更多，自殺已經成為青少年死因第三位（次於意外與被殺）（Smith, 1985）。美國青少年自殺比率已是20年前的兩倍，現在每年約有2,000名青少年自殺。從1961－1981年15－24歲的年輕人自殺者，增加了150%，從每十萬人中有5.1名自殺者增加到每十萬人中有12.5名青少年自殺（Klerman, 1986）。在青少年自殺的比率中，性別差異是很複雜的，企圖自殺的女生約是男生的2－3倍，但自殺死亡男生比女生多兩倍。（Pettri & Larson, 1987）

　　我國青少年死亡原因，自殺與自傷佔第二位（僅次於 意外事故）根據「中華民國衛生統計」（75（1986）－80年（1991））如下表：

表9－8 台灣地區民國七十五年至八十年15－19歲主要死亡原因百分比——自殺及自傷

		死因㈠	%	死因㈡	%	死因㈢	%	死因㈣	%	死因㈤	%
75年	總死亡人數	意外事故及不良影響	61.62	自殺及自傷	7.63	惡性腫瘤	7.17	心臟疾病	2.31	他殺	1.97
	男性	意外事故及不良影響	69.46	自殺及自傷	6.01	惡性腫瘤	5.62	心臟疾病	2.22	他殺	2.22
	女性	意外事故及不良影響	40.34	自殺及自傷	12.02	惡性腫瘤	11.37	腦血管疾病	4.08	腎臟相關疾病	2.57
76年	總死亡人數	意外事故及不良影響	71.59	惡性腫瘤	6.05	自殺及自傷	4.34	心臟疾病	1.77	他殺	1.67
	男性	意外事故及不良影響	77.14	惡性腫瘤	4.97	自殺及自傷	3.71	他殺	1.99	心臟疾病	1.19
	女性	意外事故及不良影響	53.91	惡性腫瘤	9.51	自殺及自傷	6.34	心臟疾病	3.60	腦血管疾病	1.90
77年	總死亡人數	意外事故及不良影響	71.84	惡性腫瘤	6.40	自殺及自傷	3.27	他殺	2.68	腦血管疾病	2.18
	男性	意外事故及不良影響	77.89	惡性腫瘤	4.55	自殺及自傷	2.86	他殺	2.80	腦血管疾病	2.02
	女性	意外事故及不良影響	52.40	惡性腫瘤	12.32	自殺及自傷	4.59	心臟疾病	2.71	先天性畸形	2.30
78年	總死亡人數	意外事故及不良影響	73.88	惡性腫瘤	4.68	自殺及自傷	3.92	他殺	3.67	心臟疾病	1.63
	男性	意外事故及不良影響	78.83	他殺	3.92	惡性腫瘤	3.85	自殺及自傷	2.97	他殺	1.28
	女性	意外事故及不良影響	59.01	惡性腫瘤	7.25	自殺及自傷	6.83	他殺	2.90	心臟疾病	2.69
79年	總死亡人數	意外事故及不良影響	68.94	惡性腫瘤	6.52	自殺	3.75	他殺	2.08	心臟疾病	2.02
	男性	—	—	—	—	—	—	—	—	—	—
	女性	—	—	—	—	—	—	—	—	—	—
80年	總死亡人數	意外事故及不良影響	71.71	惡性腫瘤	5.57	自殺	3.13	心臟疾病	2.32	腦血管疾病	1.94
	男性	意外事故及不良影響	76.57	惡性腫瘤	4.29	自殺	3.18	心臟疾病	2.40	他殺	1.72
	女性	意外事故及不良影響	58.66	惡性腫瘤	9.01	腦血管疾病	4.16	自殺	3.00	他殺	2.08

註1.資料來源：民國75年－80年「中華民國衛生統計」——台灣地區主要死亡原因百分比按
年齡及性別分

2.腎臟相關疾病包括腎炎、腎徵候群及腎變性病

3.「衛生統計」資料缺乏79年之男女別主要死因

　　由上表看來，青少年自殺及自傷在75年（1986）以前均佔死亡原因第二位，76年以後退爲第三位或第四位。

　　衛生署於87年（1998）5月14日公布去年（1997）國人十大死因，其中令人注意到「自殺」人數激增，首登十大死亡排行榜，自殺人數高達2,172人，較前年增加16.55％（其中15歲－19歲每十萬人口中有2.8人自殺死亡），爲十大死因中成長最快的，且男性自殺人數高於女性的一倍。（自由時報、大成報87.5.15）

表9－9　85年、86年台灣地區十大死因比較表

名次　項目　年別	民國八十六年十大死因	八十五年順位	死亡率增減%
1	惡性腫瘤	1	2.83
2	腦血管疾病	2	－8.42
3	事故傷害	3	－9.87
4	心臟疾病	4	－5.45
5	糖尿病	5	－1.22
6	慢性肝炎及肝硬化	6	2.48
7	肺炎	8	12.09
8	腎炎、腎徵候群及腎變性病	7	－2.09
9	高血壓性疾病	9	－2.57
10	自殺	11	16.55

表9－10　85年、86年台灣地區十大癌症比較表

名次　項目　年別	民國八十六年十大癌症	八十五年順位	死亡率增減%
1	肺癌	2	6.73
2	肝癌	1	－0.07
3	結腸直腸癌	3	7.10
4	胃癌	4	－7.62
5	女性乳癌	5	7.62
6	子宮頸癌	6	3.84
7	口腔癌	7	10.62
8	攝護腺癌	8	13.79
9	非何杰金淋巴癌	10	4.29
10	鼻咽癌	9	－1.68

資料來源：衛生署　製表／楊美珍

　　據三軍總醫院精神科主任江漢光推估，真因自殺死亡者至少會比登錄
人數多10倍－25倍，80－90％的自殺者有人格障礙，首因為憂鬱症，此為
邊緣人格。他們多在青少年時期便對生命有負面想法，並產生嗑藥、開快

車、跳樓、情緒障礙等行為（大成報87.5.15）。十大癌症發現死於肺癌的患者凌駕肝癌死亡人口，而登上十大癌症死因的首位。董氏基金會去年調查發現青少年吸菸人口顯著增加，這是值得注意的。據研究，青少年自殺及自傷有八種明顯徵象，家人與朋友應多予注意並加以關懷、開導之。

1.嚴重的沮喪；

2.體重減輕、失眠、食慾減退；

3.退縮，對任何事都失去興趣、冷漠；

4.覺得無希望、無助、困頓不堪；

5.混亂、混淆、妄想、方位知覺的喪失；

6.酒精和藥物濫用、強迫性的賭博；

7.罪惡感、羞恥感和不安感；

8.一心想自殺。

青少年自殺因素包括社會支持、生活事件以及慢性生理疾病等，如過早失去雙親或社會接納的減少等負面生活事件，都會增加青少年自殺的比例。也有證據指出，會自殺的青少年多半自殺前不久曾有丟臉的經驗（Hirschfeld & Blumenthal, 1986；Neiger & Hopkins, 1988）。遺傳基因和家庭因素是造成青少年自殺的可能因素，如家庭史中有類似酒精中毒等疾病，就是導致青少年自殺的可能原因；又如神經化學和生理化學等會產生憂鬱的因素，也可能導致青少年自殺。

大多數想自殺的青少年會對朋友或家人提到自己的計畫（lesse, 1988），注意青少年（或成人）任何有關結束生命的陳述是重要的，這種陳述經常表示在求救。許多憂鬱並試圖自殺的青少年，經常會將自己的不快樂以言語或非言語的訊息傳遞給父母，但父母經常未能接收這樣訊息（Stivers, 1988）。許多自殺者的父母或朋友對於未能察覺求救訊息而感到傷心，一方面可能是因為該訊息讓其感到侷促不安，另一方面也因為不知道該如何處理這樣的問題。

因之，要拯救這些想自殺青少年的第一步，要讓他們把自己的問題一一說出來，建議解決問題的方法，並鼓勵其接受專家的諮詢與幫助。

第五節　青少年人格發展之評鑑與修養

一、人格之評鑑

現代的社會對人格評鑑很重視，並且力求客觀的評量。旨在滿足人們的若干實際需要，爲了選拔人才，雇主需要知道候選人爲人處事之人格如何？再者幫助青少年選擇職業時，如果諮詢者（或諮商者）（counselor）知道青少年的學業成績，並進一步了解他們的人格，就會提出明智的建議。此外客觀地評鑑人格，還可以使各治療者決定對患有人格障礙者採用何種治療手段，讓患者收到最大療效，恢復健康。

再如人格因素與學業成就有密切之關係，已由高夫（Harrison G. Gough）1964年在美國加利福尼亞大學克利人格評定研究所完成了加州心理量表（CPI），旨在測試正常的人格物質。CPI量表測量諸如支配性、責任心、寬容、社會化等特質。研究者讓高中生和大學生評量自己的國家，按正在調查的特質，把他們評定爲最高分或低分；通過這一方法，研究者得到了某些量表題目對比的資料。因此對於支配量表而言，效標組由那些被同學描述爲具有高支配性的（攻擊性的、自信的、自我依賴的）學生組成。而控制組，則由那些被同學描繪成低支配性的（退縮的、缺少自信的、控制）的學生組成。再由效標組與控制組之間有顯著統計差異的題目來構成支配量表。

高夫運用CPI量表將18種人格因素進行了分離研究，他的研究指出，至少有8種由CPI測量的人格特徵和中學生（青少年）之學業成績之間存在著高度相關，請見表9－11，顯示主要人格特質如精力、抱負，和社會成熟對學者成就具有強烈的影響。這些發現雖然與常識一樣，但它們的確

抓住了非認知因素在學業成就中起了重要作用的驗證了。

表9－11　加利福尼亞心理調查（CPI）的一些量表測得的個性特點與
　　　　　中學成績的相關①

量表與所測量的內容	與成績的相關
1.支配：領導能力，持久性和社會性影響。	.29
2.取得地位的能力：為地位打基礎和導致地位的個人品質（不是一個人的真正實際或是已達到的地位）。	.33
3.責任心：勤勤懇懇、可靠。	.44
4.社會化②：社會的成熟、正直、嚴肅認真。	.34
5.寬容：具有隨和、讚許和不加評價的社會信仰與態度。	.35
6.以聽從取得的成就：在要求有一定程度的聽從的情境中，興趣和動機促進的成就。	.38
7.以獨立取得的成就：在要求有一定程度獨立和自主的情境中，興趣和動機促進的成就。	.36
8.智力效能：一個人被認作十分得力、思路清楚、有能力、聰明、進步、計劃周密、徹底和足智多謀的程度。	.41

①根據高夫（Gough, H.G.），1964
②與社會性不是一回事，社會性在加利福尼亞心理調查量表中與成績的相關僅只0.25

　　人格的涵義很廣，因之人格評估的方法也很多，茲介紹著名及國內曾出版的人格測驗於下，藉供欲了解青少年（學生）之人格特質發展之用。

㈠明尼蘇塔多相人格測驗

　　明尼蘇塔多相人格測驗（Minnesota Multiphasic Personality Inventory，簡稱MMPI）是由美國明尼蘇達大學所發展出來的有名的人格測驗（Hathaway & Monachesi, 1963）。原量表包含有550個敘述句寫成的題目，其形式如下所示：

　　　　遇到困難時，我覺得最好悶在心裏不說話……是　否　不一定
　　　　心情不好時，有時我真想摔東西出來…………是　否　不一定

　　像這樣，每一題目都描述一種行為特徵，受測者要視是否與自己的情形相似，在答案紙上選答「是」、「否」或「不一定」。這種形式的人格測驗所採的方式就叫「自陳量表」（self－report inventory），可供受測者將自己的情形報告出來。MMPI所測量的內容包括：健康、心因性症候、

精神神經違常、動作困擾；性、宗教、政治、和社會方面的態度；教育、職業、家庭、和婚姻方面的問題；以及諸如強迫行為、妄想、幻想、恐懼症等神經病和精神病行為徵候（Anastasi, 1976）。所以，MMPI 可以測出一個人是否有某種異常的心理傾向。

(二)愛德華斯個人興趣量表

愛德華斯個人興趣量表（Edwards Personal Preference Schedule，簡稱 EPPS）是用來測量一個人的心理需求的人格測驗，係由測量專家 A. L. Edwards 所編製。該量表也是屬自陳量表，但係採用「強迫選答」方式（forced-choice technique）作答。全量表共135題，每題均有 A 和 B 兩個叙述句。受測者必須視自己的情形，自 A 和 B 句二者之間選答一句。例如：

1. A　我自己喜歡和別人談論我自己的事

　　B　我喜歡依照我自己所訂的目標去進行

如果受測者認為 A 句較適合自己的情形，就在答案紙上填答 A；否則就答 B。又如：

2. A　當我做失敗某件事時，就感到沮喪

　　B　在大眾面前講話時，我便感到緊張

如果覺得 B 句較適合自己，便選 B。要不，就選 A，不能不選。

(三)少年人格測驗

這個測驗也是自陳量表式的人格測驗，由師大敎授路君約（民57）根據 California Test of Personality 而改編的，適用於國中階段學生。每個測驗均含有180個問句式的題目，例如：

在家裏，你和家人常常處得很愉快嗎？是　否

這180個題目可分為十二類。前六類測量個人適應（包括自恃、個人價值意識、個人自由意識、相屬意識、退縮傾向、神經症狀），後六類測量社會適應（包括社會標準、社會技能、反社會傾向、家庭關係、學校關係、社團關係）。測驗時間約為40分鐘。測驗末了，還附上74項活動的名稱，可供受測者圈出有興趣的項目。此項反應可供解釋上述測驗結果時的參考。

(四)A 型與 B 型人格測驗

下面的問題可以幫助你瞭解自己性格較接近 A 型或 B 型。

在每一題前的空位填上一個你覺得對你描述適當的句子的號碼：

5.我一直是這樣　4.我經常這樣　3.我有時這樣　2.我很少這樣

1.我從不這樣

_____我常嘗試在同一時間內做數樣事情。

_____我常打斷別人的談話，或急著接別人的句尾。

_____我發現我不能忍受別人做事慢吞吞沒有效率。

_____當別人跟我說話時，我常想到別的事情上去。

_____當我沒事時，我會覺得不舒服。

_____當別人繞圈子說話時，我會有挫折感。

_____我做任何事都喜歡快一點（走路、吃飯、講話）。

_____當事情進行地很緩慢時，我會非常沒有耐心（例如塞車、排長隊）。

_____我發現放鬆或不做任何事對我來說很困難。

_____我通常會為自己安排時間表和限定期限。

_____當我玩遊戲時（牌或棋），我覺得輸贏比娛樂更重要。

_____當我在強調某論點時，我會變得緊張並提高我的聲量。

_____我喜歡我周遭的人做事盡可能地快及有效率。

_____當我講話時，我會強調關鍵字眼。

_____我是一個努力且具有競爭心的人，我注意成就及成功。

當你作完後，將15題的得分相加，你的總分應該介於15到75之間。如你的得分等於或高於60時，表示你的生活型態非常類似 A 型；得分低於30，則表示你的生活型態類似 B 型；得分在30到60之間，表示你的生活型態混雜著 A 型及 B 型。

㈤台灣編製或修訂測驗

自1970年以來台灣地區所編製或修訂的人格測驗不少由路君約，郭為藩、黃堅厚、柯永河、楊國樞、劉永和、吳靜吉等完成。

二、青少年人格發展之輔導

從青少年人格與成熟的因素與評估結果來看，我們有必要全新認識青少年期人格發展的種種因素，而社會人士常將青少年作爲邊緣（際）人（marginal man）看待。青少年們長期處於不穩定地位，不僅帶給他（她）們負效應，也造成其不適宜的行爲，及不健全的人格發展。今後應如何促進青少年人格之健全發展？惟由心理衛生（Mental Hygiene）著手輔導之。我國心理衛生專家、政治大學教授吳南軒博士（1971）曾提示十項「心靈滋養劑」（mental tonie）可作促進青少年健全人格發展的輔導與衡量標準。

1.樂觀

(1)向光明處去看，不向黑暗處去鑽。(2)前瞻找安樂，不回頭尋安慰。(3)光明或快樂是存在於①樂天或自然；②樂群；③樂善與樂道；④樂讀書；⑤樂服務。

2.正視或面對現實

(1)我們的世界不是盡善盡美的，(2)樂觀而不忽視現實的痛苦和醜惡等缺點，(3)不效 Pallyanna 型盲目樂觀（Pallyanna 是美國小說家 Eleanor Porter, 1868–1920，小說中女主角，是一位著名盲目樂觀者。）(4)除明察社會和自然有許多缺點外，坦率承認自己與他人均可有各種缺點，如身體的、智能的、經濟的、社會的及其他等等缺點。(5)對自我缺點不自怨自卑，對人缺點尤宜寬恕容忍同情諒解。(6)避免一切逃避現實的反應：①合理化（rationalization）——A.酸葡萄（Sour Grape），B.甜檸檬（Sweet Lemon），C.投射式推諉（Projection）。②還原或退化（Regression）。③白日夢（Day dreaming）——A.勝利英雄（Conquering Hero），B.失敗英雄（Suffering Hero）。④其他神經病或精神病的反應（Neurotic or Psychotic Reactions.）。

3.有理想

(1)正視現實而不囿於現實，即有超越現實的理想。(2)理想供給我們生

命活力的源泉——希望。(3)理想賦予我們生活奮鬥的意義——目的。(4)理想導致進步。(5)理想追求至善。(6)「理想是世界主宰者」"Ideals are the World Master"（語出 Gosiah G. Holland. 1819–1881，美國詩人作家與雜誌編輯人）。(7)常人理想宜相當腳踏實地，不宜過分崇高：①過高永是望塵莫及，②好高鶩遠可能導致一蹶不振，③我們眼睛瞧著理想，而腳踏著現實。（Our eyes must be idealistic but our feet realistic）。（語出 Salvador de Madoriager——西班牙哲學家外交家）。

4. 不懷疑——自信信人

(1)懷疑是心理的毒素：①疑惑——思想不清，做事無條理無果斷。②疑慮或疑懼——膽怯畏首畏尾。③疑忌——猜疑妒忌人長，往往是掩飾己短。④疑貳——懷疑可斷送一切美滿的人際關係，使得衆叛親離。(2)精神病多從懷疑開始，如患偏執狂 parania 者因疑而生迫害妄念；Delusion of prosecution 因迫害妄念而又生自大妄念 Delusion of Grandeur。(3)疑的解毒劑是信心（宗教家所謂 faith）。(4)語云：「信則有之」信好事往往會有好事，信好人往往會遇好人。反之，語又云：「疑心生暗鬼」，信壞事往往會有壞事，信壞人往往會遇壞人。(5)自信之利：①理想才可產生，②目的才可建立，③進步才可實現，④潛能才可發揮，⑤認成功為當然，故不驕矜。⑥視失敗如考驗，故不氣餒。(6)信人之利：①人勉為善，②人樂為友。(7)自信信人之利：①互信、②共信、③共鳴、④人己美滿和諧的關係。

5. 自尊尊人

(1)人類本性的一個最基本事實，即是人人都覺得自己了不起，都是「很重要的人物」。(2)心理學家的意見：①在上意志 the will to be above（Adler）。②伸張自己權勢的本能 the instinct of self–assertion（Mc-Dougull）。③受尊重的需要 esteem need（Maslow）。④身份或地位的需要 the need for status（Carroll）。(3)尋常觀察的證明。(4)自尊的限制：①自尊不可脫離現實——有可尊之處。②自尊不可自大，③自尊也要讓人尊——即是尊人。(5)尊人的必要：①唯有尊人才被人尊。②獨尊必成獨夫。

6. 自助助人

(1)自信者必願自助。(2)自尊者必要自助。(3)任何人不能長久「精神不

斷乳」（No Spiritual Weaning）或依賴他人。⑷一個心理健康的人有其獨立特行的氣概：①自己找出路，②自己想辦法，③自己找問題，④自己解決問題。⑸自動自助才能成長進步發展——「人能牽馬到河邊，但不能強迫他飲水」" One can lead a horse to the river, but can't force him to drink water"。⑹天助自助之人。⑺助人爲快樂之本：①「用香水澆到人身上者，自己必聞到餘香」——Ralph W. Emersen.②唯有本仁愛助人者，自身才能享受眞正快樂。

7.控制和發洩情緒

⑴論情緒大家都幼稚" emotionally we are all young "（Dr. Frankwood Williams），⑵帶了情緒色彩的慾望被禁制或壓抑到潛意識裏並未消滅，會出來作祟。⑶「關在瓶子裏的情緒」" bottled up emotions "會爆炸起來。⑷恣情縱慾固不合心理衛生，懲忿窒慾亦不合心理衛生。⑸喜怒哀樂愛惡諸種情緒均宜有發洩的機會，但必須「發而皆中節」。

8.調協慾望或要求

⑴人類有一大宗的慾望或需求 a bundle of desires or needs（即名、利、色、權、趣、愛、適（舒適、安適）、義（正義、道義）八項基本大欲）。⑵慾望常衝突或矛盾——兩條出路：①意識的、人爲的調協。②非意識的、天然的逃避。⑶神經病 neurosis 和精神病 psychosis 往往是逃避慾望衝突痛苦之自然但不正常的出路。⑷調協慾望的方法：①聽其循軌自然的均衡的發展。②必要時採取「優勢階層組織」" Hierarchies of Prepotency "即把安排組織好的基本慾望，作一明智和毅勇的抉擇，而將最大重點置於最高價值" put supreme emphasis upon supreme value "，不使其相互衝突或矛盾。

9.富有幽默感

⑴幽默的功用：幽默引人發笑，其功用有：①鬆弛緊張的神經，②解放被壓抑的情緒，③避免無聊的刺激或干擾，④遁脫困窘的情境，⑤激發雋永的靈感，⑥消除身心的痛苦" Laughter is the best medicine. "⑵名人經驗之談：①美國總統林肯（A braham Lincoln, 1809－1865）說" with fearful strain that is on me day and night, if I did not laugh, I should die. "②英國小說家史特恩（Laurence sterne 1713－1768）" I live in a constant endeavor to fence against infirmities of ill – health and other evils of life by mirth. "

10.對於一切事物感到相當興趣，對於一切的人覺有可喜可取之處

(1)一切事物皆可引起興趣，只要有好奇心和恆心。(2)一切人皆蘊藏著若干可喜可取之處，只要虛心和誠意地去探尋或發掘。對於一切人或物冷淡或厭惡，或凡事祇向壞處想，對人祇見其短不見其長，這些往往是精神病開始的徵兆。

總之，人格是個人自我各種活動和總的特性——自我統整所表現的行為方式。而青少年人格的發展，就是在社會適應和自我表現不斷的調和與統整中進行的。換言之，青少年人格的發展，是個人需要與環境要求適應的發展。一個人要適應其環境——無論是改變自己適應環境，或改變環境適應自己——不得不養成種種思想、態度與習慣，其不能適應者，亦將由環境教育的力量使他重建人格。上述吳南軒先生十大人格之修養滋養劑，正可作青少年健全人格發展之輔導——理想、態度與習慣之南針。同時現象學派對於青少年人格之發展研究，著重於正面積極的特徵，其認為第一，人類並非沒有心靈——人們解釋自己的經驗，做選擇和改變自己。第二，這樣的方法鼓勵對人類的積極觀點，而不是僅注意到病態或缺少能力的一面。第三，認為過去的重要性不如我們對目前的認知，和對未來的期待，因此應培養青少年積極的人生觀，並發展他的健全人格，來創造自己的事業和前途。

參考書目：

方能御譯（Mclean G.F. & Knowles, R.T.）：道德發展心理學。台北：商務印書館。

朱森榮譯（Maitz, M）（1984）：人性的開拓。台北：桂冠圖書公司。

朱道俊（1978）：人格心理學。台北：商務印書館。

余昭（1981）：人格心理學。台北：三民書局。

吳南軒著（1971）：心理衛生。台北：政大講義。

李亦園、楊國樞（1981）：中國人的性格。台北：全國出版社。

林翠湄譯（1995）（Shoffer, D.R.）：社會與人格發展。台北：心理出版
　　　社。

柯永河（1980）：心理衛生學（上下兩冊）。台北：大洋出版社。

洪光遠、鄭慧玲譯（1995）（Pervin, L. A）：台北，桂冠圖書公司

許月雲等譯（1992）（Phares, B.A.）：人格心理學。台北：心理出版
　　　社。

陳仲庚、張雨新（1990）：人格心理學。台北：五南出版社。

楊中芳、高尚仁（1991）：中國人中國心──人格與社會篇。台北：遠流
　　　出版社。

楊國樞（1989 – 1992）：中國人的心理與行動。台北：桂冠圖書公司。
　　　　　　　　　中國人的蛻變。台北：桂冠圖書公司。
　　　　　　　　　中國人的心理。台北：桂冠圖書公司。
　　　　　　　　　中國人的管理觀。台北：桂冠圖書公司。

劉永和（1970）：十六種人格因素測驗指導手冊。台北：開明書店。

王元明、華意蓉譯（日）平尾靖著（1990）：青少年犯罪心理學。台北：
　　　五洲出版社。

劉家玉（1980）：蛻變──人格發展。自刊。

鄭慧玲（1989）：人格心理學。台北：桂冠圖書公司。

莊以德譯（日）宮城音彌（1978）著：如何改變性格。台北：台灣育英
　　　社。

戴同平譯（1990）（Ott Kroeger）：4 × 4種工作性格。台北：三允出版
　　　社。

閻軍譯（1988）（Yan Strelan）：氣質心理學。江蘇：江寧人民出版社。

行政院青輔會（1993）：青少年白皮書──青少年現況分析。自刊。

Allport, G.N.（1961）. *Pattern & Growth in Personality*, N.Y.：Holf Rinehart &
　　Winston.

Arnold, M.B.（1960）. *Emotion and Personalitg*, 2 Vol., N.Y.：Colambia Unipress.

Dicaprio, N.S.（1980）. *Personality Theories：Guides to Living*. N.Y.：Gonn Wiley and Sons.

Dollard, G & Miller, N.E.（1975）. *Personalitg & Pcychology*. N.Y.：McGrow – Will.

Dusek, G.B.（1987）. *Adolescent Development and Behavior*. N.Y.：Prenticc – Hall.

Engler, B（1985）. *Personality Theories：An Interoduction*, 2nd. ed. Boston：Houghton miffim.

Erikson, E.H.（1980）. *Identity and the Life Cycle*. N.Y.：Norton & Company.

Erikson, E.H.（1982）. *The Life Cycle Completed*, N.Y.：Norton & Company.

MADDI, S.R.（1982）. *Personalitg Theories：A Comparative Analysis*. Illinois：Dersey Press.

Mitter, P.（1989）. *Theories of Development Psychology*. N.Y.：H. Freeman.

Selman, R.L.（1982）. *The Growth of Interpersonal Understanding – Developments and Clinical Analysis*. N.Y.：Academic Press.

Shoffer, D.R.（1989）. *Development Psychology*. California：Brooks／cole publishing Co.

Skinner, B.F.（1973）. *Linderstanding Behaviorism*. N.Y.：Alford A Knopf.

第十章

青少年問題與適應

當一個人生病或是換工作時，由於生理上或環境上的改變，他必須花些時間去調適，或說是去適應。對青少年來說，他們身、心上正值大轉變，因此面對自己，他需要去調適。而環境上，一方面由於他思考上的轉變，看環境不同於過去，一方面由於環境看他也不同於過去，因此青少年面對環境也要調適。也就是說，青少年一方面要適應自己身心的轉變以及因此轉變帶出他對環境看法的改變。另一方面，青少年也要適應環境對他有不同於過去的要求。換句話說，青少年必須做多重的調適才能面對這些變化，使自己有健康的身心面對新的挑戰。本章將由青少年的成長與轉變來談青少年的適應，並不針對某一個特別問題，但會由不同的角度來加以說明。

第一節　一連串的矛盾

由於青少年經歷的身心變化是過去所未曾經歷過的，因此我們在青少年身上看到的是他們也不知如何接受這些變化所帶來的矛盾。例如青春期少女接受生理上的變化，認為「月經是成熟的象徵」，但同時他們也覺得「月經是干擾生活的事」（黃琪瑜，民75年）。這種認知上的差距造成他們一方面盼望「好朋友」來，以表示自己長大了，一方面又不希望有它帶來的麻煩。像這樣的矛盾在青少年適應中隨時可見。例如許多高中學生覺得與家人談話時間太少以及父母不瞭解他，但又覺得父母愛嘮叨受不了（蔡敏光，民74年）。這顯示出他們想與父母溝通但又怕聽父母說話的矛盾。而其中最大的矛盾可能表現在想獨立與必須伸手向父母要零用錢上（蔡敏光，民74年）。獨立最明顯的表現是不必再向父母要零用錢。但事實上，在學青少年所有花費都必須向父母伸手拿。一方面想獨立，一方面不得不依賴，對青少年來說，每次伸手要零用錢時，矛盾之情濃的化不開。有的青少年認為父母以零用錢來控制他，以表現父母的權威。因此每次要錢就免不了與父母有衝突。尤其當他看到同儕有比較容易給錢的父母

或是能打工賺錢時，他就更解不開這個矛盾的結。

在矛盾下，生活失衡自然是免不了的事。因此青少年與成人之間的爭執有部分原因是出於青少年自身的矛盾。只是這矛盾不只出現在人際運作上也出現在青少年處理自身的問題上。

根據蔡敏光（民74年）和王瑞仁（民73年）對高中及國中青少年的調查，困擾四分之一以上高中學生的健康問題有：近視/眼睛常常不舒服及運動不夠。高中女生又多一項：體重過重。困擾四分之一以上國中學生的問題有：睡眠不足、長得太高或太矮；長得太胖或太瘦；視力問題、三餐不能定時定量及挑食。女生又多三項：相貌、膚色、頭痛。

當青少年進入形式運思期，對自己的外表、能力也會做多方面的思考，包括由別人的標準來衡量自己。過去，他可能也是個胖小子，但到了青少年時期，他才真正感受到胖的不方便與不美觀。因此在照顧自己身體時，他所考慮的不再止於父母的要求。例如國中的青少年擔心自己不能定時定量，也擔心自己挑食。過去兒童時期，他挑食，只擔心父母嘮叨他挑食或強迫他一定要吃。現在他自己擔心飲食的習慣，因為他知道營養均衡的重要性。他希望有一個恰好的身材，只是抵不過口腹的需求，這是一個自身的矛盾。這些矛盾成為青少年適應上的障礙。

除了人際相處及自身問題處理的矛盾外，來自環境的壓力是另一個造成青少年適應上的困擾。在上述青少年最關切的健康問題中有一項：視力問題，是困擾多數高中、國中青少年的一個大問題。視力問題本身與青少年的生理變化關聯少，而是因其他困擾帶出來的第二層（secondary）困擾。也就是說若第一層困擾未解決，這第二層困擾是不容易解決的。除視力問題外，運動不夠、睡眠不足都可能是第二層困擾。

造成這些健康困擾的主因在學業壓力或說是升學壓力。這一直是青少年最困擾的問題（社會處，民72年；青輔會，民82年）。而這個問題不是青少年自身產生的而是環境壓力造成的。

第二節　三種壓力情境

艾爾肯（Elkind, 1984）將壓力的情境分為三類。第一類為可預期且可避免的壓力情境。例如抽煙的害處是可預期，也可避免的。第二類壓力情境是不可預期也不可避免的，如車禍奪去心愛的母親。這對青少年的適應來說是一大困難。第三類壓力情境是可預期但不可避免的，如考試壓力是可預期但不可避免的。

可預期不可避免的壓力情境對青少年來說是挫折的來源。家庭和學校的壓力都屬此情境。今天的家庭問題或學校教育制度讓青少年看到自己在其中的無奈與無力，但他又必須回家與上學。有些青少年將可預期不可避免的壓力情境解釋成可預期亦可避免的情境，他就在家庭或學校中動武以期解決壓力或逃學及產生心因性疾病以為逃避。下面將進一步說明。

一、可預期却不可避免的壓力

根據調查在高中及國中學生所有的困擾中以學業困擾的項目為最多，且受困擾的人數百分比為最高，幾近百分之五十的青少年都為其所苦（王瑞仁，民73年；蔡敏光，民74年；青輔會，民82年 P.54）。學業左右了青少年的喜怒哀樂（蘇建文，民70年）。當學業成了左右青少年情緒的最主要因素，為逃避此壓力，學生會無故缺席。也就是說，學生會因憤怒或懼怕學業而請病假或事假以為逃避的藉口。根據台大醫院兒童心理衛生中心（民67年）的調查，發現有六分之一國小學生和四分之一國中學生請病假沒有真正的病因，因為他們請了病假卻沒有做任何醫療處理，連應有的休息都沒有。而請事假理由不充足者，在全部請事假的學生中，國小有三分之一，國中高達四分之三。這說明了很多學生是為了逃避學業或學校生活

而請病假或事假。除請假外，因學業壓力帶出來的是心因性疾病。

心因性疾病是由心理上的因素造成生理上的疾病。當長期的受壓力、心情不好，會造成肌肉系統方面的毛病如頭痛、背痛、肌肉抽筋等；在呼吸系統方面則有氣喘；在消化系統方面有胃潰瘍、消化不良、食慾不振、肥胖等；在泌尿系統方面有夜尿、月經不順等（洪祖培，民70年）。張珏（民76年）以追蹤比較聯考和非聯考組高一學生和兩年後同一批的高三學生在聯考前三、四個月的健康狀況和壓力感受。他發現高三聯考組比非聯考組與他們高一時比較，更體驗到壓力的增加，而且在煩悶、過食、手冒汗、體重、眼睛疲勞、等胃腸、情緒與肌肉緊張的身心癥狀上有顯著增加。換句話說，因對聯考壓力的體認，使參與聯考的高三學生呈現較多的身心症狀。

顯然，學業與學校所帶來的壓力會叫青少年想逃避。有的學生請假、有的則產生身心症以為逃避的方法。但愈逃避，學生學業的表現就可能愈差，愈差就愈想逃避，形成一個惡性循環。

目前不論教育當局如何談論，國民中學仍有類似前、後段能力分班的事實。研究指出（王瑞仁，民73年）前、後段班學生對學業困擾的項目類似，但嚴重性卻不相同（表10－1）。前段班學生最煩惱的是不能有恆的用功讀書及沉重的升學競爭壓力，後段班學生煩惱的是數學、英文及不及格的問題。我們或許可以說，前段班學生有一個讀書的目標—升學，後段班學生沒有。因為他們已知升學無望，只希望能及格、畢業。因此後段班沒有太多學生感到升學競爭的壓力。但也因此，他們變得不知為什麼要唸書（如：我讀國中只想得到畢業証書，沒有什麼目標），甚至變得自卑（如：我的學業成績很差，非常自卑）。

楊國樞和歐眞妮（民69年）曾在2509位國中男生中找出在情緒困擾、違規犯過或學習困擾分數中單項分數超過75％，而其他兩項在50％以下的學生比較他們在成功或失敗的實驗情境下所做的反應。實驗的方式是請受試者先填寫一份「心情評定量表」，看他當時的心情是否符合緊張的、熱心的、好玩的等十二個形容詞及「一般性自我評定量表」評受試者對完成某行為的可能性與感受的自我評定。而後受試連續做一個手、眼協調的工作五次。每次結束時，實驗者會給受試者回饋。回饋分為成功經驗與失敗

表10－1　國中前後段班學生學業困擾問題之比較

項　目　內　容	前段%	後段%	Z值
我對於學校的功課不感興趣。	13.85	27.69	－ 3.89＊＊
我讀書常不能抓住重點。	30.77	41.92	－ 2.64＊＊
我覺得課本太深，不易瞭解。	6.54	18.85	－ 4.22＊＊
我害怕功課不及格。	37.69	52.69	－ 3.44＊＊
我讀國中只想得到畢業証書，沒有什麼目標	1.15	15.38	－ 5.89＊＊
我的學業成績很差，非常自卑。	12.31	25.38	－ 3.81＊＊
我爲數學而苦惱。	45.38	61.92	－ 3.78＊＊
我爲英語而苦惱。	32.31	60.38	－ 6.42＊＊
我覺得功課負擔太重，作業太多。	26.54	15.38	3.12＊＊
我常立志用功讀書，但不能有恆。	70.77	44.62	6.04＊＊
我覺得同學間競爭激烈，精神負擔太重	25.77	17.31	2.35＊
我爲物理、化學而苦惱。	52.31	32.31	4.62＊＊
我覺得升學競爭的壓力很重。	61.54	39.62	5.00＊＊

經驗兩種。成功經驗的回饋如：「嗯，你做的速度很快，大約比百分之九十四的國中生都快。」失敗經驗的回饋如：「嗯，你做的速度很慢，大約比百分之九十四的國中生都慢。」受試五次所接受的回饋說法不同，但成功組的皆接受成功經驗的回饋。失敗組皆接受失敗經驗的回饋。實驗者每

次要受試者預估需要幾秒鐘來完成工作，也記錄下受試實際使用的時間，但並未告訴受試者。五次工作結束後，受試再填寫一次「心情評定量表」及「一般性自我評定量表」。研究結果發現接受成功經驗回饋的受試對每階段工作秒數的預估隨工作次數增加而遞減，而接受失敗經驗回饋的受試則遞增，其中又以學習困難組預估增加最多。但在每次實際作業時間上，兩組並沒有差別。至於心情的評定，失敗的經驗對受試者的心情影響較大，特別是有學習困擾的受試者。他們在失敗的前後處理上，有顯著差異。至於自我的評定，失敗的經驗對情緒困擾組有最大的影響。

根據這個結果，楊國樞和歐眞妮的結論是，在失敗情境下，學習困擾組的抱負水準與心情最受影響，但這影響是針對作業本身，不致於擴展至一般性的自信程度。但對情緒困擾組來說，作業上的失敗會影響他對生活中其他方面的看法，而使自我的信心降低。值得深入探討的是違規犯過組比其他兩組較不受實驗控制的影響。這些學生通常是後段班的學生（楊國樞，民67年）。楊國樞（民67年）在探討能力分班與行爲問題時發現優秀班（前段班）比普通班（後段班）學生較多情緒上的問題如憂鬱、緊張、身心症；而普通班比優秀班學生較多吸食藥物、較有異性行爲，不當娛樂等違規犯過的行爲。因此，我們似乎可以說，有升學壓力的學生有其學業（學習）上的困擾，造成許多身心困擾值得我們去注意。而當學生在學校裡或是預期自己不能學，或是老師預期他們不能學，他們體會不到透過學習，可使個人的知識和能力有所增長；他們不覺得所學有所用，對成就需求不在乎，就變得沒有自信、自暴自棄，對個人來說會是個「徹底失敗」的宣告。這自暴自棄的心態在離開學校後仍然存在，影響他往後做人處事。這是我們更須要注意的一個青少年適應問題。

二、可預期可避免的壓力

前面提過可預期可避免的壓力如抽煙。抽煙的人大概都知道煙對健康與空氣品質的影響。因此一個人抽煙就得承受可能得病與被人排斥的壓力。要避開此壓力，只有不抽煙。藥物的使用也是。透過教育與宣導，靑

少年大概都知道用了藥物後的害處。因此要不要使用藥物也是一個可預期亦可避免的壓力。但可預期可避免的壓力常因有社會性的支持而變得複雜。例如青少年在同儕的鼓勵下，寧願接受安非他命的負面壓力，使可預期可避免的壓力變為可預期卻不去避免的壓力。這使得使用安非他命的青少年除了擔心安非他命致命後果外，還多一層無奈與無力的壓力（見方塊10－1）。

安非他命（Amphetamines）吸食的問題已成了青少年治安中的一個重要話題。雖正確吸食人數不容易清楚計算（見方塊10－2），但因其影響深遠，我們不得不提高警覺。尤其這兩年違反麻醉藥品管理條例少年犯人數由79年 742人、80年7481人躍至81年10842 人，成為少年犯第二高的犯罪類別（青輔會，民82年），這是很叫人擔憂的。安非他命是化學合成的興奮劑，服用後會叫人興奮，因此為爭取時間讀書的學生就可能用它以避免睡眠。只是用了安非他命除了興奮外，還帶來頭昏、焦慮、顫抖等症狀。更麻煩的是會對安公子產生依賴性與耐藥性，也就是說，愈用愈多、愈用愈頻繁，變成習慣，最後中毒、精神上有障礙，產生幻想，且行動與性格有異常的現象。用安非他命的人初看之下很有精神且多話，學生似乎可以學的更好。事實上，它的害處如上所述地接踵而來，甚至喪命。

青少年服用藥品通常是在好奇、好玩及因在學校有壓力或與家人不合，這時周圍又有機會，如朋友的引誘、挑戰與鼓勵（青輔會，民82，pp.53），團體活動中不知來處的出現一粒。因第一次的經驗與感覺似乎不錯，也就有下一次（見方塊10－1）。基於預防重於治療的教訓，要減少「安害」，一定要從教育著手。

英國藥癮研究機構（The British Institute for the Study of Drug Dependence）建議藥物教育應注意下面幾點：

1.避免過分渲染藥物的負面效果，反而使青少年看輕成人的用意，因為大部分接觸過用藥的青少年，會比較成人所說的與他所看到的實況。

2.先衡量學生對藥物認識的情形再決定如何進行藥物教育。通常愈是熟悉藥物的學生愈拒絕反藥物（anti－drug）的活動。

3.教育目標要具體，如：

⑴降低嚐試的可能性。

(2)增強對藥物的正確態度。

(3)澄清拒絕接受藥物的理由。

4.不要被可見的立即效果誤導而停止教育。立即效果常妨礙長期的效果
（Herbert, 1987）。

通常藥物教育方法有：(1)現身說法，請過去有用藥經驗的人來談用藥的害處。這種方法對青少年來說，效果不彰，因它只強調片面之詞，忽略了青少年思考的多元性 。(2)告訴青少年各種藥物的正面與負面效果，它的效果也不甚佳，因為判斷自己是否在濫用藥物（drug abuse）不是一件容易的事。(3)自我概念增強。希望透過自我概念的提昇，使青少年能拒絕藥物。此方法的困難是，它常變成一般性的人際關係活動而與藥物教育無關。目前研究者評估，認為較有效的方法是增加青少年對藥物的推理判斷能力及對推銷藥物的人說「不」的能力。這是一種雙管訓練齊下的方法（Sprinthall & Collins ,1988）。前面我們提到，藥物使用已由可預期可避免的壓力變為有社會因素在其中的可預期不去避免的壓力。因此戒斷時要同時在社會因素上下功夫才有效。不過，截至目前為止，預防與戒斷最有效的方法都還是關心青少年使用藥物的人還在努力的事（Sprinthall & Collins, 1988 ）。

方塊10－1 爲何愛上「他」─吸毒者的自白

- 一名戒毒成功的三十歲男子（吸食嗎啡）：當初，我只是一個心態──出於好奇，試試看！沒想到一碰就是十幾年，也耽誤了我最寶貴的青春。

- 一名戒毒中的十四歲少女（吸食安非他命）：有一次，我看見我的一個朋友，正用鋁箔紙在吸食安非他命，那時，我還不知道那是什麼，便好奇的問他，他說，他在吸食安非他命，很好玩，而且不會上癮；因爲我喜歡飆車，聽說吸了它，會飆得更過癮，所以就跟著他吸。之後，我就常想去吸它。

- 一名二十多歲的年輕媽媽（吸食強力膠及速賜康）：我是因著「賭氣」，才吸毒的。我和我的先生很早就結婚了，他一直都有這個習慣，屢勸不聽之下，就想：好嘛！要抽大家就一起抽吧！結果，兩個人不僅在身體健康情況上不好，家庭的經濟負荷也是一大問題，加上孩子日漸長大了，再這樣下去，也不是辦法，所以我們夫妻倆，就相約要戒掉這吸毒的惡習。

- 一名戒毒中的十九歲男孩（吸食安非他命）：今年二月在一家三溫暖工作，朋友爲了值夜班提神而吸安非他命，本來我勸他不要吸，最後自己反而陷了進去。剛開始只爲了熬夜，吸上癮後成習慣，在三、四個月後才知道吸安非他命的作用──對身體有許多不良的副作用。第一次被家人發現我昏沈，精神幻覺時，以爲我被鬼附身，帶我去找乩童；後來又把送進榮總精神科，半個月後出院，我仍舊吸。有一回自己在家裡的地下室偷吸，好像聽到很多責罵的聲音，我一生氣就亂砸東西，媽媽以爲我瘋了，所以叫警察來抓我，而後雖然答應爸爸在交保後要戒掉，可是還是辦不到。

  我是莫名其妙的被送進來睡覺的，很多次吸食後都產生幻覺、或呈現自我崩潰的狀態，在醫學上稱爲「被害妄想症」，常以爲有人要攻擊我，心裡很難過，因此一定要戒掉，不然會瘋掉的。對不愛唸書的我來說，根本感受不到學校的壓力，吸食與否都在自己，我想強調：交友是很重要的關鍵。

•一名三度戒毒的二十歲青年（吸食強力膠）：十五歲那年，認識了
一群吸膠的高中生，當時基於好玩就跟著他們吸，第一次吸後覺得
頭暈，一陣昏睡後頭好痛，心裡害怕得不敢吸了。但隔了一段時間
後又吸了，一吸就會有幻覺。現在，那些人都戒了，而我還在吸；
每次我都想改，但說也奇怪，擺在面前的強力膠，嘴裡說不碰，然
而趁人不注意時還是吸了。

　　我的父母結婚得早，一個愛賭，一個愛玩，我瞭解兩個人年紀
都輕，也較易離異，但無論如何，父母是愛我的。我不認為家庭環
境是造成我行為偏差的主要因素，這一切完全操之於自己。

☆戒毒成功者的話：我要給現今青少年的建議是，不管遭遇如何的
　困境，都要勇敢的去面對說「年輕不要留白」，但也千萬別「留
　黑」了！

摘自為何愛上「他」──吸毒者的自白，人本教育扎記，民國80年1月15日。

方塊10－2

關於青少年用藥或安非他命的人數比例，有下面兩個可參考的統計數字：

一、周碧瑟、賴明芸、吳碧儀（民81年）

在校生自述曾用藥之用藥盛行率

項　目	用藥人數	學生人數	曾用藥比率%
性別			
男	36	6408	0.55
女	18	5864	0.31
年齡			
12歲	3	1291	0.23
13歲	17	2208	0.77
14歲	22	2179	1.01
15歲	26	2120	1.23
16歲	24	1693	1.42
17歲	32	1645	1.95
18歲	16	828	1.93
19～24歲	14	279	5.02
學校別			
國中	56	6624	0.85
高中	10	1293	0.77
高職	71	2759	2.57
專校	24	1705	1.41
合計	161	12381	1.30

這份資料是由學生自填是否曾吸食或注射藥物，藥物包括安非他命、強力膠、大麻、嗎啡等。

二、教育部軍訓處調查（81.9至81.10）

「安非他命」尿液抽驗結果

	抽驗人數	驗出人數	%
國小	2000	0	0.00
國中	7243	11	0.15
高中	3489	9	0.26
高職	3530	14	0.40
補校	900	4	0.44
合計	17162	38	0.22

摘自青輔會（民82年）

第三節　壓力處理

　　碰到壓力時，最重要的適應工作是在失衡處找到平衡點，無論是因個體內在或外來壓力所造成的失衡。而要能平衡，有一個健康的自我就很重要了。誠如第五章介紹艾里克生所談的自我認同成功的人是能將自己的過去、現在、未來及環境中的價值做統整地人。這樣的人在諸多價值、衝突下找到了自己判斷與抉擇的立足點。因此，當有壓力時，他較能統整的去面對。但由高中及國中學生的個人心理問題看來，我們讀到的是感覺敏銳，對自己信心不足（見表10－2和表10－3），對未來又沒有什麼把握的年輕人（表10－4）。

表10－2　高中學生個人生活、心理發展困擾問題

項　　　目	全體 百分比	男生 百分比	序列	女　生 百分比	序列
注意力不集中	35.40	36.06	1	34.74	2
對某些事情不夠認眞	34.65	33.14	2	36.16	1
粗心大意	26.80	26.86	3	26.73	4
唯恐發生錯誤	25.34	24.62	4	26.07	7
很容易受感動流淚	23.00	12.68		33.33	3
多愁善感	22.81	19.46		26.16	6
缺乏自信	22.80	19.34		26.26	5
情緒不穩定	22.12	20.02	5	24.23	8

摘自蔡敏光（民74年）

＊只取超過25％受試選擇的項目

表10-3　國中生個人生活、心理發展困擾問題

項　　　　　目	％	序列
我覺得事事不如意，並擔心自己會失敗	37.50	9
當我碰到困難時，不知怎麼辦才好。	38.46	8
我有時候不誠實。	50.96	1
我缺乏自信心，做事常猶豫不決。	41.54	6
我很粗心。	45.19	3
我會胡思亂想。	49.42	2
我忘不了我曾經做過的某些錯誤。	43.08	5
我記憶力很差，容易把事情忘記。	35.00	10
我不知道如何有效利用時間。	44.23	4
我對將來感到恐懼。	26.15	11
我很容易激動、發脾氣。	39.42	7

摘自王瑞仁（民73年）

＊只取超過25％受試選擇的項目

表10-4　高中生升學與就業的困擾

項　　　　　目	全體百分比	男生百分比	序列	女生百分比	序列
不知能否得到一份我所嚮往的職業	34.73	34.01	1	35.45	1
擔心自己考不上大專學校	26.67	27.92	2	25.41	3
不了解自己真正的性向或興趣	25.90	25.12	4	26.68	2
想知道自己的職業能力	25.73	26.43	3	25.03	5
關於畢業後要做什麼需要別人指導	23.43	21.64	7	25.22	4
對於各種職業想多了解一些	23.31	24.56	5	22.06	7
不了解自己真正的需要是什麼	21.49	20.46	10	22.53	6

希望自己安排前途而不受干涉	20.83	22.57	6	19.09	10
不了解各大專學校的情況	21.72	21.57	8	21.87	8
感覺前途茫茫	19.65	20.95	9	18.34	11
不知如何去尋找一份工作	19.29	18.09	11	20.50	9

摘自蔡敏光（民74年）

　　對高中學生來說，對未來的不肯定還包括了不知道自己的興趣與能力，以及不知道自己真正的需要的是什麼（表10－4）。由青少年的困擾，我們不難看出學校在個人與就業輔導上應加強幫助學生認識自己及認識未來就業市場的需求。換句話說，我們要幫助青少年在經歷變動中發展自我認同，把自己的過去、現在、未來作統整，找出一個能投入的方向，這才是幫助他們適應最重要的工作。

第四節　學校能做些什麼

　　前面提到學校應盡輔導之責使青少年能認識自己。但目前因升學壓力，使我們的青少年在少年十五二十時都埋首在學業中無暇思考自己是誰，進而做好自我認同的工作。由發展觀點來說，這不是一件健康的事，因為青少年的發展任務簡單的說是：

1.養成成熟獨立的態度，不論是感情上或物質經濟上。
2.學習合適的性別角色，恰如其份的表現自己的行為特徵。
3.養成適當隸屬感，建立和諧人際關係。
4.發展技能與知識，以為就業及在社會上運作之需。
5.發展價值觀和道德標準（張春興、林清山，民72年）。

　　換句話說，過了青少年時期，個體就要負起成人世界應有的負擔與責

任，如有固定職業、家庭；角色上也可能成為父親、母親。因此在青少年時期若不能有機會預備自己，或說沒有機會練習成人的角色，到成人時就不可能胸有成竹的去適應。因等到成人時已面對真實情境，幾乎不容許有嘗試與犯錯的時候。只有青少年時期才有空檔做事前練習。因此，學校要把握時機，幫助青少年達成發展任務。下面是幾點輔導上的建議，以供參考。

1. 信任青少年思考上的能力（見第四章方塊4－2）。

2. 提供各種資訊，讓青少年有東西去思考。這些資訊可包括未來就業市場的需求、各種行業的要求、或是透過各種「認識自我」的量表讓青少年認識自己的能力、興趣、長處與短處。

3. 讓青少年自己選擇。當學校提供上述各種資訊後，讓青少年發揮其思考能力，在各種資訊中，衡量自己的能力與外界的要求，並依各種條件做假設性思考以判斷哪一種選擇最合適自己。

4. 提供實際嚐試各種選擇的機會，使青少年能驗証自己的考慮與選擇是否恰當。青少年雖能做多層面思考，但因經驗較淺，有時候的選擇較傾向理想化。他若有機會親自去試試，便能發現自己實際的能力與興趣。例如一名中學生希望將來做老師，學校不妨安排他在暑假時做義工帶各種兒童活動營，體會做老師的滋味。如此一來，青少年的抉擇就有實際經驗為根基。目前社會有許多短期工作機會，是青少年驗証自己能力與興趣最好的地方。

至於那些不願做選擇或自暴自棄的青少年（見方塊10－3），如何製造情境使他們嚐到成功的滋味，重拾信心，而願自己負責則是整個社會與家庭都要認真去思考的事了。

方塊10-3　逃避的策略

　　第四章曾介紹魏氏與康氏（1982）的研究，証明青少年有能力作重要的決定。只是爲了逃避面對選擇及困擾，許多青少年可能會採用一些防禦策略（self－defense strategies）。這些策略，成人也會使用，用的太常也往往會帶出適應不良。

1. 情感上的隔離。爲了避開面對問題及情緒上的壓力與焦慮，青少年就退縮爲被動或漠不關心。有的因看見自己的理想幻滅而變得憤世嫉俗。

2. 逃避。爲了避開失望或失敗，青少年就乾脆離開那個會叫他失敗或失望的情境。例如以生病來避免可能會在聯考中的失敗。

3. 幻想。這是青少年逃避困難最常採用的方法。他們在幻想中否定現實的困難，找尋快樂但不必冒失敗的危險。事實上，幻想中練習如何處理真實世界的問題，是一種思想上的演練（mental rehearsal），但可能造成在面對真實世界時，不肯面對現實。有的則將自己看做真實世界的受害者，是一位悲劇英雄。

4. 合理化。青少年以合理化的藉口來掩飾他們不爲成人世界所接受的衝動、需求、叛逆行爲。有的則以「酸葡萄」的態度來掩飾他的窘境。

5. 投射作用。將不爲社會所接受的行爲與態度投射到別人身上以減輕自己的內疚或他人的責備。如青少年嫉妒同班同學可能抱怨說這位同學不喜歡他。

6. 轉移。將自己的情感或動作由原先應針對的對象轉移到別人身上。如一青少年在學校常動手打人，其原因可能是因他憤怒自己的父親在家裡常對他拳腳相向。

面對採取逃避策略來生活的青少年，我們該怎麼輔導？讓我們一起認真思考

摘自 Living with teenage by M, Herbert, P.19-21

參考書目：

王瑞仁：（民73年）國民中學學生生活調適問題之研究。師大教育研究所
　　　碩士論文。

青年輔導委員會（民82年）：青少年白皮書（第一階段—青少年現況分
　　　析）。行政院青年輔導委員會。

洪祖培（民70年）：認識你的頭腦。台北：健康世界雜誌社。

黃琪瑜（民75年）：青少女的月經態度及其有關因素之探討。政大心理研
　　　究所碩士論文。

張春興、林清山（民70年）：教育心理學。台北：東華。

張　玨（民76年）：大專聯考壓力對青少年健康的影響—追蹤研究。中華
　　　心理學刊，29(2)期，93－112。

楊國樞（民69年）：影響國中學生問題行為的學校因素。文崇一、李亦
　　　園、楊國樞（編）社會變遷中的青少年問題研討會論文專集，台
　　　北：南港，中研院，民族學研究所。

楊國樞、歐眞妮（民69年）：問題行為少年對成功與失敗的心理反應。中
　　　華心理學刊，21期，49－59。

蔡敏光（民74年）：高中生行為適應問題之研究。師大教育研究所碩士論
　　　文。

蘇建文（民70年）：兒童及青少年基本情緒之縱貫研究。教育心理學報，
　　　14期，79－102。

臺大兒童心理衛生中心（民67年）：國民中小學學生缺席的臨床流行病學
　　　及家庭訪視對改善缺席情形的功效。社會變遷中青少年問題研討
　　　會論文專集。台北：中研院。

臺灣省社會處（民72年）：台灣省青少年生活狀況調查報告第四期。中興

新村：台灣社會處。

Elkind, D. （1984）. *All Grown Up and no Place to Go*： *Teenagers in Crisis*. Mass：Addison – Wesley.

Herbert, M. （1987）. *Living with Teenagers*. Oxford, UK： Basil Blackwell Ltd..

Sprinthall, N.A. & Collins, W.A. （1985）. *Adolescent Psychology*：*A developmental view*. NY：Random House.

國家圖書館出版品預行編目資料

青少年心理學／王煥琛、柯華葳著--初版.--
臺北市：心理，1999（民88）
面；　公分.--（心理學；6）

ISBN 978-957-702-314-8（平裝）

1.青少年—心理方面

173.2　　　　　　　　88005170

心理學6　**青少年心理學**

作　　　者：王煥琛、柯華葳
總　編　輯：林敬堯
出　版　者：心理出版社股份有限公司
社　　　址：台北市和平東路一段 180 號 7 樓
總　　　機：(02) 23671490　　傳　真：(02) 23671457
郵　　　撥：19293172　心理出版社股份有限公司
電子信箱：psychoco@ms15.hinet.net
網　　　址：www.psy.com.tw
駐美代表：Lisa Wu　　tel: 973 546-5845　　fax: 973 546-7651
登　記　證：局版北市業字第 1372 號
印　刷　者：東縉彩色印刷有限公司
初版一刷：1999 年 5 月
初版七刷：2006 年 9 月

讀者意見回函卡

No. _____   填寫日期： 年　月　日

感謝您購買本公司出版品。為提升我們的服務品質，請惠填以下資料寄回本社【或傳真(02)2367-1457】提供我們出書、修訂及辦活動之參考。您將不定期收到本公司最新出版及活動訊息。謝謝您！

姓名：_____　性別：1□男　2□女

職業：1□教師 2□學生 3□上班族 4□家庭主婦 5□自由業 6□其他____

學歷：1□博士 2□碩士 3□大學 4□專科 5□高中 6□國中 7□國中以下

服務單位：_____ 部門：_____ 職稱：_____

服務地址：_____ 電話：_____ 傳真：_____

住家地址：_____ 電話：_____ 傳真：_____

電子郵件地址：_____

書名：_____

一、您認為本書的優點：（可複選）

　❶□內容 ❷□文筆 ❸□校對 ❹□編排 ❺□封面 ❻□其他____

二、您認為本書需再加強的地方：（可複選）

　❶□內容 ❷□文筆 ❸□校對 ❹□編排 ❺□封面 ❻□其他____

三、您購買本書的消息來源：（請單選）

　❶□本公司 ❷□逛書局⇒_____書局 ❸□老師或親友介紹

　❹□書展⇒____書展 ❺□心理心雜誌 ❻□書評 ❼其他_____

四、您希望我們舉辦何種活動：（可複選）

　❶□作者演講 ❷□研習會 ❸□研討會 ❹□書展 ❺□其他____

五、您購買本書的原因：（可複選）

　❶□對主題感興趣 ❷□上課教材⇒課程名稱_____

　❸□舉辦活動　❹□其他_____　　　（請翻頁繼續）

廣　告　回　信
台 北 郵 局 登 記 證
台 北 廣 字 第 940 號
（免貼郵票）

 心理出版社 股份有限公司

台北市 106 和平東路一段 180 號 7 樓

TEL: (02) 2367-1490
FAX: (02) 2367-1457
EMAIL:psychoco@ms15.hinet.net

沿線對折訂好後寄回

六、您希望我們多出版何種類型的書籍

　❶□心理　❷□輔導　❸□教育　❹□社工　❺□測驗　❻□其他

七、如果您是老師，是否有撰寫教科書的計劃：□有□無

　　書名／課程：＿＿＿＿＿＿＿＿＿＿＿＿＿＿＿＿＿＿＿＿＿＿＿

八、您教授／修習的課程：

上 學 期：＿＿＿＿＿＿＿＿＿＿＿＿＿＿＿＿＿＿＿＿＿＿＿＿

下 學 期：＿＿＿＿＿＿＿＿＿＿＿＿＿＿＿＿＿＿＿＿＿＿＿＿

進 修 班：＿＿＿＿＿＿＿＿＿＿＿＿＿＿＿＿＿＿＿＿＿＿＿＿

暑 　 假：＿＿＿＿＿＿＿＿＿＿＿＿＿＿＿＿＿＿＿＿＿＿＿＿

寒 　 假：＿＿＿＿＿＿＿＿＿＿＿＿＿＿＿＿＿＿＿＿＿＿＿＿

學 分 班：＿＿＿＿＿＿＿＿＿＿＿＿＿＿＿＿＿＿＿＿＿＿＿＿

九、您的其他意見

＿＿＿＿＿＿＿＿＿＿＿＿＿＿＿＿＿＿＿＿＿＿＿＿＿＿＿＿＿＿＿

謝謝您的指教！　　　　　　　　　　　　　　　　**11006**